## 英検®とは？

　文部科学省後援　実用英語技能検定（通称：英検®）は，英語の4技能「読む・聞く・話す・書く」を総合的に測定する試験です。1963年に第1回検定が実施されて以来，日本社会の国際化に伴ってその社会的評価が高まり，現在では，学校・自治体などの団体を対象とした英語力判定テスト「英検IBA®」，子どもを対象としたリスニングテスト「英検Jr.®」を合わせると，年間約420万人が受験しています。大学入試や高校入試，就職試験でも，英語力を測るものさしとして活用されており，入試においての活用校も年々増えています。アメリカ，オーストラリアを中心に，海外でも英検®は，数多くの大学・大学院などの教育機関で，留学時の語学力証明資格として認められています（英検®を語学力証明として認定している海外の教育機関は英検®ウェブサイトに掲載されています）。

## 本書の使い方

　本書は，2021年度第3回から2023年度第2回まで過去6回分の試験問題を掲載した，過去問題集です。**6回分すべてのリスニング問題CDがついています**ので，過去6回の本試験と同じ練習を行うことができます。また，リスニング問題の小問ごとにトラック番号を設定していますので，自分の弱点を知ること，そしてその弱点を強化するためにくり返し問題を聞くことができます。

　また本書では，**出題されやすい「文法事項」と「イディオム・口語表現」**を，効率的に学習できるよう分類ごとにまとめてあります。過去問題と併せて活用していただければ幸いです。

　英検®では，能力を公正に測定するという試験の性格上，各回・各年度ほぼ同レベルの問題が出されます。したがって，試験はある程度限定されたパターンをとることになりますので，過去の試験問題をくり返し解き，本試験へと備えてください。

　本書を利用される皆様が，一日も早く栄冠を勝ちとられますよう，心より祈念いたします。

　英検®，英検Jr.®，英検IBA®は，公益財団法人 日本英語検定協会の登録商標です。

# CONTENTS

本書は，原則として2024年1月15日現在の情報に基づいて編集しています。

# 受験ガイド

## 2024年度　試験日程（本会場）

二次試験は2日間設定されています。

| 第1回 | 申込期間 | 2024年3月15日～5月5日（書店は4月19日締切） | | |
|---|---|---|---|---|
| | 試験日程 | 一次試験 | 2024年6月2日（日） | |
| | | 二次試験 | A日程 | 2024年7月7日（日） |
| | | | B日程 | 2024年7月14日（日） |
| 第2回 | 申込期間 | 2024年7月1日～9月6日（書店は8月30日締切） | | |
| | 試験日程 | 一次試験 | 2024年10月6日（日） | |
| | | 二次試験 | A日程 | 2024年11月10日（日） |
| | | | B日程 | 2024年11月17日（日） |
| 第3回 | 申込期間 | 2024年11月1日～12月13日（書店は12月6日締切） | | |
| | 試験日程 | 一次試験 | 2025年1月26日（日） | |
| | | 二次試験 | A日程 | 2025年3月2日（日） |
| | | | B日程 | 2025年3月9日（日） |

※二次試験日程は年齢によって決まります。詳しくは英検®ウェブサイトでご確認ください。
※クレジットカード決済の場合，申込締切は上記の日付の3日後になります。

## 申込方法

① 個人申込
・特約書店・・・検定料を払い込み，「書店払込証書」と「願書」を必着日までに協会へ郵送。
・インターネット・・・英検®ウェブサイト（https://www.eiken.or.jp/eiken/）から申込。
・コンビニ申込・・・ローソン・ミニストップ「Loppi」，セブン-イレブン・ファミリーマート「マルチコピー機」などの情報端末機から申し込み。

問い合わせ先　公益財団法人 日本英語検定協会
　　　　　　　TEL 03-3266-8311　英検®サービスセンター（個人受付）
　　　　　　　（平日9:30～17:00　土・日・祝日を除く）

② 団体申込
団体申込に関しましては各団体の責任者の指示に従ってお申し込みください。

## 成績表

成績表には合否結果のほかに，英検バンド，英検CSEスコアも表示されます。
●**英検バンド**　一次試験，二次試験の合格スコアを起点として，自分がいる位置を＋，－で示したものです。例えば，英検バンドの値が＋1ならばぎりぎりで合格，－1ならば，もう少しのところで合格だったということがわかります。
●**英検CSEスコア**　欧米で広く導入されている，語学能力のレベルを示すCEFR（Common European Framework of Reference for Languages）に関連づけて作られた，リーディング，リスニング，ライティング，スピーキングの4技能を評価する尺度で，英検®のテストの結果がスコアとして出されます。4技能それぞれのレベルと総合のレベルがスコアとして出されます。

## 一次試験免除について

1〜3級の一次試験に合格し，二次試験を棄権または不合格になった人に対して，一次試験免除制度があります。申込時に申請をすれば，一次試験合格から1年間は一次試験が免除され，二次試験から受けることができます。検定料は，一次試験を受ける場合と同様にかかります。

※検定料，試験時間については英検®ウェブサイトでご確認ください。

## 英検S-CBTについて

　実用英語技能検定準1級，2級，準2級，3級で，新方式英検S-CBTが毎月実施されています。従来型の英検®，英検S-CBTのどちらの方式でも，合格すれば同じ資格が得られます。英検S-CBTの合格証書・証明書とも，従来型の英検®と全く同じものとなります。

### ◎英検S-CBTの試験実施方法
- ●コンピューターで4技能（リーディング，ライティング，リスニング，スピーキング）すべてを1日で受験することになります。
- ●通常の英検®と同じ検定試験で，問題構成・レベルも通常の英検®と同じです。
- ●英検S-CBTはスピーキングテスト（通常の英検®の二次試験），リスニングテスト，リーディングテスト，ライティングテストの順に試験が行われます。
- ●リーディングテスト，ライティングテスト，リスニングテストのCSEスコアに基づいて一次試験の合否が判定されますが，一次試験の合否にかかわらず，すべての受験者が4技能を受験し，4技能のCSEスコアを取得することになります。一次試験合格者のみスピーキングテストのCSEスコアに基づき二次試験の合否が判定されます。
- ●試験はパソコン上で行われるため，Windowsパソコンの基本的な操作（マウスクリック，キーボード入力）ができる必要があります。ただし，ライティングテストはキーボード入力か筆記のいずれかの解答方法を申込時に選択します。

※従来型の試験で二次試験不合格の場合，一次試験免除申請をして英検S-CBTでスピーキングテストのみを受験することができます。

※英検S-CBTで一次試験に合格，二次試験不合格となった場合は，一次試験免除資格が与えられます。次回以降に，一次試験免除申請をして，従来型の英検®を申し込むことができます。

## 英検S-CBT受験ガイド

### ◎試験実施月
※原則として毎週土曜日・日曜日，一部会場においては平日・祝日も実施されます。詳しくは英検®ホームページをご参照ください。

　第1回…4月，5月，6月，7月
　第2回…8月，9月，10月，11月
　第3回…12月，翌年1月，2月，3月

## ◎持参するもの
● 英検S-CBT受験票，身分証明書。身分証明書として認められるのは，学生証・生徒手帳・健康保険証・運転免許証・パスポート・社員証・住民基本台帳カード・マイナンバーカード・在留カード・健康保険証のコピー（年少者のみ）です。

## ◎申し込み
● 申し込みは先着順です。個人申込のみで団体申込は受け付けていません。
● 申し込み時に指定した会場で受験します。会場ごとに定員があり，定員になり次第締め切られます。
● 英検S-CBT受験票は申込サイトからダウンロードします。

※検定料，試験時間については英検®ウェブサイトでご確認ください。

───────── **英検S-CBTスピーキングテストについて** ─────────
● 英検S-CBTのスピーキングテストとは，通常の英検®の二次試験で行われる面接試験のことです。
● 英検S-CBTではコンピューターの映像を通して面接委員とやり取りし，録音形式で試験が行われます。
● 試験の内容やレベルは通常の英検®二次試験と同じです。二次試験の試験内容については10，17ページをご参照ください。
● 英検S-CBTの，特にスピーキングテストではヘッドセットやマイクの使い方，音量の調整にある程度慣れておく必要があります。

　英検S-CBTはパソコン上で行われるため，試験当日の流れ，受験方法の面で通常の英検®と異なるところもあります。特に，最初にスピーキングテストが行われる点は大きな違いです。通常の英検®の二次試験と同じと言っても，面接委員と直接対面するか，画面を通して対面するかという違い，パソコンの操作があるかないかという違いは決して小さなことではありません。試験当日の流れ，受験方法の面で通常の英検®と異なるところについては，受験前に必ず英検®ウェブサイトでしっかり確認して，落ち着いてスピーキングテストに臨めるようにしましょう。

# 準2級のめやす，試験の内容と形式

## 準2級のめやす

### ●準2級のめやす

　準2級のレベルは高校中級程度で，日常生活に必要な英語を理解し，使用できることが求められます。

〈審査領域〉

　**読む**……日常生活の話題に関する文章を理解することができる。

　**聞く**……日常生活の話題に関する内容を理解することができる。

　**話す**……日常生活の話題についてやりとりすることができる。

　**書く**……日常生活の話題について書くことができる。

## 試験の内容と形式

　一次試験ではまずはじめに筆記試験が行われ，その後にリスニングテストが行われます。二次試験は英語での面接試験で，一次試験の合格者のみを対象とし，一次試験実施後およそ30日後に行われます。

### 一次試験・筆記（31問・80分）

　筆記試験は，5つの大問で構成されており，大問5はライティングテストです。問題数は31問で，この31問の問題を80分かけて解きます（2024年度第1回検定から）。

2024年度第1回の検定から，問題構成・内容は以下の通りです。

| 大問 | 内容 | 問題数 |
|---|---|---|
| 1 | **短文の穴うめ問題**　短文または会話文を読み，文脈に合う適切な語句を補う。 | 15問 |
| 2 | **会話文の穴うめ問題**　2〜4往復程度の会話文を読み，会話文中の空所に適切な文や語句を補う。 | 5問 |
| 3 | **長文の穴うめ問題**　物語文を読み，パッセージの空所に，文脈に合うものを複数の語句からなる選択肢から選ぶ。 | 2問 |
| 4 | **長文の内容に関する問題**　Eメールや説明文などを読み，これらの英文の内容に関する質問などに答える。 | 7問 |
| 5 | **Eメールへの返信を英語で記述する問題**　外国人の知り合いからのEメールへの返信を40〜50語程度で書く。<br>**与えられた質問に対し，意見とその根拠を英文で論述する問題**　ある英語の質問に対して，自分の意見とその理由や具体例を書く。 | 2問 |

## 一次試験・リスニング（30問・約25分）

リスニングテストは，第1部〜第3部で構成されており，問題数は30問です。この30問の問題を約25分かけて解きます。

| 大問 | 内容 | 問題数 |
|------|------|--------|
| 1 | **会話の返事を選ぶ**<br>会話文を聞き，会話の最後の発話に対する応答として最も適切なものを補う。 | 10問 |
| 2 | **会話の内容に関する質問**<br>会話文を聞き，会話の内容に関する質問に答える。 | 10問 |
| 3 | **文の内容に関する質問**<br>物語文や説明文などを聞き，その内容に関する質問に答える。 | 10問 |

### 《一次試験で用いられた主な場面と題材》

場面………家庭，学校，職場，地域（各種店舗・公共施設を含む），電話，アナウンスなど。

題材………学校，趣味，旅行，買い物，スポーツ，映画，音楽，食事，天気，道案内，海外の文化，人物紹介，歴史，教育，科学，自然・環境など。

　二次試験は，約6分の受験者対面接委員の1対1の面接です。**面接室への入室から退室までのすべてが採点の対象になり，応答内容，発音，語い，文法，語法，情報量，積極的にコミュニケーションを図ろうとする意欲や態度**などで評価されます。

## ◉二次試験の流れ

① 面接室に入室します。面接委員にあいさつをするとよいでしょう（Good morning./Good afternoon.）。

② 着席するよう指示されます。着席後，名前と受験する級の確認，「How are you?」のような簡単なあいさつがされるので、あいさつを返しましょう（I'm fine, thank you.）。

③ 50語程度の英文の書かれたイラストつきのカードが1枚渡されます。これを20秒間黙読するよう指示があるので（Please read the passage silently for 20 seconds.），英文の内容に注意しながら黙読します。

④ その後，その英文を音読するよう指示があります（Please read the passage aloud.）。発音や声の大きさに注意しながら音読します。

⑤ 音読後，5つの質問が出題されます。カードを伏せるよう指示（Please turn over the card.など）が出たら，すみやかに伏せてください。
   - ●質問1······音読した英文の内容についての質問。
   - ●質問2······カードのイラスト中の人物の行動を描写する。
   - ●質問3······カードのイラスト中の人物の状況を説明する。
   - ●質問4······カードのテーマに関連した事柄・意見に対し，受験者の考えを問う質問。
   - ●質問5······日常生活の一般的な事柄についての質問（カードのテーマに直接関連しない内容の場合もあります）。

---

### 《二次試験で用いられた主な話題》
ホームシアター，ボランティアガイド，電子辞書，食品フェア，映画祭，プリペイドカードなど。

---

# 準2級の傾向と対策

　英検®は出題パターンがある程度決まっています。2024年度第1回の検定から
ライティングテストの形式と筆記試験の問題数が一部変更されますが，全体とし
て大きな違いはありませんので,過去の問題を何度も解いて傾向をつかみましょう。
慣れてきたら，本番を想定した時間配分で解いてみると効果的です。

## 一次試験・筆記テスト

### 1 短文または会話文の穴うめ問題

★**出題傾向**　短文または会話文の（　　）の中に適する単語または語句を4つの
　選択肢から選び，英文を完成させる。単語→イディオム→文法の出題順がほぼ
　定着している。

※2024年度第1回の検定から，問題数が20問から15問になりました。

**対 策**

- 前後の文脈と文法的な観点から適語をすばやく判断することが大切。
- イディオムでは句動詞が頻出。文法問題は動詞の時制を問うものが多い。

### 2 会話文の穴うめ問題

★**出題傾向**　会話文の（　　）の中に適する文を4つの選択肢から選び，会話を
　完成させる。

**対 策**

- （　　）の直前・直後の発言は，答えを選ぶ際の決め手となる。
- ①相手の発言への応答として適切な文を選ぶ，または②相手の応答に合う
　質問文を推理して選ぶ，の2つに大別でき，最近は②の割合が増えている。
- 5W1Hを尋ねる疑問詞疑問文，および間接疑問の出題頻度が高い。
- 〈依頼〉，〈許可〉，〈提案・勧誘〉，〈願望〉などを表す定型表現，およびそれ
　に対する応答の仕方には十分慣れておきたい。

### 3 長文の穴うめ問題

★**出題傾向**　内容は2段落構成の150語程度の，ある人物に起きた出来事を綴っ
たフィクション(物語文)。本文中にある空所に適するものを4つの選択肢から選ぶ。

11

選択肢は3〜6語程度の意味のまとまり。英文全体に空所が2つある。

※2024年度第1回検定から，大問数が2題から1題になりました。

## 対 策

- （　　）前後の文脈を正確に把握する能力が必要となる。
- （　　）の前後にある語句とのつながり，時制には特に注意が必要。
- イディオムや決まった形の表現の知識も必要である。

# 4 長文の内容に関する問題

以下の❹❺の種類の出題形式がある。

## ❹ Eメール

★**出題傾向** 　段落ごとに1つの英語の質問文。選択肢は4つずつ。

● **質問数** 　合計3問。

● **長文の体裁** 　メール本文が3段落構成。語数は200語程度。Eメールの体裁は独特なので，2022年第3回出題文を使って，基本的なスタイルを見ておく。

〈Eメール・ヘッダの形式〉

From: Ariana Smith <arianaariana@peacemail.com> ………… 差出人(書き手)
To: Jane Jones <jane_j30101@thismail.com>……………… 受取人(読み手)
Date: January 22 ………………………………………日付（メール送信日）
Subject: Cooking club recipes ……………… 件名 (多くの場合, 本文のテーマ)

● **長文のテーマ** 　友人・知人や親族宛の日常生活に即した内容のメールが中心。店から客への連絡など，事務的な内容のメールの場合もある。

## 対 策

　ヘッダの情報から「差出人」と「受取人」を押さえた後は，まず3つの設問に先に目を通すとよい。注意して読むべきポイントが明確になる。

## ❸ 説明文

★**出題傾向** 段落ごとに1つの英語の質問文など。選択肢は4つずつ。
●**質問数** 合計4問。
●**長文の体裁** 4段落構成の説明文。語数は300語程度。
●**長文のテーマ** エネルギー,環境問題,テクノロジー,伝記など。

### 対策

- タイトルから英文の内容を予想できる場合が多い。
- 「質問文→対応する段落」の順番で読むようにすれば,結果的に論旨の展開もつかみやすくなる。
- 選択肢を本文と読み比べる場合,同じ意味での言い換えに注意。

## 5 ライティングテスト

★**出題傾向**
※2024年度第1回検定から,Eメールへの返信を書く問題が追加されました。
●**Eメール問題**
　外国人の知り合いから送られたEメールへの返信を40～50語程度で書く。冒頭のあいさつと結びの言葉は与えられている。知り合いからのEメールにある質問への答えと,Eメール文中の下線部について,より理解を深めるために下線部の特徴を問う質問を2つ書く。
●**意見論述問題**
　英語の質問に対して,50～60語で自分の意見と,それを裏付ける理由や具体例を書く。質問は外国人の知り合いからの質問という想定で,受験者の意見を求めるもの。

### 対策

- Eメール問題,意見論述問題ともに質問内容を正しくつかむ。
- Eメール問題では,こちらからする質問の内容をよく考える。
- 主語,動詞の一致などの基本的なことを含め,文法的に正しい英文を書く。
- 理由を述べる文では,becauseなど,「理由」を表す語句を使う。
- 語数の過不足に注意する。

★ライティングテストの採点に関する観点と解答作成時の注意点
●採点の観点
１．内容
　Ｅメール問題：与えられた条件に合った内容になっているか
　　対策：知り合いからのＥメールにある質問への答えにならない文，Ｅメール文中
　　　　　の下線部の特徴を問う質問にならない文を書かないよう注意する。
　意見論述問題：課題で求められている内容（意見とそれに沿った理由２つ）が
　　　　　　　　含まれているかどうか
　　対策：自分の意見と合わせて，その理由を明確にする。さまざまな観点から考
　　　　　えて，意見を支える論拠や説明がより説得力のあるものになるようにする。
　　　　　例えば，理由を書く際に，単純に「安いから」や「便利だから」だけで
　　　　　なく，安かったり便利であることによる具体的な利点なども書く。
２．構成
　意見論述問題：英文の構成や流れがわかりやすく論理的であるか
　　対策：伝えたい情報の流れや展開を示す表現（接続詞など）を効果的に使って，
　　　　　自分の意見とその理由や英文全体の構成をわかりやすくする。
　※Ｅメール問題では，構成は観点に含まれません。
３．語い　課題に相応しい語彙を正しく使えているか
　　対策：正しい綴りや意味で使われているかに注意しながら，自分の意見とその
　　　　　理由を十分伝えられるようにする。
４．文法　文構造のバリエーションやそれらを正しく使えているか
　　対策：同じような形の文の繰り返しにならないように，さまざまな文のパター
　　　　　ンを適切に使用して，自分の意見とその理由をより効果的に伝えるよう
　　　　　にする。また，主語と動詞を入れて，So much fun. やBecause it is fun.
　　　　　のように不完全な文を書かないようにする。

## ●意見論述問題解答作成時の注意点

　英検®ウェブサイトでは，「生徒は部活動に参加するべきかどうか」という QUESTION を例に挙げて，解答作成にあたっての下記の注意点が公開されている。それぞれの詳細と具体例をウェブサイトで確認しておこう。

### 1．QUESTION に答えていない

　QUESTION の答えになっていなかったり，全く関係のない事柄について書いていたりする。

### 2．意見と矛盾する理由や説明がある

　自分が述べた意見に矛盾する内容の理由や説明を書いている。

### 3．英語ではない単語を使っている

　どうしても英語以外の単語を使う必要がある場合は，その言語を理解できない人にもわかるように説明を加える。

### 4．個人の経験のみ答えている

　個人の身近な出来事や経験のみを使って理由や説明を書いた場合は説得力に欠けると判断され減点対象となることがある。

### 5．理由に対する説明や補足がない

　理由を書く際は具体的な例や説明を付け加えてより説得力のあるものにする。

### 6．関係のない内容が含まれている

　QUESTION で聞かれている内容と関係の無いことや他の部分と矛盾することを書かない。

## 一次試験・リスニングテスト

### 対 策（全リスニング問題共通）

　第１部～第３部のどれでも，英文は１回しか読まれない。聞き取れなかった箇所は気にせずに，続きの部分の聞き取りに集中しよう。

## 【第１部】会話の返事を選ぶ

★出題傾向　会話の最後の発言に対する応答として最も適切なものを，放送される３つの選択肢から選ぶ。

●放送されるもの　会話→選択肢。

### 対 策

　会話の焦点になっていることをすばやく聞き取ることが必要。最後の発言が疑問文の場合は，何を尋ねているかをしっかり記憶にとどめることが大切。

## 【第２部】会話の内容に関する質問

★出題傾向　会話を聞き，その内容に関する質問の答えを４つの選択肢から選ぶ。

●放送されるもの　会話→質問文。

### 対 策

- 放送文が流れる前に，問題用紙の選択肢に目を通し，会話の場面や質問の内容（場所，時間，人物の行動など）を予想する。
- 特に会話中に現れる質問文，命令文，依頼文などに注意。

## 【第３部】文の内容に関する質問

★出題傾向　物語文や説明文を聞き，その内容に関する質問の答えを４つの選択肢から選ぶ。

●放送されるもの　英文→質問文。

- 第2部同様，放送文が流れる前に選択肢に目を通しておくと，質問の内容を予想できることが多い。
- 放送文の第1文からテーマや状況をつかむようにする。
- 特に逆接を表す語句が出てきた直後の内容や，感情表現の後で〈理由〉を表す箇所には要注意。質問で尋ねてくる確率がかなり高い。

# 二次試験・面接

★**出題傾向** 問題カードには50語程度の英文と2枚のイラスト（AとB）が印刷されている。面接試験は，おおよそ以下のような流れで行われる。

①英文を黙読（20秒）→②同じ英文を音読（制限時間なし）

③英文の内容についての質問（No.1）

④イラストAについて，描かれている人物の行動を英文で説明させる（No.2）

⑤イラストBについて，描かれている人物の状況を英文で説明させる（No.3）

（問題カードを裏返す）

⑥カードのトピックに関して，受験者自身の意見を尋ねる（No.4）

⑦カードのトピックに直接関連しない事柄も含め，受験者自身の意見を尋ねる（No.5）

- 面接試験では，答えの内容自体の正確さだけでなく，答えの情報量や意欲や態度も評価対象となる。入退室時の挨拶も含めて，面接委員に誠意が伝わるよう，十分な声量で自信をもって受け答えを行うようにする。
- No.4とNo.5では，2文を目安に，確実に使える英語で具体的に考えをまとめる。面接委員と視線を合わせながら答える姿勢が大切である。

# 準2級でよく出る文法

## 準2級レベルの文法

ここでは，準2級の文法問題や英文読解に必要な文法事項の基本を確認します。効率的に学習することができるよう，設問形式別にまとめてあります。

※付属の赤シートで答えを隠して取り組みましょう。

### ●語句選択補充問題 ――（　　）に適するものを選びましょう。

**1** リンダは昼食にカレーを食べてからずっと，フルートを吹き続けている。

Linda（　③　）the flute since she had curry for lunch.

① is playing ② was playing
③ has been playing ④ had played

**解説** 現在完了進行形の文。

**2** 見つからない財布はベッドの下にあるかもしれない。

The missing wallet（　②　）be under the bed.

① must ② can ③ should ④ need

**解説** 可能性を表すcan。

**3** その少年は成長して有名な画家になった。

The little boy grew up（　②　）a well-known painter.

① being ② to be ③ for being ④ to have been

**解説** 結果を表す副詞的用法の不定詞。

**4** 風邪が悪化しました。もっと早く，医者に行っておけばよかった。

My cold got worse. I wish I（　④　）to the doctor sooner.

① go ② went ③ would go ④ had gone

**解説** 実現されなかったことへの願望を表す仮定法過去完了の文。

**5** 新しい3車線の幹線道路が建設中だ。

A new three-lane highway is（　①　）.

① being constructed ② been constructing
③ be constructed ④ constructing

**解説** 受動態の進行形。

**6** その製品の品質は向上したに違いない。

The product quality（　④　）.

① must be improved ② should be improving
③ should have improved ④ must have improved

**解説** 〈助動詞＋完了形〉の形。過去のことについての推量を表している。

# 事項

**7** 寝過ごしてラグビーの試合を見逃すなんて，あなたは不注意ですね。

It is careless ( ② ) you to oversleep and miss the rugby match.

① for      ② of      ③ with      ④ as

**解説** It is ～ to ...の文。「～」に人の性質を表す形容詞がくるとき，不定詞の主語は〈of＋人〉で表す。

**8** 空港に着くとすぐに，リアリーさんはトイレに行った。

( ④ ) at the airport, Mr. Leary went to the restroom.

① When arrived      ② At having arrived

③ In arriving      ④ On arriving

**解説** on ～ing「～するとすぐに」。

**9** 10代の若者の中には，誰の助言にも耳を傾けようとしない者もいます。

Some teenagers ( ① ) listen to anyone's advice.

① won't      ② can't      ③ mustn't      ④ shouldn't

**解説** will not「どうしても～しようとしない」。

**10** その有名な小説家の誕生日は，多くの人に祝われてきました。

The famous novelist's birthday ( ② ) by many people.

① has celebrated      ② has been celebrated

③ is being celebrated      ④ was been celebrated

**解説** 受動態の現在完了。

**11** ベティーのボーイフレンドは，もう彼女にうそをつかないと約束しました。

Betty's boyfriend promised ( ③ ) her lies anymore.

① no telling      ② not tell      ③ not to tell      ④ to tell not

**解説** 不定詞の否定形→not to ～

**12** 宝くじに当たったら，両親のために世界一周旅行を手配するのに。

If I ( ④ ) the lottery, I ( ④ ) arrange an around-the-world trip for my parents.

① win, would      ② won, will

③ have won, would      ④ won, would

**解説** 仮定法過去の文。

**13** あなたが悲しむのももっともです。自分のスマートフォンが壊れることを望む人はいませんから。

You ( ③ ) be sad. No one wants their smartphone to be broken.

① should      ② must      ③ may well      ④ can much

**解説** may well「～するのももっともだ」。

**14** 両親は私に，冬休みの間かなり一生懸命勉強させました。

My parents made me (　①　) quite hard during winter vacation.

　① study　　　② studying　　　③ to study　　　④ studied

**解説** 〈make＋O＋動詞の原形〉「Oに〜させる」。

**15** 私たちは，交換留学生のエミリーにまた会うのを楽しみにしています。

We're looking forward (　③　) our exchange student Emily again.

　① see　　　② seeing　　　③ to seeing　　　④ to see

**解説** look forward to 〜ing「〜することを楽しみに待つ」。

**16** もっと練習していれば，ダンス大会で負けることはなかっただろうに。

If we (　④　) harder, we would not (　④　) the dance competition.

　① practiced, fail　　　　　　② practiced, have failed

　③ had practiced, failed　　　④ had practiced, have failed

**解説** 仮定法過去完了の文。

---

● **語句補充問題 ──（　）に適する語を入れましょう。**

**1** 私たちは，その公衆衛生問題に対処するために何かをするべきだ。

We (　**ought**　) to do something to deal with the public health issue.

**解説** ought to 〜「〜するべきだ」。

**2** たくさんの人々がその燃えている城の前で立ち尽くしていた。

Many people were standing in front of the (　**burning**　) castle.

**解説** 後の名詞を修飾する現在分詞。

**3** 土曜日が，私がオンライン英語レッスンを受けている曜日だ。

Saturday is the day (　**when**　) I take an online English lesson.

**解説** 関係副詞のwhen。

**4** アヤは，海外出身であるかのように英語を話す。

Aya speaks English (　**as**　) (　**if**　) she (　**were**　) from abroad.

**解説** 仮定法過去の文。as if 〜「まるで〜のように」。※ifの代わりにthough，wereの代わりにcameも可。

**5** 山の頂上から見ると，その灯台は小さく見えた。

(　**Seen**　) from the mountain top, the lighthouse looked tiny.

**解説** 過去分詞で始まる分詞構文。

**6** 歳をとればとるほど，ますますティアが好きだということに気づいた。

The (　**older**　) I got, the (　**more**　) I realized that I loved Tia.

**解説** 〈the 比較級 〜，the 比較級 …〉「〜すればするほど，ますます…」

**7** あなたの新しい住所を知らせてください。

Please let me (　**know**　) your new address.

**解説** 〈let＋O＋動詞の原形〉「Oに〜させてやる」。

8 明日早く起きられるよう，目覚まし時計を合わせなさい。

Set an alarm clock ( **so** ) ( **that** ) you can wake up early tomorrow.

**解説** 目的を表すso that。

9 明日はあなたの誕生日です。欲しいものは何でもあげますよ。

Tomorrow is your birthday. I'll give you ( **whatever** ) you want.

**解説** 目的格の複合関係代名詞。

10 そのレストランのウエイターは40歳を過ぎているはずがない。

The restaurant waiter ( **cannot** ) ( **be** ) over forty years old.

**解説** cannot「〜のはずがない」。※短縮形can'tも可。

11 私はときどき，お金を節約するために学校から歩いて帰宅する。

I sometimes walk home from school in ( **order** ) ( **to** ) save money.

**解説** in order to 〜「〜するために」。

12 彼らは高校に入ったときには知り合ってから何年も経っていた。

They ( **had** ) ( **known** ) each other for years when they entered high school.

**解説** 過去完了の文。

13 あなたのサポートがなかったら，計画は成功していなかっただろう。

( **Without** ) your support, the plan would not ( **have** ) ( **succeeded** ).

**解説** 仮定法過去完了の文。

14 ヘレナは詩人というよりも音楽家だ。

Helena is not ( **so** ) ( **much** ) a poet as a musician.

**解説** not so much A as B「AというよりむしろB」。

15 その道具はたとえ便利ではあっても，使用が困難だ。

( **Even** ) ( **though** ) the tool is useful, it is difficult to use.

**解説** even thoughの後には事実が続く。

16 あれが，その老夫婦が初めてデートをした公園だ。

That is the park ( **where** ) the old couple dated for the first time.

**解説** 関係副詞のwhere。

17 その橋は人々が渡るには危険すぎた。

The bridge was ( **too** ) dangerous ( **for** ) people ( **to** ) cross.

**解説** 〈too 〜 for＋人＋to＋動詞の原形〉「（人が）…するにはあまりに〜」。

18 オンライン上の記事を読みながら，リサは電車を待っていた。

Lisa was waiting for her train, ( **reading** ) online articles.

**解説** 付帯状況を表す分詞構文。

**19** もう1回読んだら，キャロルはその小説を4回読んだことになる。

Carol ( **will** ) ( **have** ) ( **read** ) the novel four times if she reads it once again.

**解説** 未来完了の文。

**20** ロイの兄は入学試験に合格したが，それは私の予想通りだった。

Roy's brother passed the entrance exam, ( **which** ) I expected.

**解説** 前の文の内容を受ける非制限用法の関係代名詞。

**21** エマは試験に落ちた。明らかに，もっと一生懸命勉強すべきだった。

Emma failed the test. Obviously, she ( **should** ) ( **have** ) ( **studied** ) harder.

**解説** 〈should have＋過去分詞〉非難・後悔を表す。

**22** 映画のチケットはインターネット上でも予約できる。

A movie ticket ( **can** ) ( **be** ) reserved online as well.

**解説** 〈助動詞＋受動態〉。

**23** たとえお金が十分にあっても，私は車を買わないだろう。

( **Even** ) ( **if** ) I had enough money, I wouldn't buy a car.

**解説** 仮定法の文。even if の後には事実と異なる内容が続く。

**24** 今日は風邪をひいています。そういうわけで，ご一緒できません。

I have a cold today. ( **That's** ) ( **why** ) I can't join you.

**解説** 関係副詞の why。

**25** 私は買い物に出かけるよりはむしろ，家にいたい。

I'd ( **rather** ) stay home ( **than** ) go shopping.

**解説** would rather ～ than ...「...するよりはむしろ～したい」。

**26** 夜更かししない方がいいですよ。

You had ( **better** ) ( **not** ) sit up late.

**解説** had better「～した方がよい」の否定形。


●**語句整序問題** ──（　）内の語句を正しく並べかえましょう。

※（　）の中では，文のはじめにくる語も小文字になっています。

**1** グレッグ，ここに昔ドラッグストアがあったことは知っていますか。

Do you know (a drugstore / be / there / to / here / used ), Greg?

**解答** there used to be a drugstore here　**解説** 〈used to＋動詞の原形〉「（以前は）～だった，よく～したものだ」。

**2** お金が幸福につながるとは必ずしも限らないと言われている。

( always / that / not / said / it / money / does / is / lead ) to happiness.

**解答** It is said that money does not always lead　**解説** It is said that ～

「〜と言われている」。

**3** ステファニーは，その数学の問題を解くのが簡単だとわかった。

Stephanie ( solve / easy / the math problem / it / found / to ).

**解答** found it easy to solve the math problem **解説** 形式目的語の it。

**4** そのコンピューターは壊れている。誰かに見てもらう必要がある。

The computer is broken. We ( need / it / someone / look / to / have / at ).

**解答** need to have someone look at it **解説** 〈have＋O＋動詞の原形〉「O に〜してもらう」。

**5** 花火の音はここでも聞こえるほど十分に大きかった。

The sound of the fireworks ( heard / enough / here / be / was / loud / to ).

**解答** was loud enough to be heard here **解説** 〈enough to＋動詞の原形〉 「〜するのに十分…」。

**6** この機械の使い方を私に教えていただけませんか。

( to / explaining / me / mind / to / would / how / you / use ) this machine?

**解答** Would you mind explaining to me how to use **解説** Would you mind 〜ing? 「〜していただけませんか」。

**7** 祖父は目を閉じたまま，ソファに座っていた。

My grandfather ( eyes / was / his / the sofa / closed / sitting / with / on ).

**解答** was sitting on the sofa with his eyes closed **解説** 〈with＋名詞＋状態を表す語句〉「〜を…（の状態）にして」。

**8** これらの英文は，読むには難しくない。

These English sentences ( difficult / are / read / not / to ).

**解答** are not difficult to read **解説** 形容詞 difficult を修飾する副詞的用法の不定詞。

**9** ここが，その有名な俳優が生まれた国だ。

This is ( in / the / was / country / actor / born / famous / that / the ).

**解答** the country that the famous actor was born in **解説** 先行詞 the country は in の目的語。

**10** どちらに曲がればよいかわからず，私は地図を見るために立ち止まった。

( way / knowing / turn / which / to / not ), I stopped to look at the map.

**解答** Not knowing which way to turn **解説** 否定の分詞構文。

**11** その事業計画は非常に具体的だったので，皆それに賛成した。

The business plan was ( agreed / that / it / concrete / with / everybody / so ).

**解答** so concrete that everybody agreed with it **解説** so 〜 that …「とても〜なので…」。

**12** その有名な運動選手から返事をもらうとは全く想像していなかった。

( imagine / get / never / I / a reply / did / would / I ) from the famous athlete.

**解答** Never did I imagine I would get a reply **解説** 倒置の文。

# 準2級でよく出るイディ

## 準2級レベルのイディオム

ここでは，英検準2級でよく出るイディオムを集めました。効率的に学習できるよう，文の中での使い方を覚えられる例文形式で紹介しています。

※付属の赤シートで答えを隠して取り組みましょう。

日本文の意味を表す英文になるように，（　）に適する英語を入れましょう。

### 動名詞〈動詞の～ing形〉を含むイディオム

1. I'm looking ( **forward** ) ( **to** ) ( **seeing** ) you.
   あなたにお会いするのを楽しみにしています。
2. It is no ( **use** ) (**complaining**). 文句を言っても無駄です。
3. The museum is ( **worth** ) ( **visiting** ).
   その美術館は訪れる価値があります。
4. I couldn't help ( **laughing** ). ≒ I couldn't help but ( **laugh** ).
   私は笑わずにはいられませんでした。
5. There is ( **no** ) ( **denying** ) the artist's talent.
   そのアーティストの才能を否定することはできません。

### 不定詞〈to＋動詞の原形〉を含むイディオム

6. ( **Needless** ) to say, Soseki Natsume is a great writer.
   言うまでもなく，夏目漱石は偉大な作家です。
7. ( **To** ) ( **begin** ) with, let me introduce myself.
   まず初めに，自己紹介をさせてください。
8. Your advice ( **enabled** ) me ( **to** ) solve the problem.
   あなたの助言によって，私はその問題を解決することができました。
9. I ran to the station, ( **only** ) ( **to** ) miss the train.
   私は駅まで走ったが，電車に乗り遅れただけでした。
10. The man went out, ( **never** ) ( **to** ) come back.
    男性は出て行って，二度と帰ってきませんでした。
11. The boy grew up ( **to** ) ( **be** ) a doctor.
    少年は成長して医者になりました。
12. To ( **tell** ) the ( **truth** ), I haven't read the book.
    実を言うと，私はその本を読んでいません。

# オム・口語表現

## 比較表現を含むイディオム

13. The boy is ( **not** ) so ( **much** ) impolite ( **as** ) shy.
    その少年は無礼というよりむしろ内気なのです。
14. I don't worry about her ( **in** ) the ( **least** ).
    私は，彼女についてはまったく心配していません。
15. I'm ( **no** ) ( **longer** ) disappointed.
    私はもはや落胆していません。
16. I know ( **better** ) ( **than** ) to behave like that.
    私はそのようにふるまうほど愚かではありません。
17. There were no ( **more** ) ( **than** ) 30 people at the party.
    そのパーティーには30人の人しかいませんでした。
18. There were no ( **less** ) ( **than** ) 30 people at the party.
    そのパーティーには30人もの人がいました。

## 接続詞（的表現）を含むイディオム

19. No ( **matter** ) ( **what** ) we said, he didn't change his decision.
    私たちが何を言おうとも，彼は考えを変えませんでした。
20. Take an umbrella ( **in** ) ( **case** ) it rains.
    雨が降る場合に備えて傘を持って行きなさい。
21. ( **The** ) ( **moment** ) I arrived home, I called Tom.
    家に着くとすぐに，私はトムに電話をしました。
22. Clean your room by ( **the** ) ( **time** ) I come home.
    私が帰宅するまでには自分の部屋を掃除しなさい。
23. As ( **far** ) ( **as** ) I know, he is a delightful man.
    私が知る限りでは，彼はとても楽しい男です。

## 助動詞を含むイディオム

24. I would ( **rather** ) go shopping ( **than** ) stay home.
    私は家にいるよりもむしろ買い物に行きたい。
25. You ( **may** ) ( **well** ) be upset.
    あなたが動揺するのももっともです。

**26.** You may ( **as** ) ( **well** ) cooperate with each other.
あなたたちはお互いに協力した方がよい。

**（　　）に適する英語を入れて，日本文の意味を完成させましょう。**

## 動詞を含むイディオム

**1.** Who will ( **take** ) ( **part** ) in the meeting?
だれがその会議に参加する予定ですか。

**2.** Take a ( **look** ) ( **at** ) this picture.
この写真をちょっと見て。

**3.** He ( **takes** ) ( **after** ) his father very much.
彼は父親にとてもよく似ています。

**4.** The accident ( **took** ) ( **place** ) in front of me.
その事件は私の目の前で起こりました。

**5.** My sister and I ( **look** ) ( **after** ) the cat.
姉と私がその猫の世話をします。

**6.** I ( **looked** ) ( **up** ) the word in the dictionary.
私は辞書でその単語を調べました。

**7.** The girls kept ( **talking** ) for hours.
少女たちは何時間も話し続けました。

**8.** I'll keep your advice ( **in** ) ( **mind** ).
私はあなたの助言を心にとめるつもりです。

**9.** I decided to ( **give** ) ( **up** ) watching TV.
私はテレビを見るのをやめることを決めました。

**10.** I ( **believe** ) ( **in** ) his courage.
私は彼の勇気を信じています。

**11.** I ( **agree** ) ( **with** ) you.　私はあなたに賛成です。

**12.** The man ( **fell** ) ( **asleep** ) as soon as he got into bed.
男性はベッドに入るとすぐに眠りに落ちました。

**13.** Mr. and Mrs. Green ( **brought** ) ( **up** ) three children.
グリーン夫妻は3人の子どもを育てました。

**14.** The festival was ( **called** ) ( **off** ) because of the rain.
その祭りは雨のために中止されました。

**15.** They ( **carried** ) ( **out** ) the plan successfully.
彼らは成功裏にその計画を実行しました。

**16.** My brother hasn't ( **got** ) ( **over** ) the injury yet.
兄はまだそのけがを克服していません。

**17.** I'd like to get ( **along** ) ( **with** ) the boys.
私はその少年たちとうまくやっていきたい。

**18.** I ( **wrote** ) ( **down** ) his e-mail address.
私は彼のEメールアドレスを書き留めました。

**19.** Our team ( **consists** ) ( **of** ) 20 members.
私たちのチームは20人のメンバーから成っています。

**20.** My brother ( **asked** ) ( **for** ) my help.
弟は私の助けを求めました。

**21.** Have you ( **made** ) ( **up** ) your ( **mind** ) yet?
あなたはもう決心を固めましたか。

**22.** I learned the words ( **by** ) ( **heart** ).
私はそれらの単語を暗記しました。

**23.** I can't tell him ( **from** ) his brother.
私は彼と彼の弟を見わけることができません。

**24.** John Lennon ( **passed** ) ( **away** ) in 1980.
ジョン・レノンは1980年に亡くなりました。

**25.** Don't rely ( **on** ) others. 他人に頼るな。

**26.** Why did you ( **put** ) ( **off** ) the project?
あなたはなぜそのプロジェクトを延期したのですか。

**27.** I couldn't ( **catch** ) ( **up** ) ( **with** ) him.
私は彼に追いつくことができませんでした。

**28.** They ( **turned** ) ( **down** ) my offer.
彼らは私の申し出を断りました。

**29.** Please get ( **rid** ) ( **of** ) these magazines.
これらの雑誌を処分してください。

**30.** The snow prevented us ( **from** ) ( **playing** ) soccer.
雪によって私たちがサッカーをすることが妨げられました。

**31.** This song ( **reminds** ) me ( **of** ) the trip.
この歌は私にその旅行を思い出させます。

**32.** I ( **came** ) ( **across** ) Linda at a bookstore yesterday.
私はきのう書店でリンダに偶然会いました。

**33.** Our effort ( **resulted** ) ( **in** ) success.
私たちの努力は成功をもたらしました。

**34.** Don't find ( **fault** ) ( **with** ) others.
他人のあら探しをするな。

日本文の意味を表す英文になるように，（　　　）に適する英語を入れましょう。

## be動詞を含むイディオム

**1.** You are ( **suited** ) ( **for** ) the position.
あなたはその役職にふさわしい。

**2.** The plant is ( **said** ) ( **to** ) ( **be** ) harmful.
その植物は有害だと言われています。

**3.** We ( **were** ) forced ( **to** ) compromise.
私たちは妥協することを余儀なくされました。

**4.** That building is ( **under** ) construction.　あの建物は建設中です。

## 前置詞を含むイディオム

**5.** They began to talk ( **all** ) at ( **once** ).
彼らは一斉に話し始めました。

**6.** I threw away the book ( **by** ) ( **mistake** ).
私は間違ってその本を捨ててしまいました。

**7.** They were ( **by** ) ( **no** ) ( **means** ) satisfied.
彼らはまったく満足していませんでした。

**8.** Why are you ( **in** ) a ( **hurry** )?
あなたはなぜ急いでいるのですか。

**9.** The picnic was a success in ( **spite** ) ( **of** ) the rain.
雨にもかかわらずピクニックは成功でした。

**10.** He can do anything. In ( **other** ) ( **words** ), he is a genius.
彼は何でもできます。言いかえれば，彼は天才です。

**11.** Please pay the fare ( **in** ) ( **advance** ).
運賃は前もってお支払いください。

**12.** John explained the story ( **in** ) ( **detail** ).
ジョンは物語を詳細に説明しました。

**13.** There was an earthquake in the ( **beginning** ) ( **of** ) this month.
今月の初めに地震がありました。

**14.** Will you attend the meeting in ( **my** ) ( **place** )?
私のかわりに会議に出席してくれませんか。

**15.** I like animals, cats ( **in** ) ( **particular** ).
私は動物，特に猫が好きです。

**16.** I waited for him ( **in** ) ( **vain** ).
私は彼を待ちましたが無駄でした。

**17.** Did the man break the window ( **on** ) ( **purpose** )?
男は故意にその窓を割ったのですか。

**18.** This machine is ( **out** ) of ( **order** ). その機械は故障中です。

**19.** The car soon got out ( **of** ) ( **sight** ).
その車はすぐに見えなくなりました。

**20.** The dress is ( **out** ) ( **of** ) ( **date** ).
そのドレスは時代遅れです。

**21.** The boy passed the examination ( **with** ) ( **ease** ).
その少年はたやすく試験に合格しました。

## その他の重要イディオム

**22.** We ate a ( **bunch** ) of grapes. 私たちは1房のぶどうを食べました。

**23.** The movie is a ( **sort** ) of comedy.
その映画はある種のコメディです。

**24.** The store sells a ( **variety** ) of shoes.
その店はさまざまな靴を売っています。

**25.** I was late ( **due** ) to the traffic jam.
私は渋滞のために遅刻しました。

**26.** My father visits Singapore ( **once** ) in a ( **while** ).
父はときどきシンガポールを訪れます。

**27.** ( **According** ) ( **to** ) the weather news, it will rain tomorrow.
天気予報によると，明日は雨が降るようです。

# 準2級レベルの口語表現

ここでは，英検準2級でよく出る口語表現を集めました。効率的に学習できるよう，文の中での使い方を覚えられる例文形式で紹介しています。

※付属の赤シートで答えを隠して取り組みましょう。

日本文の意味を表す英文になるように，（　　）に適する英語を入れましょう。

## 提案・勧誘・申し出・助言

1.  （ **Why** ）（ **don't** ）you come with us? —— That sounds nice.
    私たちと一緒に来ませんか。—— いいですね。

2.  Would you like to swim in the sea?
    ——（ **No** ）（ **way** ）. The water is too cold.
    海で泳ぎませんか。—— とんでもない。水が冷たすぎます。

3.  （ **Let** ）（ **me** ）introduce myself.　自己紹介させてください。

4.  Please feel （ **free** ）（ **to** ）（ **ask** ）questions anytime.
    いつでも遠慮なく質問してください。

5.  You （ **should** ）have a rest.　あなたは休みをとるべきです。

6.  You （ **had** ）（ **better** ）see a doctor.
    医者に診てもらった方がいい。

## 依頼・希望

7.  Would you （ **mind** ）opening the door?
    —— Not （ **at** ）（ **all** ）.
    ドアを開けていただけませんか。—— いいですよ。

8.  （ **Could** ）（ **you** ）reply as soon as possible? —— Certainly.
    できるだけ早くお返事をいただけませんか。—— もちろんです。

9.  Will you （ **do** ）me （ **a** ）（ **favor** ）?
    ≒ May I （ **ask** ）you a favor?　お願いがあるのですが。
    —— What is it? —— 何ですか。
    ——（ **Will[Can]** ）（ **you** ）help me with my homework?
    —— 私の宿題を手伝ってくれませんか。
    —— Of （ **course** ）. / I'd like to, but I （ **can't** ）.
    —— もちろん。/ 手伝いたいのですができません。

10. I ( **hope** ) you'll like it.
あなたが気に入ってくれるといいなと思います。
11. I ( **wish** ) I ( **could** ) be with you now.
今あなたと一緒にいられたらいいのに。

## 許可を求める

12. ( **May** ) ( **I** ) visit your house? —— Certainly.
あなたの家を訪ねていいですか。—— もちろんです。
13. Do you ( **mind** ) ( **if** ) I sit here?
—— Of course ( **not** ) . / I'd rather you didn't.
ここに座ってもかまいませんか。
—— かまいません。/ 座らないでいただけたらうれしいです。

## 意見・感想を聞く

14. What do you ( **think** ) of the nuclear weapons?
核兵器についてどう考えますか。
15. How do you ( **feel** ) ( **about** ) her apology?
彼女の謝罪についてどう思いますか。
16. ( **How** ) did you ( **find** ) the book?
—— I found it quite interesting.
その本はどうでしたか。—— とてもおもしろかったです。

## 電話

17. May I ( **speak** ) ( **to** ) Ms. Smith?
—— I'm sorry, she is on ( **another** ) ( **line** ) .
スミスさんをお願いします。
—— 申し訳ありません，彼女は別の電話に出ています。
18. Would you like her to ( **call** ) you ( **back** )?
—— Yes, please.
彼女に（あなた宛に）かけ直させましょうか。—— はい，お願いします。
19. Could I speak to Mr. Tanaka? —— ( **Speaking** ) .
田中さんをお願いします。—— 私です。
20. May I ( **leave** ) a ( **message** )?
—— Certainly. Go ( **ahead** ) .
伝言をお願いできますか。—— もちろんです。どうぞ。

日本文の意味を表す英文になるように，（　　）に適する英語を入れましょう。

## 食事

**1.** Would（　**you**　）（　**like**　）to order some dessert?
　　—— No, thank you.  I'm full.
　　デザートのご注文はいかがですか。
　　—— いいえ，けっこうです。私はおなかがいっぱいです。

**2.** May I（　**take**　）your（　**order**　）?
　　—— Well, what do you recommend?
　　ご注文はお決まりですか。—— ええと，おすすめは何ですか。

**3.** I'd like a coffee and a hamburger.
　　——（　**For**　）here or（　**to**　）go?
　　コーヒーとハンバーガーをお願いします。
　　—— こちらで召し上がりますか，それともお持ち帰りですか。

## 旅行

**4.** Excuse me, is this the（　**right**　）bus for Sapporo Station?
　　すみません，札幌駅行きのバスはこれでいいですか。

**5.** Where can I（　**get**　）on the train（　**for**　）Nagoya?
　　—— At platform 2.
　　名古屋行きの電車はどこから乗れますか。—— 2番線です。

**6.** I'd like to（　**check**　）（　**in**　）.  チェックインしたいのですが。

**7.** Do you have a（**reservation**）?  ご予約されていますか。

## 病気・医者

**8.** I'd like to（　**make**　）an（**appointment**）.
　　—— All right.  When would you like to come in?
　　予約をしたいのですが。
　　—— かしこまりました。いつお出でになりたいですか。

**9.** I have（　**an**　）（**appointment**）with Dr. Kato.
　　加藤先生に予約しています。

**10.** What's（　**wrong**　）?  どうしましたか［どこが悪いのですか］。

**11.** I have a（**stomachache**）.  私は胃［腹］が痛い。

**12.** I have a（　**sore**　）（　**throat**　）.  私はのどが痛い。

# 準2級

## 2023年度 第2回

**一次試験** 2023.10.8実施

**二次試験** A日程 2023.11.5実施

B日程 2023.11.12実施

**一次試験・筆記（75分）**
pp.34〜46

**一次試験・リスニング（約26分）**
pp.47〜51
CD赤-1〜33

**二次試験・面接（約6分）**
pp.52〜55

※解答一覧は別冊p.3
※解答と解説は別冊pp.4〜30

※別冊の巻末についている解答用マークシートを使いましょう。

## 合格スコア

- 一次試験　1322
  （満点1800／リーディング600，リスニング600，ライティング600）
- 二次試験　406（満点600／スピーキング600）

**1** 次の (1) から (20) までの（　）に入れるのに最も適切なものを **1**, **2**, **3**, **4** の中から一つ選び，その番号を解答用紙の所定欄にマークしなさい。

*(1)* Ryuji's teammate passed the soccer ball to Ryuji. He (　　) the ball as hard as he could, and it flew past the goalkeeper and into the goal.

**1** mixed     **2** chewed     **3** struck     **4** copied

*(2)* *A:* Dad, I don't feel well. My head hurts and I think I have a (　　).
*B:* I see. Let me check your temperature.

**1** grade     **2** surprise     **3** custom     **4** fever

*(3)* Most companies use ships to (　　) their products overseas. Airplanes are much faster, but they are usually much more expensive.

**1** transport     **2** design     **3** consult     **4** reject

*(4)* After the basketball game, Mark's coach said many nice things about his passing and defense. He felt (　　) to hear that he was doing a good job.

**1** frightened     **2** encouraged     **3** delivered     **4** followed

*(5)* *A:* How long have you been working here, Sabrina?
*B:* I'm new. I was (　　) two weeks ago.

**1** collected     **2** hired     **3** exchanged     **4** carried

*(6)* Kansai is a (　　) in western Japan. Its three largest cities are Osaka, Kyoto, and Kobe.

**1** safety     **2** region     **3** theme     **4** laundry

*(7)* **A:** Could you answer all the questions in our math homework?
**B:** Nearly. I couldn't (      ) the last one, though.
**1** solve      **2** repair      **3** miss      **4** invent

*(8)* Kelly writes two (      ) every month for her English class. Last month, she wrote about a book that she had recently read and what she did during the summer vacation.
**1** essays      **2** victories      **3** systems      **4** miracles

*(9)* There is a store by Lucy's house that sells clothes very (      ). On Saturday, Lucy bought a blouse there for only $10.
**1** powerfully      **2** lately      **3** bravely      **4** cheaply

*(10)* David became very rich after he created a popular smartphone app. He uses most of his (      ) to help people who do not have much money.
**1** pain      **2** wealth      **3** nonsense      **4** literature

*(11)* Lester could not go to school for three days last week because he was (      ) a bad cold. He feels much better this week.
**1** suffering from      **2** depending on
**3** giving up      **4** majoring in

*(12)* **A:** I'm sorry I didn't hear your question, Ms. Nakayama.
**B:** Please (      ), Asako. You can't learn if you don't listen in class!
**1** shake hands      **2** make sense
**3** take turns      **4** pay attention

*(13)* A tree had fallen on the train line to Karinville. Passengers traveling there had to take buses (      ) of trains until the problem was fixed.
**1** on behalf      **2** for fear      **3** by way      **4** in place

*(14)* **A:** Excuse me. I think you have my suitcase.
**B:** Oh, sorry! I must have taken it (          ). It looks just like mine.
**1** at present  **2** by mistake  **3** for nothing  **4** with ease

*(15)* Tetsuya has a Canadian friend called Todd. Tetsuya and Todd write to (          ) at least once a month.
**1** any other  **2** one another  **3** every other  **4** another one

*(16)* **A:** Do you know whether your baby will be a boy or a girl?
**B:** No, not yet. My husband and I are (          ) a girl because our first child is a boy.
**1** hoping for  **2** taking over  **3** putting away  **4** showing off

*(17)* Tom and Helen both wanted to get a puppy, but they could not (          ) a name for it. Tom wanted to call it Buddy, but Helen wanted to call it Max.
**1** pour out  **2** agree on  **3** run over  **4** hold up

*(18)* Mr. Smirnov has to have his monthly report done by the time his boss (          ) back to the office.
**1** come  **2** comes  **3** came  **4** will come

*(19)* The other day, James went to the town (          ) he was born. It had been a few years since his last visit, but the town had not changed much.
**1** when  **2** where  **3** why  **4** which

*(20)* A beautiful blue bird was flying (          ) the tree in Paul's garden. Paul wanted to take a picture of it, but it quickly flew away.
**1** of  **2** on  **3** above  **4** among

**2** 次の四つの会話文を完成させるために, (21)から(25)に入るものとして最も適切なものを**1**, **2**, **3**, **4**の中から一つ選び, その番号を解答用紙の所定欄にマークしなさい。

(21)  *A:* Is the restaurant still open?
　　　*B:* Yes, but (　**21**　).
　　　*A:* Oh no!  I had to work late, and I couldn't get anything to eat.
　　　*B:* There's a place that sells hamburgers up the street.  I think it's open 24 hours.
　　　**1**　we only have a table for two people
　　　**2**　the last order was 10 minutes ago
　　　**3**　it's the chef's first day here today
　　　**4**　we have run out of ice cream

(22)  *A:* Hi, Bob.  Is that (　**22**　)?  It's really cool.
　　　*B:* Yes.  I got it at the department store by the station.
　　　*A:* Was it expensive?
　　　*B:* Not really.  The sports and games department is having a big sale this month.
　　　**1**　a gold ring
　　　**2**　a new skateboard
　　　**3**　your brother's car
　　　**4**　your new lunch box

(23)  *A:* Excuse me.  I (　**23**　).
　　　*B:* Certainly, ma'am.  We have many different kinds.  Which would you like?
　　　*A:* I'm not sure.  The one I have now makes my neck hurt.
　　　*B:* It could be too soft.  Try this one and tell me if it's as soft as yours.
　　　**1**　want a new pillow for my bed
　　　**2**　would like to get a new necklace
　　　**3**　need a new carpet for my hall
　　　**4**　am looking for a new paintbrush

*A:* Would you like one of these cookies?

*B:* Yes, please. They're so pretty! Where did you get them?

*A:* (   *24*   ).

*B:* I didn't know you had visited there.

*A:* Yes. My family and I went for a week. We got back to London last night.

*B:* I wish that I could go there someday.

*A:* You should. There are (   *25*   ).

*B:* I know. I saw a TV program about the museums and palaces there.

*(24)* **1** At a shop in Paris
**2** From an online bakery
**3** I made them myself
**4** My grandma sent them to me

*(25)* **1** only a few seats left
**2** some great places to see
**3** six different flavors
**4** several ways to make them

**3** 次の英文[A], [B]を読み, その文意にそって(26)から(30)までの(　)に入れるのに最も適切なものを1, 2, 3, 4の中から一つ選び, その番号を解答用紙の所定欄にマークしなさい。

## [A]

# *Stephen's New School*

Stephen's family recently moved to a new city, and Stephen had to change schools. He did not know anyone at his new school, and he felt lonely every day. He ( **26** ) about his problem. Stephen's mother said that he would make new friends soon, and his father suggested joining one of the clubs at his new school. However, Stephen did not like sports, music, or art, so he did not know what to do.

One day, Stephen saw a poster at school for a games club. The members met three times a week to play board games and card games. Stephen really liked playing games, so he joined the club. The members were very kind, and Stephen quickly made friends. Recently, Stephen decided to ( **27** ). He has been working hard to make the rules and the other things he will need for the game. Once it is ready, he plans to try it with the other members of the club.

(*26*)  **1**  read several books
　　　 **2**  wrote a long letter
　　　 **3**  saw a doctor
　　　 **4**  talked to his parents

(*27*)  **1**  create his own game
　　　 **2**  join another club
　　　 **3**  change schools again
　　　 **4**  get more exercise

# The Return of Greeting Cards

During the 20th century, people often sent paper greeting cards to friends and family members on birthdays or at other special times. Greeting cards usually have a picture on the front and a message inside. In the 1990s, however, people began communicating online. Sending an electronic message by e-mail or through social media is quicker and easier than sending a paper greeting card. In addition, most greeting cards are thrown away. This creates a lot of trash. As a result, some people prefer online communication because they think it is ( *28* ).

For several years, sales of greeting cards in the United States went down. Recently, though, young adults have become interested in greeting cards. Many of them think that it is too easy to send a message online. Sending a greeting card to a person ( *29* ). It shows that you really care about that person. Because of this, Americans still buy around 6.5 billion greeting cards every year.

Although people once thought that the Internet might be bad for sales of greeting cards, it may actually be helping them. This is because people who use social media are often ( *30* ). For example, they may be sent a message to tell them that one of their friends has a birthday or wedding anniversary soon. As a result, they remember to buy a greeting card and send it to their friend.

(28) **1** easier to talk in private
**2** better for the environment
**3** creating many jobs
**4** new and exciting

(29) **1** takes more effort
**2** can lead to problems
**3** is not always possible
**4** may not change anything

(30) **1** invited to play games
**2** sent photos of food
**3** reminded about events
**4** shown advertisements

次の英文 [A], [B] の内容に関して, *(31)* から *(37)* までの質問に対して最も適切なもの, または文を完成させるのに最も適切なものを **1, 2, 3, 4** の中から一つ選び, その番号を解答用紙の所定欄にマークしなさい。

## [A]

From: Henry Robbins <h-g-robbins@oldmail.com>
To: Peter Robbins <peter1512@whichmail.com>
Date: October 8
Subject: My visit

- - - - - - - - - - - - - - - - - - - - - - - - - - - - - - - - - - - - - - - - - - - - - - - - - - - - -

Dear Peter,

I'm really excited to see you again next week. I had such a great week the last time that I visited. I can't believe it's been 12 months already. I'm glad I can stay for a whole month this time. I'm planning lots of fun things for us to do together. Please tell your little sister that I'm looking forward to playing with her again, too.

I thought we could go camping by Mirror Lake. We could try fishing in the lake, too. Have you ever been fishing before? I took your dad fishing many times when he was a boy. It's very relaxing, but you have to be ready and move quickly if you want to catch anything! I can teach you lots of tricks to help you become a good fisher.

I also thought that we could go to watch a baseball game together. I haven't been to any big baseball games for a long time because there aren't any professional teams near my house. Your dad told me that you joined a baseball team in your town a few months ago. How is that going? If you want to, we can go to a park to practice throwing, catching, and hitting.

Anyway, I'll see you very soon.

Love,

Grandpa

*(31)* What is one thing that Grandpa says to Peter?
    **1**  It is not possible for him to stay for longer than a week.
    **2**  It has been a year since he last visited Peter.
    **3**  He cannot wait to meet Peter's sister for the first time.
    **4**  He will visit Peter's house in about one month.


*(32)* Grandpa asks Peter
    **1**  whether he can run quickly.
    **2**  whether he has ever gone fishing.
    **3**  if he knows how to do any magic tricks.
    **4**  if he has gone camping before.


*(33)* What did Peter start doing recently?
    **1**  Playing for a local sports team.
    **2**  Going to professional baseball games.
    **3**  Taking his sister to play in the park.
    **4**  Learning about history at school.

# Drive-in Movie Theaters

Richard Hollingshead was an American businessman. His mother loved movies, but she did not like the hard seats in movie theaters. Hollingshead thought that she might be more comfortable if she could watch movies while sitting on the soft seats of her own car. He put a screen and some speakers in his yard and invited his family and neighbors to try his new business idea: a drive-in movie theater.

Hollingshead opened a bigger drive-in movie theater in 1933, but he did not make much money from it. Other people copied his idea, though, and drive-in movie theaters soon became popular, especially with people with small children. One reason was that the children could run around and shout without bothering other people. Some drive-in movie theaters even had playgrounds, so children could enjoy themselves while they waited for the movies to start.

At first, these theaters had large speakers near the screen. The sound was not good, so some theaters put a speaker by every car. However, there were other problems for drive-in movie theaters. One was that drive-in movie theaters could only show movies in the evening after it became dark. Also, movie companies got more money from indoor theaters, so many of them did not let drive-in movie theaters show their best movies. Drive-in movie theaters often had to show movies that were older or less popular.

In the 1970s, many drive-in movie theaters closed because people could rent videos to watch at home. Also, many drive-in movie theaters were just outside large towns and cities. Companies wanted the theaters so that they could build new homes on the land. They offered the owners a lot of money, and many owners decided to sell their theaters. Although there were over 4,000 drive-in movie theaters in the United States around 1960, today, there are just a few hundred left.

*(34)* What is one thing that we learn about Richard Hollingshead's mother?
**1** She made a drive-in movie theater in her yard.
**2** She learned how to drive a car by watching movies.
**3** She often held parties for her family and neighbors.
**4** She thought movie theater seats were not comfortable.

*(35)* One reason that drive-in movie theaters became popular was
**1** they offered special discounts to families with children.
**2** parents did not have to worry if their children were noisy.
**3** most indoor movie theaters did not show movies for children.
**4** many of them were built near parks with children's playgrounds.

*(36)* Some movies were not shown in drive-in movie theaters because
**1** it was too dark in the evening to see the movies easily.
**2** the sound in the movies was not good enough.
**3** movie companies made more money from indoor theaters.
**4** they had not been popular in indoor theaters.

*(37)* Why did many drive-in movie theater owners sell their theaters?
**1** Companies offered to pay them a lot of money for their land.
**2** The theaters were too far away from large towns and cities.
**3** They wanted to open stores so that people could rent videos.
**4** People started making drive-in theaters in their own yards.

**5**

● あなたは，外国人の知り合いから以下のQUESTIONをされました。

● QUESTIONについて，あなたの意見とその理由を2つ英文で書きなさい。

● 語数の目安は50語～60語です。

● 解答は，解答用紙のB面にあるライティング解答欄に書きなさい。なお，解答欄の外に書かれたものは採点されません。

● 解答がQUESTIONに対応していないと判断された場合は，0点と採点されることがあります。QUESTIONをよく読んでから答えてください。

**QUESTION**

*Do you think it is good for students to make study plans for their summer vacations?*

# ●一次試験・**リスニング**

準2級リスニングテストについて

❶このリスニングテストには，第1部から第3部まであります。
　★英文はすべて一度しか読まれません。
　　第1部……対話を聞き，その最後の文に対する応答として最も適切なものを，放送
　　　　　　される**1，2，3**の中から一つ選びなさい。
　　第2部……対話を聞き，その質問に対して最も適切なものを**1，2，3，4**の中から一
　　　　　　つ選びなさい。
　　第3部……英文を聞き，その質問に対して最も適切なものを**1，2，3，4**の中から一
　　　　　　つ選びなさい。
❷No. 30のあと，10秒すると試験終了の合図がありますので，筆記用具を置いてください。

## 第1部

No.1～No.10（選択肢はすべて放送されます。）　 ～

## 第2部

**No. 11**　

**1** It has a lot of customers.
**2** It closed last night.
**3** They do not serve steak.
**4** They do not have a website.

**No. 12**　

**1** Getting ready to go to the supermarket.
**2** Trying out a Japanese recipe.
**3** Making a dish from her hometown.
**4** Learning how to make beef stew.

47

**No. 13**

1 She needs help with schoolwork.
2 She will not be on time for dinner.
3 She was not in math class today.
4 She wants to start learning karate.

**No. 14**

1 It looks damaged.
2 It can only use old software.
3 It has been used by many people.
4 It is not old enough.

**No. 15**

1 To return a ring.
2 To meet the store owner.
3 To buy some earrings.
4 To get her watch fixed.

**No. 16**

1 Invite a friend to dinner.
2 Eat dinner before he leaves home.
3 Make pasta for his mother.
4 Go to the theater to see a movie.

**No. 17**

1 To tell her about drink prices.
2 Which drinks use chocolate.
3 About coffee drinks without milk.
4 How the drinks are made.

**No. 18**

1 She did not study for her science test.
2 She did not sleep well last night.
3 She does not have time for homework.
4 She does not do well in science.

**No. 19**

1 He cannot work tonight.
2 He does not like pizza.
3 He canceled his order.
4 He called the wrong number.

**No. 20**

1 He does not like his shirt.
2 He cannot find his shirt.
3 His brother made his shirt dirty.
4 His shirt is too big.

## 第3部

**No. 21**

1 A math teacher.
2 A nurse.
3 A biology teacher.
4 A doctor.

**No. 22**

1 Paula gave him a soccer ball.
2 Paula came to his soccer match.
3 Paula stopped learning ballet.
4 Paula met a famous ballet dancer.

**No. 23**

1 He helped Jonathan to swim faster.
2 He taught Jonathan how to dive.
3 He let Jonathan use his stopwatch.
4 He gave Jonathan a ride to his race.

**No. 24**

1 Over one million copies of them were stolen.
2 They were bought by a famous photographer.
3 A new type of machine was used to print them.
4 There was a mistake made with the pictures.

**No. 25**

1 It will take place this Sunday.
2 Six of Zack's friends planned it.
3 He cannot go bowling on that day.
4 Zack's parents cannot go to it.

**No. 26**

1 She helped him study for an important test.
2 She agreed to take him to see a doctor.
3 She fixed his bike after he broke it.
4 She let him use her phone to make a call.

**No. 27**

1 By asking one of the Grade 10 students.
2 By asking someone in Classroom 204.
3 By checking the list by the main entrance.
4 By checking their examinee forms.

**No. 28**

1　The flavor of his onions was too strong.
2　Somebody put peppers into his food.
3　His potatoes took too long to grow.
4　A rabbit ate some of his vegetables.

**No. 29**

1　It was designed to look like a mountain.
2　It was built more than 2,000 years ago.
3　It was named after a famous musician.
4　It was created after a market closed down.

**No. 30**

1　She does not need to work part-time anymore.
2　She does not always have to ride her bike to college.
3　She has more time to spend on her studies.
4　She has enough money to buy a new bike.

# ●二次試験・面接

※本書では出題例として2種類のカードを掲載していますが，本番では1枚のみ渡されます。
※面接委員の質問など，二次試験に関する音声はCDに収録されていません。

## Studying Abroad Online

Today, many people study abroad. However, it sometimes takes a lot of time and money to go to other countries. Now, technology is playing an important role. Some people take online classes that are held by foreign schools, and by doing so they can experience studying abroad without leaving their own countries.

A

B

**No.1**　According to the passage, how can some people experience studying abroad without leaving their own countries?

**No.2**　Now, please look at the people in Picture A.　They are doing different things.　Tell me as much as you can about what they are doing.

**No.3**　Now, look at the girl in Picture B.　Please describe the situation.

Now, Mr. / Ms. _____, please turn over the card and put it down.

**No.4**　Do you think junior high schools should offer more cooking classes for their students?
　　　　　Yes. → Why?
　　　　　No. → Why not?

**No.5**　Today, many people take a shopping bag when they go to the supermarket.　Do you take your own shopping bag to the supermarket?
　　　　　Yes. → Please tell me more.
　　　　　No. → Why not?

## Online Discount Stores

Today, discount stores on the Internet are attracting attention. People can buy things at lower prices, and as a result they find online discount stores helpful. However, people in some areas can have trouble using them. For example, they need to wait a long time for products to be delivered.

A

B

**No.1**      According to the passage, why do people find online discount stores helpful?

**No.2**      Now, please look at the people in Picture A. They are doing different things. Tell me as much as you can about what they are doing.

**No.3**      Now, look at the woman in Picture B. Please describe the situation.

Now, Mr. / Ms. _____, please turn over the card and put it down.

**No.4**      Do you think using the Internet is a good way for people to learn English?
         Yes. → Why?
         No. → Why not?

**No.5**      Today, there are many kinds of restaurants. Do you like to eat at restaurants?
         Yes. → Please tell me more.
         No. → Why not?

# 準2級

## 2023年度 第1回

| | |
|---|---|
| **一次試験** | 2023.6.4実施 |
| **二次試験** | A日程 2023.7.2実施 |
| | B日程 2023.7.9実施 |

**一次試験・筆記(75分)**
pp.58〜70

**一次試験・リスニング(約25分)**
pp.71〜75
CD赤-34〜66

**二次試験・面接(約6分)**
pp.76〜79

※解答と解説は別冊pp.32〜58

※別冊の巻末についている解答用マークシートを使いましょう。

## 合格スコア

- 一次試験　1322
（満点1800／リーディング600，リスニング600，ライティング600）
- 二次試験　406（満点600／スピーキング600）

*(1)* The teacher ( ) his notes from the blackboard before Ruth was able to finish copying them into her notebook.  She had to ask another student for help.

**1** erased　　　**2** excused　　　**3** escaped　　　**4** extended

*(2)* **A:** Why did you cancel the picnic?  I was looking forward to it.
**B:** So was I, but it's going to rain.  We have no ( ) over the weather.

**1** issue　　　**2** grade　　　**3** fever　　　**4** control

*(3)* **A:** It's really cold this winter, isn't it?
**B:** I know!  I have four ( ) on my bed, and I am still cold at night.

**1** locks　　　**2** blankets　　　**3** moments　　　**4** husbands

*(4)* The new TV show *Amazing Plants* is very ( ).  Children who watch it can learn about lots of strange plants.

**1** modern　　　**2** lonely　　　**3** violent　　　**4** educational

*(5)* Mr. Suzuki's vacation in Hawaii was like a wonderful dream.  However, he knew that he would have to go back to the ( ) of his job in Tokyo.

**1** origin　　　**2** suggestion　　　**3** reality　　　**4** coast

*(6)* Wesley offered to buy Sarah's guitar from her, but she ( ).  She did not want to sell it because it was a gift from her father.

**1** employed　　　**2** existed　　　**3** retired　　　**4** refused

*(7)* Andrew looks forward to visiting his grandparents on the weekend because he always has interesting (          ) with them. They always talk about history.

**1** consumers  **2** approaches  **3** muscles  **4** discussions

*(8)* Simon's homework is to write about someone who he (          ). Simon has decided to write about his favorite baseball player because he is Simon's hero.

**1** respects  **2** locates  **3** assists  **4** combines

*(9)* When Dennis arrived at his aunt's house, she (          ) him at the door with a hug.

**1** greeted  **2** promised  **3** required  **4** interviewed

*(10)* **A:** I think you're sitting in the seat that I reserved.
**B:** Oh! I'm (          ) sorry. I'll find somewhere else to sit.

**1** equally  **2** terribly  **3** calmly  **4** safely

*(11)* Casey and his sister (          ) washing the dishes. He washes them after breakfast and she washes them after dinner.

**1** take turns  **2** give applause
**3** pass around  **4** have faith

*(12)* Alan went to Hawaii last week, but he could not enjoy any of the beaches because he was there (          ).

**1** at least  **2** by heart  **3** for good  **4** on business

*(13)* After work on Friday night, Jason did not want to cook at home. He (          ) having dinner with his friends, so he invited three of them to a restaurant.

**1** looked like  **2** felt like  **3** passed by  **4** ran by

*(14)* **A:** Gina, could I go to one of your photography club meetings and see what it's like?

**B:** Sure. Our meetings (　　　) on the first Saturday of each month.

**1** take place **2** grow up **3** come true **4** put off

*(15)* After Suzanne graduated from college, she did not plan to (　　　) her parents. She got a job so she could live by herself.

**1** lay out **2** rely on **3** turn in **4** get over

*(16)* **A:** What are you going to wear at the Christmas party?

**B:** I'm going to (　　　) as a snowman. My mom is helping me to make my costume.

**1** turn off **2** hold back **3** dress up **4** break out

*(17)* Dan gave a presentation in his science class today. He (　　　) his main ideas with data from research.

**1** pulled away **2** called out **3** wished for **4** backed up

*(18)* Mike cried when he broke the toy truck that his mother (　　　) him for his birthday.

**1** has given **2** was giving **3** was given **4** had given

*(19)* Bobby wanted to play catch, so he asked his parents, his brother, and his sister if they had time to play with him. However, (　　　) did because they were all too busy.

**1** nobody **2** everybody **3** anybody **4** somebody

*(20)* On Saturdays, Beth volunteers at her local community center. She enjoys (　　　) with events for the people in her area.

**1** to help **2** helps **3** helping **4** helped

## 2

次の四つの会話文を完成させるために，(21)から(25)に入るものとして最も
適切なものを1，2，3，4の中から一つ選び，その番号を解答用紙の所定欄
にマークしなさい。

(21) **A:** Here is your room key, sir. You're in Room 403 on the fourth floor.
**B:** Is there anywhere that I can ( **21** )?
**A:** You should find some bottles of water in the fridge in your room,
　　and there's also a vending machine here in the lobby, sir.
**B:** Thanks!
**1** leave my bags for a few hours
**2** find out more about the city
**3** buy an English newspaper
**4** get something to drink

(22) **A:** Are you leaving already?
**B:** Yes. I want to be home by 7:30 so that I can ( **22** ).
**A:** Oh, is that tonight? I forgot about that.
**B:** It's going to be really exciting. It's between the two best teams in
　　the world.
**1** watch the international rugby game
**2** make dinner for my wife
**3** read a bedtime story to my kids
**4** take a bath and go to bed early

(23) **A:** Hi. Do you have ( **23** ) in the library?
**B:** Yes. Do you want to see photos of famous ones?
**A:** No. I want to find out how to grow bigger vegetables.
**B:** In that case, try looking in section E3 on the second floor.
**1** books about movie actors
**2** anything about gardens
**3** advice about food shopping
**4** information about paintings

*A:* Honey, have you seen my smartphone? I can't find it anywhere.
*B:* No, I haven't. Do you want me to ( *24* )?
*A:* Yes, please. Hopefully, we'll be able to hear where it is.
*B:* OK. It's ringing now.
*A:* I can hear it. The sound is coming from ( *25* ).
*B:* How did it get there?
*A:* I must have left it there by accident when I was putting away the food we bought at the supermarket.
*B:* Well, I'm glad that we've found it.

*(24)* **1** buy a new one for you
**2** set an alarm
**3** try calling it
**4** search upstairs

*(25)* **1** under the bed
**2** one of the kitchen cabinets
**3** behind the bookshelves
**4** the laundry basket

3 次の英文[A]，[B]を読み，その文意にそって(26)から(30)までの（　）に入れるのに最も適切なものを1，2，3，4の中から一つ選び，その番号を解答用紙の所定欄にマークしなさい。

23年度第1回

筆記
(24)
〜
(27)

[A]

# Sally's Concert

Sally has been taking piano lessons for about a year. She started because she heard her uncle Kevin playing when she visited his house. She thought that his music sounded wonderful. Sally has been practicing hard and learning quickly. Her teacher told her that there would be a concert for the students at the piano school and that Sally should take part. Sally ( **26** ), though. She thought that performing in public would be scary. However, her teacher said that it would be a good experience.

At the concert, Sally's parents and Uncle Kevin were in the audience. When it was time for Sally to play, she was worrying a lot. Her teacher told her to relax and enjoy the chance to ( **27** ). Sally did her best. When she finished playing, all the people in the audience were smiling, clapping, and cheering. This made Sally feel very special, and she knew that her teacher had been right.

*(26)* 
1 could not see anything
2 had to ask her parents
3 did not have much money
4 was very nervous

*(27)* 
1 visit foreign countries
2 make other people happy
3 listen to famous pianists
4 help sick children

## [B]

# *Up and Away*

Cars that can fly have appeared in many science-fiction stories. For over 100 years, people have been trying to build real flying cars. Some have succeeded, but their flying cars have never been produced in large numbers. These cars were usually too expensive for people to buy. However, a company in the European country of Slovakia thinks that its flying cars can be made ( *28* ). As a result, it might soon be common to see flying cars in the sky.

Stefan Klein, the owner of the company, has spent about 30 years trying to develop a flying car. In June 2021, Klein's car ( *29* ). It took 35 minutes to travel about 90 kilometers from the airport in Nitra to the one in Bratislava. After it landed, the flying car's wings were folded up in less than three minutes, and Klein drove the car to the city center. The car has now been flown over 200 times, and the government of Slovakia has decided to allow people to use it for air travel.

Klein thinks that his company will be able to sell many flying cars. He still faces several challenges, though. First, his flying car can only take off and land at airports. Also, it uses gasoline, so some people say that it is not good for the environment. ( *30* ), people need a pilot's license if they want to use the flying car. However, Klein thinks he will be able to solve these problems sometime soon.

(28)　**1**　at lower prices
　　　**2**　in a shorter time
　　　**3**　from recycled paper
　　　**4**　by a new kind of robot

(29)　**1**　went on sale
　　　**2**　was hit by a truck
　　　**3**　made its first trip
　　　**4**　won a famous race

(30)　**1**　Even so
　　　**2**　Therefore
　　　**3**　Moreover
　　　**4**　For example

**4** 次の英文[A], [B]の内容に関して, *(31)* から *(37)* までの質問に対して最も適切なもの, または文を完成させるのに最も適切なものを **1, 2, 3, 4**の中から一つ選び, その番号を解答用紙の所定欄にマークしなさい。

## [A]

From: Ralph Parker <ralph_parker@epostal.com>
To: Gary Jones <gazjones_101@mymessage.com>
Date: June 4
Subject: My cousins

Hi Gary,

We haven't had a chance to meet since you and your family moved to your new house. Are you enjoying your new school? I know there's a great park near your new place. My mom and dad took me there once after we went to the mall on that side of the city. I really wanted to try the basketball court there, but I didn't have my ball. Have you played on it yet?

By the way, do you remember my cousins from Seattle? We had fun with them when they visited last summer. They're coming to stay with us again at the end of this month. Would you like to come over while they're here? We could have a game of basketball with them. I've also got a new board game, and I think we would have a great time playing it.

My cousins will be staying with us from June 21 to June 29. They will also visit their other relatives in the city, so they'll be quite busy. Can you tell me a couple of dates when you can come? My dad says that if your mom or dad can bring you here, he will take you home in the evening. Please speak to your parents and let me know.

Your friend,

Ralph

*(31)* What is one thing that Ralph asks Gary?
**1** If Gary has tried the basketball court in his local park.
**2** If Gary bought a new basketball when he went to the mall.
**3** Whether Gary's new school is near his new house.
**4** Whether Gary's parents are planning to move to a new house.

*(32)* Ralph says that his cousins from Seattle
**1** will play in a basketball tournament in June.
**2** have told him about a great new board game.
**3** want to know if Gary can remember them.
**4** came to stay with his family last year.

*(33)* What does Ralph's father say that he will do?
**1** Speak to Gary's parents.
**2** Tell Ralph the best dates to come.
**3** Take Gary back to his house.
**4** Visit Ralph's relatives in the city.

# Video Game Arcades

The first computer games were quite different from the ones that people play today. When computer games appeared in the 1950s, computers were big and expensive. They were only found in universities and large companies. Although computers were invented to solve serious problems, creating games is a good way to learn computer programming. In addition, the process of inventing new games has led to many important discoveries for computer technology.

In the early 1970s, computers were still too expensive for most people to own. However, a number of fun games had been developed by students at universities in the United States. Some of these students wanted to make money from their games. They built computers inside large wooden boxes. Then, they put the boxes in places like bars and cafés. Customers could play the games by putting money into a special hole in the boxes.

These computer games were a big success. More and more of them were created. One of the most popular games was *Space Invaders*. In this game, players tried to shoot space monsters that were attacking them. In the 1970s, "video game arcades" began to appear. These were places with many computer game machines. During the 1970s and 1980s, video game arcades became important places for young people to meet friends and make new ones.

At the same time, companies were developing cheap home computers. People with these machines did not have to go to video game arcades. They did not have to pay each time they wanted to play a game. They did not have to wait for other people to finish playing, either. Video game arcade owners tried to introduce games that used technology that home computers did not have. However, home computer makers were able to find ways to make their games more attractive. Now, many video game arcades have closed.

*(34)* Computer games can be used to
   **1** train new staff members when they join large companies.
   **2** help people understand how to make computer software.
   **3** solve serious problems all over the world.
   **4** find ways for universities to save money.

*(35)* Why did some students put computers in places like bars and cafés?
   **1** To discover how much money people would pay for a computer.
   **2** To do research on why computer games had become so popular.
   **3** So that they could find out what food and drinks customers bought.
   **4** So that they could get some money from the games they had made.

*(36)* One reason many young people went to "video game arcades" was
   **1** that they could get to know new people.
   **2** that they thought space monsters might attack.
   **3** to show people the games they had created.
   **4** to get jobs making computer game machines.

*(37)* How did owners try to get more people to come to their video game arcades?
   **1** By introducing games that people could play without paying.
   **2** By giving discounts on home computers to their best customers.
   **3** By adding things for people to do while waiting to play games.
   **4** By bringing in computer technology that people did not have at home.

**5**

●あなたは，外国人の知り合いから以下のQUESTIONをされました。
●QUESTIONについて，あなたの意見とその<u>理由を2つ</u>英文で書きなさい。
●語数の目安は50語～60語です。
●解答は，解答用紙のB面にあるライティング解答欄に書きなさい。<u>なお，解答欄の外に書かれたものは採点されません。</u>
●解答がQUESTIONに対応していないと判断された場合は，<u>0点と採点されることがあります。</u>QUESTIONをよく読んでから答えてください。

## QUESTION
*Do you think hospitals should be open on weekends?*

# ●一次試験・**リスニング**

## 準2級リスニングテストについて

❶このリスニングテストには，第1部から第3部まであります。
　★英文はすべて一度しか読まれません。
　　第1部……対話を聞き，その最後の文に対する応答として最も適切なものを，放送
　　　　　　される**1，2，3**の中から一つ選びなさい。
　　第2部……対話を聞き，その質問に対して最も適切なものを**1，2，3，4**の中から一
　　　　　　つ選びなさい。
　　第3部……英文を聞き，その質問に対して最も適切なものを**1，2，3，4**の中から一
　　　　　　つ選びなさい。
❷**No. 30**のあと，10秒すると試験終了の合図がありますので，筆記用具を置いてください。

## 第1部

**No.1〜No.10**（選択肢はすべて放送されます。）

## 第2部

**No. 11**

1　Read a newspaper.
2　Borrow some books.
3　Copy some magazine articles.
4　Fix the copy machine.

**No. 12**

1　Take a vacation overseas.
2　Go on a business trip.
3　Visit the man's mother.
4　Cancel their barbecue.

**No. 13**

1 The store will be having a sale soon.
2 The store will be closing in a few minutes.
3 The store does not have any wool sweaters.
4 The store does not have a light-blue skirt.

**No. 14**

1 Take a drive.
2 Bake a cake.
3 Go to the supermarket.
4 Look for his car key.

**No. 15**

1 His garage door was broken.
2 His garage door needed to be painted.
3 He wanted to repair her door.
4 He had to cancel an appointment.

**No. 16**

1 She gave him a new guidebook.
2 She bought his plane ticket online.
3 She packed his suitcase for his trip.
4 She reminded him to do something.

**No. 17**

1 See a game on TV with Jiro.
2 Play baseball with Jiro.
3 Go to Jiro's house.
4 Watch Jiro's game.

**No. 18**

1  She went to the store after closing time.
2  She broke her computer keyboard.
3  The store does not have the red keyboard.
4  The store does not sell computers.

**No. 19**

1  Go to a music concert.
2  Have a business meeting.
3  Visit another town.
4  Play music together.

**No. 20**

1  He did not bring his hiking boots.
2  He did not check the weather report.
3  He went to the wrong mountain.
4  He lost his brother's raincoat.

## 第3部

**No. 21**

1  To keep his food away from bears.
2  To buy food at the park's café.
3  To take pictures of the bears.
4  To call him before leaving the park.

**No. 22**

1  Take piano lessons.
2  Take swimming lessons.
3  Take judo lessons.
4  Take computer lessons.

**No. 23**

1 An important player got hurt.
2 The weather was bad.
3 The stadium was being repaired.
4 Only a few tickets could be sold.

**No. 24**

1 He played rugby on his school's team.
2 He played soccer on his father's team.
3 He went to soccer matches with his mother.
4 He went to a school with a famous rugby coach.

**No. 25**

1 He did not have enough cash.
2 He could not use his smartphone.
3 It was not open yet.
4 It did not have pasta.

**No. 26**

1 Her friend picked her up there.
2 Her friend worked there.
3 She wanted to buy a dress.
4 She needed new shoes.

**No. 27**

1 They can be used inside busy cities.
2 They can be driven easily at night.
3 Electric cars are difficult to charge outside of cities.
4 Electric cars are not allowed in some places.

**No. 28**

1  The parking lot is full.
2  The mall is under construction.
3  The store is closing soon.
4  The sale will end tomorrow.

**No. 29**

1  There is a problem with the seat belts.
2  There is a lot of snow outside.
3  The airplane needs to be checked.
4  The baggage arrived late.

**No. 30**

1  They are mainly active at night.
2  They have very large heads.
3  They dry their food in the sun.
4  They dig holes under trees.

# ●二次試験・面接

※本書では出題例として２種類のカードを掲載していますが，本番では１枚のみ渡されます。
※面接委員の質問など，二次試験に関する音声はCDに収録されていません。

## Outdoor Activities

Outdoor activities are popular with people of all ages. For example, camping in nature is fun, and many people enjoy cooking outdoors. However, some people do not pay enough attention to others around them, and as a result they cause problems for other campers. People should think about others when enjoying outdoor activities.

A

B

**No. 1**      According to the passage, why do some people cause problems for other campers?

**No. 2**      Now, please look at the people in Picture A. They are doing different things. Tell me as much as you can about what they are doing.

**No. 3**      Now, look at the girl in Picture B. Please describe the situation.

Now, Mr. / Ms. _____, please turn over the card and put it down.

**No. 4**      Do you think that more people will go to cooking schools in the future?
           Yes. → Why?
           No. → Why not?

**No. 5**      In Japan, many kinds of tea are sold in stores. Do you often drink tea?
           Yes. → Please tell me more.
           No. → Why not?

## Better Beaches

Today, beaches are popular with people of all ages. However, keeping beaches in good condition is hard work. Now, technology is playing an important role. Some towns use robots that clean beaches, and in this way they try to make the environment of their beaches better. Such robots are becoming more common.

A

B

**No. 1** According to the passage, how do some towns try to make the environment of their beaches better?

**No. 2** Now, please look at the people in Picture A. They are doing different things. Tell me as much as you can about what they are doing.

**No. 3** Now, look at the girl in Picture B. Please describe the situation.

Now, Mr. / Ms. _____, please turn over the card and put it down.

**No. 4** Do you think more people will want to have robots as pets in the future?
  Yes. → Why?
  No. → Why not?

**No. 5** These days, going shopping with friends is popular among young people. Do you often go shopping with your friends?
  Yes. → Please tell me more.
  No. → Why not?

# 準2級

## 2022年度 第3回

| | |
|---|---|
| **一次試験** | 2023.1.22実施 |
| **二次試験** | A日程 2023.2.19実施 |
| | B日程 2023.2.26実施 |

**一次試験・筆記（75分）**
pp.82〜94

**一次試験・リスニング（約24分）**
pp.95〜99
CD赤-67〜99

**二次試験・面接（約6分）**
pp.100〜103

※解答一覧は別冊p.59
※解答と解説は別冊pp.60〜86

※別冊の巻末についている解答用マークシートを使いましょう。

## 合格スコア

- 一次試験　1322
  （満点1800／リーディング600, リスニング600, ライティング600）
- 二次試験　406（満点600／スピーキング600）

**1** 次の(1)から(20)までの（　）に入れるのに最も適切なものを **1**，**2**，**3**，**4** の中から一つ選び，その番号を解答用紙の所定欄にマークしなさい。

**(1)** The lifeguard at the hotel pool told the swimmers not to (　　) there because the pool was not deep enough.
**1** flow      **2** melt      **3** dive      **4** announce

**(2)** Greg is going to play in a tennis tournament next weekend. He has only been playing for three months, so he is very (　　) to win.
**1** unlikely    **2** traditional    **3** similar    **4** honest

**(3)** Jenny's dream is to become a famous writer. She wants to be like her favorite (　　), who has written over 10 best-selling novels.
**1** astronaut    **2** accountant    **3** author    **4** athlete

**(4)** When the dog took Linda's hat, Linda had to (　　) it around the park to get it back.
**1** chase    **2** greet    **3** hire    **4** share

**(5)** It is easy to get around in big cities, such as Osaka and Fukuoka, because they have (　　) of trains and buses.
**1** struggles    **2** recordings    **3** networks    **4** purposes

**(6)** The teacher (　　) the class into small groups so they could discuss ideas for their projects.
**1** accepted    **2** warmed    **3** divided    **4** injured

*(7)* Sayaka and her father have very different opinions on ( ) such as taxes and the environment.

**1** degrees     **2** partners     **3** responses     **4** issues

*(8)* Austin was sad after his girlfriend left him. However, he quickly forgot about her, and now he is in good ( ) again.

**1** contests     **2** spirits     **3** arguments     **4** decisions

*(9)* *A:* Is it difficult to grow these flowers?
*B:* Not at all. You ( ) plant the seeds in the ground and make sure they get plenty of water.

**1** loudly     **2** simply     **3** shortly     **4** finally

*(10)* Carl was very sorry for breaking his neighbor's window with his baseball. He went to his neighbor's house to ( ). He also promised to be more careful.

**1** apologize     **2** export     **3** limit     **4** nod

*(11)* *A:* Ashley, which dress should I buy?
*B:* I don't know. They ( ) to me. They have the same buttons and they're both blue.

**1** look ahead     **2** look alike     **3** catch on     **4** catch up

*(12)* Michael had to ( ) the campfire before he went to sleep in the tent. He went to the river to get some water and threw it on the fire.

**1** come out     **2** put out     **3** fill up     **4** back up

*(13)* There are various ways to help people ( ). For example, you can give money, clothes, or food to people who do not have enough.

**1** on end     **2** by heart     **3** in need     **4** of use

*(14)* Tony got a job as a train driver after he finished high school. He ( ) the railway company for almost 50 years. He left when he became 65 years old.

**1** came over    **2** took after    **3** brought up    **4** worked for


*(15)* ***A:*** How long have you been ( )?
***B:*** I started two months ago. So far, I've lost about 5 kilograms.

**1** for a change    **2** on a diet    **3** in place    **4** with time


*(16)* Some types of birds are ( ) travel long distances. For example, arctic terns make journeys of around 90,000 kilometers each year.

**1** jealous of    **2** belonged to    **3** known to    **4** true of


*(17)* Kelly loves the sea, but she has always lived far away from it. Her dream is to move to a house ( ) the ocean after she retires.

**1** certain of    **2** fit for    **3** close to    **4** poor at


*(18)* ( ) three months, a big market is held in Coopersville. The last one was held in December, so the next one will be held in March.

**1** All    **2** Every    **3** With    **4** Some


*(19)* Billy often listens to a radio channel called Sonic FM because he wants to hear the ( ) music. Sonic FM usually only plays songs from the past two or three months.

**1** highest    **2** latest    **3** fastest    **4** earliest


*(20)* Kenny gets angry when his parents tell him to go to bed or to eat his vegetables. He hates ( ) like a little child.

**1** treated      **2** being treated
**3** treating      **4** to be treating

次の四つの会話文を完成させるために，*(21)* から *(25)* に入るものとして最も適切なものを **1**，**2**，**3**，**4** の中から一つ選び，その番号を解答用紙の所定欄にマークしなさい。

*(21)* **A:** Good evening, sir. Are you ready to order yet?
**B:** Do you still serve seafood pasta?
**A:** We used to, but we ( *21* ) recently.
**B:** That's a shame. I really liked that dish.
**1** started opening later
**2** got some new staff
**3** bought some new chairs
**4** changed our menu

*(22)* **A:** Dad, can you help me with my science homework?
**B:** Sure, Claire. What do you need to do?
**A:** I have to ( *22* ). Then, I have to color it and write the names of the different parts on it.
**B:** That sounds like fun. Let's go and choose one from the garden.
**1** draw a picture of a plant
**2** answer questions in my textbook
**3** get some information about space
**4** measure the size of my head

*(23)* **A:** What kind of clothes are you looking for, sir?
**B:** I heard about your sale. Can ( *23* ) if I bring you my old one?
**A:** Yes. However, today is the last chance to get that discount.
**B:** Right. I'll be back soon!
**1** you give me 25 percent off a new car
**2** you print a new receipt for me
**3** I buy a new suit for half price
**4** I get a new TV for less money

*A:* Mom, can my friend Jan come and stay at our house this weekend?

*B:* Hmm. I'm not sure. Won't you both have ( *24* )?

*A:* Our teacher said that after the tests this week, we wouldn't have to study this weekend.

*B:* I see. How about your room? Have you cleaned it?

*A:* Not yet, but I promise that I'll do it on Thursday evening.

*B:* OK, then. I'd better speak to Jan's mother first to make sure that it's OK for Jan to stay with us.

*A:* Thanks, Mom. I'll ask Jan to send me ( *25* ).

*B:* Actually, I think I already have it. Let me check my address book.


*(24)* **1** meetings to go to
**2** homework to do
**3** club activities
**4** doctor's appointments


*(25)* **1** her mom's phone number
**2** her grandma's cookie recipe
**3** a book for our tests
**4** a photo of her family

**3** 次の英文 [A], [B] を読み，その文意にそって(26)から(30)までの（　）に入れるのに最も適切なものを 1, 2, 3, 4 の中から一つ選び，その番号を解答用紙の所定欄にマークしなさい。

## [A]

# *The Costume Party*

The other day, Ryan invited Heather to his birthday party. Ryan said it was a costume party. He asked Heather to dress as her favorite cartoon character. Heather's favorite character is a witch who rides a broom* and delivers mail. She wears a blue dress and a red ribbon in her hair. Heather did not have a blue dress, but her mom had some blue cloth. She told Heather ( **26** ) instead. Heather helped her mother, and soon, she had a dress exactly like the one the witch wears.

On the day of Ryan's party, Heather remembered that she also needed a broom. She asked her mother, but her mother said that she did not have one. Then, Heather remembered seeing her neighbor, Mr. Jones, using one to sweep his yard. Heather ran to Mr. Jones's house to ask if she could ( **27** ). Luckily, Mr. Jones said yes. Heather was very happy because her costume was complete.

*broom: ほうき

*(26)* 1 that she should stay home
2 that they could make one
3 to wear a green one
4 to choose another character

*(27)* 1 borrow it
2 hide there
3 help him
4 get her ball

## [B]
# *Escher's Amazing Art*

Maurits Cornelis Escher was born in the Netherlands in 1898. After leaving high school, he went to college to study how to design buildings. However, he soon realized that he was not ( *28* ). In fact, he liked designing things that could not be built. He decided to study graphic art instead. A graphic artist is an artist who uses imagination, math, and tools like rulers to produce pictures.

After Escher graduated, he traveled for a long time in Italy. He really liked the countryside and the old buildings there. He often drew the places that he saw there in his pictures. He also visited Spain. There, he went to a castle where the walls were covered with interesting patterns. They gave him ideas for his own patterns, and he would sometimes use the shapes of animals in these designs. His experiences ( *29* ) had a very big effect on his art.

Escher's pictures often show things that are impossible in real life. In the picture *Ascending and Descending*, people are climbing stairs that return to the place where they started. In *Drawing Hands*, two hands are holding pencils and drawing each other. Escher's unusual art is ( *30* ). For example, about 200,000 visitors went to see an exhibition of his work in Tokyo in 2018. People in many countries like his pictures because they are beautiful and they make people think.

*(28)*  **1** a creative person
   **2** a clever teacher
   **3** interested in construction
   **4** good at drawing

*(29)*  **1** in these two countries
   **2** from his early childhood
   **3** of working with his father
   **4** while learning new languages

*(30)*  **1** all kept in one place
   **2** popular around the world
   **3** not for sale anymore
   **4** not nice to look at

**4** 次の英文[A]，[B]の内容に関して，*(31)* から *(37)* までの質問に対して最も適切なもの，または文を完成させるのに最も適切なものを **1，2，3，4** の中から一つ選び，その番号を解答用紙の所定欄にマークしなさい。

## [A]

From: Ariana Smith <arianaariana@peacemail.com>
To: Jane Jones <jane_j30101@thismail.com>
Date: January 22
Subject: Cooking club recipes

Dear Jane,

I really enjoy our weekly cooking club meetings at the community center. All the members are so friendly. It's nice that the members take turns teaching each other recipes. I get nervous when it's my turn to teach, but I'm always happy afterward. Also, I've learned how to make a really wide variety of dishes this way. It's much better than having just one cooking teacher.

I was telling my friend David about our meetings. David works as a photographer and designer for a company that publishes books. He suggested that the cooking club members make a book of our favorite recipes. He said that he would help us to do it. We could make something to remember our meetings. A book of recipes would also be a great gift for friends and family members.

I really like his idea. What do you think? We could ask each of the members to prepare recipes for a snack, a salad, a soup, a main dish, and a dessert. We can then choose the ones that sound the best and make them during our meetings. David said that he would be happy to come and take pictures of our food. He'd like to try some of it, too!

Your friend,
Ariana

*(31)* What does Ariana say about the cooking club meetings?
   **1**   She thinks their cooking teacher is very friendly.
   **2**   She likes the way that members teach each other.
   **3**   She feels nervous when new members join.
   **4**   She wants them to be moved to a community center.

*(32)* What has Ariana's friend David suggested?
   **1**   Food made at cooking club meetings could be sold.
   **2**   Friends should be allowed to watch cooking club meetings.
   **3**   The members of the cooking club should produce a book.
   **4**   Ariana could get a job at his publishing company.

*(33)* David has offered to
   **1**   think of new recipes for the cooking club.
   **2**   choose the best dishes in a cooking competition.
   **3**   teach Ariana and Jane how to cook various dishes.
   **4**   take photos of food for the cooking club.

# *A Slow Life in the Trees*

A sloth is a kind of animal that lives in the jungles of Central and South America. Sloths look like monkeys and spend most of their time up in the branches of trees. However, unlike monkeys, sloths live alone, move very slowly, and make almost no noise. They sleep for up to 20 hours each day and only wake up during the night.

Sloths' lazy lifestyles help them to survive. By sleeping most of the time and moving slowly, sloths do not have to use much energy. They do not have to travel long distances or run fast to get something to eat. High up in the trees, a tasty leaf is always just a few centimeters away. Even though leaves do not contain many calories, sloths get all they need by eating all the time during the short time that they are awake.

Surprisingly, moving slowly also protects sloths from hungry meat eaters. Eagles and big cats live in the same jungles as sloths. However, these hunters search for movement, so they often do not notice sloths. Also, sloths do not clean their fur completely. As a result, tiny plants grow in it, and these make the fur look green. From the ground or the sky, a sloth in a tree's branches looks like a plant rather than something that an eagle or a big cat wants to eat.

Sloths have long, hard claws on their toes. Usually, they use their claws to hang on to branches. However, if a sloth is attacked, it can use its claws to defend itself. Sloths' claws are so long that sloths find it difficult to walk on the ground. Because of this, a sloth usually only comes down from the branches about once a week.

*(34)* What is one way sloths are different from monkeys?
**1** Sloths can be found in North America.
**2** Sloths often make a lot of noise.
**3** Sloths usually live by themselves.
**4** Sloths are only awake during the day.

*(35)* What is one reason that sloths move slowly?
**1** To reduce the amount of energy that they use.
**2** To allow them to travel very long distances.
**3** To catch the things that they like to eat.
**4** To avoid falling into holes made by other animals.

*(36)* Eagles and big cats
**1** do not eat sloths because their fur tastes bad.
**2** eat plants if they are not able to find meat.
**3** hunt by looking for the movement of animals.
**4** stay away from the jungles where sloths live.

*(37)* A sloth uses its long claws to
**1** cut open fruits that grow in the trees.
**2** get insects that live inside wood.
**3** jump from one tree to another.
**4** help it to hold on to branches.

**5**
- ●あなたは，外国人の知り合いから以下のQUESTIONをされました。
- ●QUESTIONについて，あなたの意見とその<u>理由を2つ</u>英文で書きなさい。
- ●語数の目安は50語〜60語です。
- ●解答は，解答用紙のB面にあるライティング解答欄に書きなさい。<u>なお，解答欄の外に書かれたものは採点されません。</u>
- ●解答がQUESTIONに対応していないと判断された場合は，<u>0点と採点されることがあります。</u>QUESTIONをよく読んでから答えてください。

**QUESTION**
*Do you think libraries should have more book events for children?*

# ●一次試験・リスニング

## 準2級リスニングテストについて

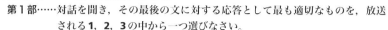

❶このリスニングテストには、第1部から第3部まであります。
　★英文はすべて一度しか読まれません。
　　第1部……対話を聞き、その最後の文に対する応答として最も適切なものを、放送
　　　　　　される**1、2、3**の中から一つ選びなさい。
　　第2部……対話を聞き、その質問に対して最も適切なものを**1、2、3、4**の中から一
　　　　　　つ選びなさい。
　　第3部……英文を聞き、その質問に対して最も適切なものを**1、2、3、4**の中から一
　　　　　　つ選びなさい。
❷No. 30のあと、10秒すると試験終了の合図がありますので、筆記用具を置いてください。

## 第1部

No.1〜No.10（選択肢はすべて放送されます。）

 〜

## 第2部

**No. 11**

**1** It has a new dolphin.
**2** It has few animals.
**3** It will have a special show.
**4** It will be closing next week.

**No. 12**

**1** Heat up her plate.
**2** Give her some more pasta.
**3** Tell her about a new dish.
**4** Bring her the check.

**No. 13**

1   She could not leave the hotel.
2   She did not go to any museums.
3   She went on a sightseeing tour.
4   She stayed outside of the city.

**No. 14**

1   He wants a salad with his sandwich.
2   He needs to leave the restaurant soon.
3   He is ordering for a friend.
4   He feels very hungry today.

**No. 15**

1   Visit her grandma's house.
2   Go to a wedding in the mountains.
3   Plan a trip to a lake with the boy.
4   Play table tennis with her aunt.

**No. 16**

1   Take his son to a class.
2   Make some chicken soup.
3   Clean the refrigerator.
4   Take out the garbage.

**No. 17**

1   He has to return some clothes.
2   He needs some new shoes.
3   He has to buy a present.
4   He heard about a sale.

**No. 18**

1 Get a new music CD.
2 Have a party at home.
3 Play in a concert.
4 Go to a rock concert.

**No. 19**

1 She wanted to rent the space.
2 She did not have time to get coffee.
3 She liked to study at the coffee shop.
4 She could not find the newspaper.

**No. 20**

1 To ask about the restaurant's menu.
2 To get directions to the restaurant.
3 To make a reservation for dinner.
4 To order some special food items.

## 第3部

**No. 21**

1 Study to be a teacher.
2 Become an artist.
3 Make her own brushes.
4 Win a prize in a contest.

**No. 22**

1 To keep people caught by the police.
2 To make musical instruments.
3 To plan important events.
4 To design fashion items.

No. 23

1 The one for ice cream.
2 The one for vegetable soup.
3 The one for meat stew.
4 The one for chocolate cake.

No. 24

1 An offer is only available for one day.
2 The store will close soon.
3 All goods are only $20 today.
4 Only a few soap and shampoo products are left.

No. 25

1 Finding an interesting topic.
2 Asking her brother about science.
3 Giving a presentation to her class.
4 Going to school by herself.

No. 26

1 How to use a smartphone.
2 Choosing fashionable clothes.
3 Interesting places in her town.
4 Her favorite actors and directors.

No. 27

1 People can only eat them if they are cooked.
2 Romans were the first people to eat them.
3 Scotland produces more than any other country.
4 They are able to grow well in cold areas.

**No. 28**

1 The tickets were sold out.
2 The concert was canceled.
3 Amy did not want to go with him.
4 Amy does not like baseball.

**No. 29**

1 To explain how to buy tickets.
2 To tell passengers about a new bus stop.
3 The bus station will close soon.
4 A bus has been delayed.

**No. 30**

1 See a doctor about his arm.
2 Watch his team's basketball game.
3 Ride his bicycle with his friends.
4 Practice passing the ball.

# ●二次試験・面接

※本書では出題例として２種類のカードを掲載していますが，本番では１枚のみ渡されます。
※面接委員の質問など，二次試験に関する音声はCDに収録されていません。

**受験者用問題　カード　A**

## Keeping the Air Clean

Today, air cleaners play important roles in places such as hospitals and schools. However, air cleaners can be very big and difficult to put in every room. Now, some companies are making smaller types of air cleaners, and by doing so they help more places to keep the air clean.

A

B

100

**No. 1**    According to the passage, how do some companies help more places to keep the air clean?

**No. 2**    Now, please look at the people in Picture A. They are doing different things. Tell me as much as you can about what they are doing.

**No. 3**    Now, look at the man in Picture B. Please describe the situation.

Now, Mr. / Ms. _____, please turn over the card and put it down.

**No. 4**    Do you think students today have enough time to relax?
     Yes. → Why?
     No. → Why not?

**No. 5**    These days, many people enjoy buying and selling things at flea markets. Do you often go to flea markets to buy things?
     Yes. → Please tell me more.
     No. → Why not?

## Staying Open All Night

In Japan, there are many stores that are open all day and night. However, some stores worry about the cost of staying open 24 hours, so they choose to close at night. Some customers do not think this is convenient, but more stores will probably stop staying open all night.

**A**

**B**

**No. 1**     According to the passage, why do some stores choose to close at night?

**No. 2**     Now, please look at the people in Picture A. They are doing different things. Tell me as much as you can about what they are doing.

**No. 3**     Now, look at the man and his daughter in Picture B. Please describe the situation.

Now, Mr. / Ms. _____, please turn over the card and put it down.

**No. 4**     Do you think it is a good idea for schools to have cafeterias for their students?
        Yes. → Why?
        No. → Why not?

**No. 5**     In Japan, many festivals are held in different seasons. Do you often go to festivals in your town?
        Yes. → Please tell me more.
        No. → Why not?

# 準2級

## 2022年度 第2回

| 一次試験 | 2022.10.9実施 |
|---|---|
| 二次試験 | A日程 2022.11.6実施 |
| | B日程 2022.11.13実施 |

一次試験・筆記(75分)
pp.106〜118

一次試験・リスニング(約24分)
pp.119〜123
CD青-1〜33

二次試験・面接(約6分)
pp.124〜127

※解答一覧は別冊p.87
※解答と解説は別冊pp.88〜114

※別冊の巻末についている解答用マークシートを使いましょう。

## 合格スコア
● 一次試験　1322
　（満点1800／リーディング600，リスニング600，ライティング600）
● 二次試験　406（満点600／スピーキング600）

**1** 次の(1)から(20)までの（　　）に入れるのに最も適切なものを **1**，**2**，**3**，**4** の中から一つ選び，その番号を解答用紙の所定欄にマークしなさい。

(1) The two leaders decided to stop the war between their countries. They promised their people that there would be (　　).
**1** peace　　　**2** faith　　　**3** honor　　　**4** matter

(2) Troy's feet have grown so much this year that none of his shoes (　　) him. His mother is taking him shopping today to buy new ones.
**1** sew　　　**2** fit　　　**3** cure　　　**4** gain

(3) The little girl wanted to play with the cat. But whenever she (　　) it, the cat ran away.
**1** celebrated　**2** approached　**3** separated　**4** researched

(4) Momoko lives in Tokyo, which is in the (　　) part of Japan. Every summer, she takes a train and visits her grandfather in Osaka, which is in the west.
**1** relative　　**2** eastern　　**3** smooth　　**4** brave

(5) Xiang could not go to work for two weeks because of a serious (　　). She had to take a lot of medicine and went to see the doctor many times.
**1** illness　　**2** facility　　**3** decade　　**4** immigration

(6) Before Yasuko moved to her new apartment in Tokyo, she bought some (　　). However, when she moved in, there was not enough space for the table and the bed.
**1** atmosphere　**2** religion　　**3** furniture　　**4** poverty

*(7)* In recent years, the city has had to build many new roads and schools because its population has grown so (          ).

**1** exactly     **2** pleasantly     **3** fairly     **4** rapidly

*(8)* Cars are safer than motorcycles, but the (          ) of motorcycles is that they use less gasoline.

**1** advantage           **2** destruction
**3** laboratory          **4** concentration

*(9)* The colors on a map sometimes show different features of the earth. Blue is used to (          ) water, and green is often used to show forests.

**1** develop     **2** exchange     **3** represent     **4** guide

*(10)* When my parents were young, a milkman brought milk to their homes every day, just like postmen and postwomen (          ) letters to us now.

**1** balance     **2** deliver     **3** operate     **4** replace

*(11)* *A:* Brian, I think the new boy at school is really cute, but I don't know his name.
*B:* He's in my gym class. I'll find (          ) his name for you.

**1** out     **2** up     **3** above     **4** away

*(12)* *A:* I'm taking a drawing class, but my pictures are always terrible!
*B:* Just (          ) trying. It takes a long time to learn a skill like that.

**1** turn on     **2** keep on     **3** bring up     **4** sit up

*(13)* Andrew applied (          ) three jobs, and he is now waiting to hear if any of the companies want to interview him.

**1** about     **2** for     **3** by     **4** across

*(14)* Lisa speaks to her parents on the phone every week because she lives far away and she misses them. After she (    ), she soon starts to miss them again.

**1** hangs up     **2** carries out     **3** puts away     **4** goes ahead

*(15)* Sharon is really scared of spiders. There was one in her bedroom the other day. She jumped (    ) of it, screamed, and hid in the bathroom.

**1** for the life     **2** in the light     **3** at the sight     **4** on the point

*(16)* Mr. Simmons not only teaches his students to play the piano but also tells them in (    ) about the lives of the most famous pianists in history.

**1** case     **2** detail     **3** hand     **4** touch

*(17)* Daisy tried to (    ) in several ways when she was at college. She had jobs in the college library and cafeteria, and she even worked as a model for art classes.

**1** take pride     **2** make money     **3** give birth     **4** lose speed

*(18)* Jane's sister has four sons. One is a high school student, and (    ) are elementary school students.

**1** all another     **2** another ones     **3** the other     **4** the others

*(19)* Sandra thought her pet dog Charlie looked so cute (    ) his new jacket. She took some photos of him and shared them online with her friends.

**1** at     **2** in     **3** of     **4** behind

*(20)* Barcelona is the (    ) city in Spain. Only Madrid is bigger.
**1** second-largest
**2** second-larger
**3** two-larger
**4** two-largest

**2**

次の四つの会話文を完成させるために，*(21)*から*(25)*に入るものとして最も適切なものを**1**，**2**，**3**，**4**の中から一つ選び，その番号を解答用紙の所定欄にマークしなさい。

*(21)* **A:** Soccer practice normally finishes at 5 p.m., but Coach Stevens said that today's practice will finish at six.

**B:** Really? Did he say that? I didn't hear him. I'd better call my mom and ask her to ( **21** ).

**A:** Do you want to use my phone?

**B:** Thanks! My mom will be angry if she has to wait for an hour.

**1** bring my soccer shoes

**2** pick me up later than usual

**3** speak to Coach Stevens

**4** keep my dinner warm

*(22)* **A:** Excuse me. Could you help me to find a book about making a garden?

**B:** Certainly. We have several books that can help you. Do you plan to ( **22** )?

**A:** Hmm. I think it would be fun to start with things I can eat, like potatoes and carrots.

**B:** Then, this book will be perfect for you.

**1** do it with someone else

**2** buy more than one book

**3** come to the library often

**4** grow flowers or vegetables

*(23)* **A:** Let's order some sausage pizzas for lunch after the meeting tomorrow. Four should be enough.

**B:** Wait. Pete and Sarah don't eat meat.

**A:** You're right. We'd better get something for them, too.

**B:** Let's get ( **23** ).

**1** two sausage pizzas and two chicken pizzas

**2** four extra-large chicken pizzas

**3** one sausage pizza and one vegetarian pizza

**4** three sausage pizzas and one vegetarian pizza

*A:* Mr. Taylor, I don't know what topic to choose for the class presentation. Can you help me?

*B:* OK. Think about the things we've studied in class this year. Was there anything you liked?

*A:* Well, I really enjoyed learning about ( **24** ).

*B:* That would be a good topic. For example, you could talk about the strange fish that live deep in the sea.

*A:* That's a great idea! I think there's something about them in our textbook.

*B:* OK, but you should also ( **25** ).

*A:* I'll see what I can find at the library. Also, I can take a look on the Internet.

*B:* If you need more help, come and talk to me anytime.

*(24)* **1** life in the ocean
**2** famous travelers
**3** recycling metal
**4** stars and planets

*(25)* **1** work with a partner
**2** look for other information
**3** practice your presentation
**4** talk to your parents

**[A]**

# A Voice from the Past

Every year, volunteers in Brisbane, Australia, meet to clean up the beach. This year, John and his father joined the group. They worked hard all morning to pick up garbage. Near lunchtime, John noticed a glass bottle on the beach. The bottle was old and dirty. It looked like ( **26** ). John picked up the bottle and gave it to his father. His father opened it and took out a piece of paper. He told John that it was a message.

John's father showed the message to John. It said, "My name is Paul, and I am 10 years old. I am from Canada. I am traveling to Australia on a ship called the Fair Star. Please ( **27** )." On their way home, John and his father bought a postcard to send to Paul. A few weeks later, they got a reply. Paul said he was now 50, and it was amazing that John had found his message after such a long time.

*(26)* 
1 it had been made recently
2 it was full of red wine
3 there might be more bottles nearby
4 there was something inside it

*(27)* 
1 write to me at this address
2 have a nice time on vacation
3 take this bottle to my family
4 help me to get back home

# *Hungry Hikers*

People are having a bigger and bigger effect on wild animals. As a result, new laws and special parks are being created to protect nature. Some changes have been very successful. For example, there were about 170 wild elephants in 1980 in Yunnan, China. These days, experts think that there are around 300 elephants there. However, the elephants have ( **28** ). As cities get bigger and more farms are needed to feed people, there are not as many places for animals like elephants.

Big animals can cause big problems for people. Because there is not enough food in protected areas, elephants often leave these areas to take food from farms. In fact, a group of about 14 elephants from Yunnan went on a 500-kilometer walk to look for food during 2020 and 2021. The elephants sometimes went through towns trying to find food. They appeared on the TV news and the Internet. As a result, they ( **29** ) China. People were interested to find out what would happen to them next.

Finally, the elephants returned to a protected area in Yunnan. However, to try to prevent similar adventures in the future, experts have designed a special "food court" for elephants. The food court cost $15 million to build and is about 670,000 square meters. It has five ponds where elephants can drink, and all the plants that elephants need to eat to stay healthy. The experts hope that it will be enough to ( **30** ).

(28)
1 fewer chances to see people
2 less space to live in
3 shorter lives than before
4 smaller numbers of babies

(29)
1 tried some food from
2 were kept in zoos outside
3 decided to travel to
4 got a lot of attention in

(30)
1 attract more human visitors
2 stop people from killing animals
3 keep the elephants in the area
4 make the elephants sleepy

次の英文[A], [B]の内容に関して，*(31)*から*(37)*までの質問に対して最も適切なもの，または文を完成させるのに最も適切なものを**1, 2, 3, 4**の中から一つ選び，その番号を解答用紙の所定欄にマークしなさい。

# [A]

From: Alan Reznick <alanreznick@bmail.com>
To: Jeff Teanaway <jeff.t@wmail.com>
Date: October 9
Subject: Movie festival

Hi Jeff,

Thanks for letting me borrow your DVD of *Burning Fist*. It's such an exciting movie. I really liked the part when the hero is riding a cool bike and being chased by bad guys. After watching it last Saturday, my mom took me to a bookstore. I found a book about *Burning Fist* and bought it. It's really interesting. I'll lend it to you when I finish reading it.

While I was at the bookstore, I saw a poster for an action movie festival. It will be held next month at the Old Lawrence Theater, near the Elm Street subway station. It's close to the Mexican restaurant that we went to on your birthday last year. The poster said that the director of *Burning Fist* will be at the festival. She'll answer fans' questions about her movies and talk about her next movie.

Eight movies are going to be shown over two days at the festival. They've all been chosen by the director of *Burning Fist*. Some of them are old action movies from the 1980s and 1990s. There will also be some new movies, too. I think it sounds great, so I'm definitely going to buy a ticket for the festival. Should I get one for you, too?

Talk soon,
Alan

*(31)*   What did Alan do last Saturday?
- **1**   He went to a bookstore with Jeff.
- **2**   He bought a book about a movie.
- **3**   He rode a friend's cool bike.
- **4**   He lent one of his DVDs to Jeff.

*(32)*   Last year, Jeff and Alan
- **1**   tried Mexican food for the first time.
- **2**   watched a movie at the Old Lawrence Theater.
- **3**   met the director of *Burning Fist*.
- **4**   went to a restaurant for Jeff's birthday.

*(33)*   What is one thing Alan says about the festival?
- **1**   He has already bought tickets for it.
- **2**   All the movies are old action movies.
- **3**   The movies were chosen by local movie fans.
- **4**   It will be held on more than one day.

# *Spicy Soda*

Ginger ale is a spicy soft drink. It was invented in Ireland in the 1850s. However, the type that is most popular today was created by a man called John McLaughlin who lived in Toronto, Canada. After he graduated from college in Canada, he went to study in New York City. While studying, he worked part-time at a drugstore. He noticed that many people were buying soda water from the store and mixing it with different fruit flavors.

McLaughlin returned to Toronto in 1890 and started a soda water company. It became very successful. One reason was that his advertisements said the water provided by the city was dangerous and caused diseases. He recommended that people drink his fruit-flavored soda water instead. He also made machines called soda fountains. People could use them to buy McLaughlin's drinks. The machines became popular with shoppers in busy department stores, especially on hot summer days.

McLaughlin had poor health, and he had to stop being the manager of his company. However, he continued inventing new drinks. He knew about ginger ale from Ireland, but many of his customers did not like its sweet flavor. McLaughlin spent three years trying to create the perfect kind of ginger ale. Finally, by 1904, he had created a lighter, spicier drink. McLaughlin's wife liked it so much that she said it was "the champagne of ginger ales."

McLaughlin's "Canada Dry Pale Ginger Ale" was a success. As well as being delicious on its own, it could also be mixed with other drinks. Some people like to drink it rather than beer or other alcoholic drinks. Moreover, the ginger can help people with stomachaches or sore throats. It has been over 100 years since Canada Dry Pale Ginger Ale was invented. In that time, its popularity has spread from Canada, through the United States, and around the world.

*(34)* What did John McLaughlin notice while he was in New York City?
**1** People from Ireland liked to drink ginger ale.
**2** It was easier to find work there than in Canada.
**3** Adding different flavors to soda water was popular.
**4** Drugstores there sold more things than drugstores in Toronto.

*(35)* What is one reason that people bought McLaughlin's drinks?
**1** They heard that soda water could sometimes cause diseases.
**2** There was an unusually hot summer in the year 1890.
**3** McLaughlin told them that the water in Toronto was not safe.
**4** McLaughlin sold his drinks outside busy department stores.

*(36)* What was one result of McLaughlin's poor health?
**1** He quit his job as manager.
**2** He went on a trip to Ireland.
**3** He started eating more ginger.
**4** He stopped drinking champagne.

*(37)* Some people like to drink "Canada Dry Pale Ginger Ale"
**1** because other drinks give them stomachaches.
**2** instead of drinks such as beer or wine.
**3** when they go traveling in other countries.
**4** to stay awake when they have to work or study.

**5**

- ●あなたは，外国人の知り合いから以下のQUESTIONをされました。
- ●QUESTIONについて，あなたの意見とその<u>理由を2つ</u>英文で書きなさい。
- ●語数の目安は50語〜60語です。
- ●解答は，解答用紙のB面にあるライティング解答欄に書きなさい。<u>なお，解答欄の外に書かれたものは採点されません。</u>
- ●解答がQUESTIONに対応していないと判断された場合は，<u>0点</u>と採点されることがあります。QUESTIONをよく読んでから答えてください。

**QUESTION**

*Do you think it is good for people to use smartphones while studying?*

# ●一次試験・**リスニング**

## 準2級リスニングテストについて

❶このリスニングテストには，第1部から第3部まであります。
　★英文はすべて一度しか読まれません。
　　第1部……対話を聞き，その最後の文に対する応答として最も適切なものを，放送
　　　　　　される**1**，**2**，**3**の中から一つ選びなさい。
　　第2部……対話を聞き，その質問に対して最も適切なものを**1**，**2**，**3**，**4**の中から一
　　　　　　つ選びなさい。
　　第3部……英文を聞き，その質問に対して最も適切なものを**1**，**2**，**3**，**4**の中から一
　　　　　　つ選びなさい。
❷No.30のあと，10秒すると試験終了の合図がありますので，筆記用具を置いてください。

## 第1部

No.1〜No.10（選択肢はすべて放送されます。）

 〜

## 第2部

| No. 11 | **1** | A kind of pasta to buy. |
|---|---|---|
| | **2** | A bakery on Third Street. |
| | **3** | A place to go for dinner. |
| | **4** | A supermarket downtown. |

| No. 12 | **1** | Visit her sister. |
|---|---|---|
| | **2** | Feed her neighbor's cat. |
| | **3** | Stay home. |
| | **4** | Go camping. |

**No. 13**

1 Getting some money at a bank.
2 Shopping at a clothing store.
3 Talking to a clerk at a post office.
4 Booking a trip at a travel agency.

**No. 14**

1 There is salad for school lunch.
2 The cafeteria serves pizza.
3 Her mother makes burgers for dinner.
4 She has a cooking class.

**No. 15**

1 He did well on a math test.
2 He wants to take a piano lesson.
3 He found Karen's math book.
4 He will invite Karen to his house.

**No. 16**

1 By reading a cookbook.
2 By practicing for years.
3 By watching *Best Chefs*.
4 By learning from his grandmother.

**No. 17**

1 To keep students from talking.
2 To make his lessons interesting.
3 To help students with their homework.
4 To prepare students for traveling.

**No. 18**

1. Making a drink with lemons.
2. Cooking food at a barbecue.
3. Setting the dining table for lunch.
4. Making a list for the grocery store.

**No. 19**

1. He cannot find a good doctor.
2. He has a stomachache.
3. His medicine does not taste good.
4. His job is very stressful.

**No. 20**

1. Order a chocolate cake.
2. Sell cakes to Brenda.
3. Go to the bakery.
4. Make a cake himself.

## 第3部

**No. 21**

1. She had to walk for a long time.
2. She stayed up late watching TV.
3. Her train was very crowded.
4. Her office is far from her house.

**No. 22**

1. They drew pictures of nature together.
2. They went to catch fish together.
3. She took him to meet her family.
4. She visited him at a safari park.

**No. 23**

1 She used an old textbook.
2 She finished it late.
3 She copied her friend's answers.
4 She had done the wrong questions.

**No. 24**

1 A storm is coming later in the day.
2 A sports program is going to be canceled.
3 There were strong winds in the morning.
4 There will be an exciting movie in the evening.

**No. 25**

1 To eat lunch with her friends.
2 To run and do exercises.
3 To see her friend's dog.
4 To play with her new pet.

**No. 26**

1 She broke one of her ski poles.
2 She forgot her skis at home.
3 Her friends said it was cool.
4 Her family bought her some lessons.

**No. 27**

1 At special events.
2 When people felt sick.
3 In the middle of the morning.
4 When people wanted money.

**No. 28**

1 It was cheaper than the other toys.
2 Its box was his favorite color.
3 His parents had a similar one.
4 There was a picture of a car on it.

**No. 29**

1 To walk his pet.
2 To try breakdancing.
3 To watch a performance.
4 To help his sister practice.

**No. 30**

1 There was an accident at a station.
2 There was a problem on the tracks.
3 Its doors were not able to close.
4 Its radio was not working well.

# ●二次試験・面接

※本書では出題例として2種類のカードを掲載していますが，本番では1枚のみ渡されます。
※面接委員の質問など，二次試験に関する音声はCDに収録されていません。

## 受験者用問題　カード　A

### A New Way of Recycling

Today, supermarkets are trying to help the environment. They have started services that let customers recycle plastic more easily. Some customers take plastic bottles to supermarkets, and by doing so they get a discount for shopping there. Such supermarkets are trying to make the environment better and attract customers at the same time.

A

B

**No. 1**      According to the passage, how do some customers get a discount for shopping at supermarkets?

**No. 2**      Now, please look at the people in Picture A. They are doing different things. Tell me as much as you can about what they are doing.

**No. 3**      Now, look at the man in Picture B. Please describe the situation.

Now, Mr. / Ms. _____, please turn over the card and put it down.

**No. 4**      Do you think students should have more time to use computers at school?
        Yes. → Why?
        No. → Why not?

**No. 5**      In Japan, many people enjoy hiking in their free time. Do you like to go hiking?
        Yes. → Please tell me more.
        No. → Why not?

## Audio Books

Today, many books that are read and recorded by professional actors are sold on the Internet. These books are called audio books. People can enjoy listening to audio books while doing other things, so they find these books very convenient. Audio books will probably become even more popular in the future.

A

B

**No. 1** According to the passage, why do people find audio books very convenient?

**No. 2** Now, please look at the people in Picture A. They are doing different things. Tell me as much as you can about what they are doing.

**No. 3** Now, look at the man and the woman in Picture B. Please describe the situation.

Now, Mr. / Ms. _____, please turn over the card and put it down.

**No. 4** Do you think watching the news on TV is better than reading newspapers?
    Yes. → Why?
    No. → Why not?

**No. 5** These days, there are many books and magazines about cooking. Do you often cook at home?
    Yes. → Please tell me more.
    No. → Why not?

# 準2級

## 2022年度 第❶回

| 一次試験 | 2022.6.5実施 |
|---|---|
| 二次試験 | A日程 2022.7.3実施 |
| | B日程 2022.7.10実施 |

一次試験・筆記（75分）
pp.130〜142

一次試験・リスニング（約24分）
pp.143〜147
CD青-34〜66

二次試験・面接（約6分）
pp.148〜151

※解答一覧は別冊p.115
※解答と解説は別冊pp.116〜142

※別冊の巻末についている解答用マークシートを使いましょう。

## 合格スコア

- 一次試験　1322
（満点1800／リーディング600，リスニング600，ライティング600）
- 二次試験　406（満点600／スピーキング600）

**1**　次の(1)から(20)までの（　）に入れるのに最も適切なものを**1**，**2**，**3**，**4**の中から一つ選び，その番号を解答用紙の所定欄にマークしなさい。

**(1)** Lisa read a (　　　) on the side of the road. It said to watch out for falling rocks.
**1** warning　　**2** channel　　**3** shade　　**4** variety

**(2)** Tomoko wants her (　　　) with Yuji to continue even after they go to different junior high schools next year.
**1** knowledge　**2** supply　　**3** friendship　**4** license

**(3)** Andrew was having trouble in Spanish class, so his teacher gave him some (　　　) homework. He learned a lot by spending more time making sentences in Spanish.
**1** peaceful　　**2** talented　　**3** additional　**4** negative

**(4)** Michael's parents (　　　) him to become a teacher, but Michael wanted to be an artist. In the end, he became an art teacher.
**1** celebrated　**2** filled　　　**3** pushed　　**4** escaped

**(5)** *A:* We've been driving for a long time, Dad. When will we get to Grandma's house?
*B:* It's not far now, Beth. We'll (　　　) her house in about 10 minutes.
**1** measure　　**2** count　　　**3** reach　　**4** promise

**(6)** *A:* I can't believe Naomi Jones won the tennis championship this year!
*B:* Yes, it's a great (　　　), especially since she lost her first two matches of the season.
**1** achievement **2** retirement　**3** treatment　**4** equipment

*(7)* When Victoria started typing on the computer for the first time, she was very slow. However, she practiced every day and (     ) became able to type very fast.

**1** rarely     **2** heavily     **3** brightly     **4** eventually

*(8)* At first, Bob felt nervous about performing a guitar solo in the school concert. But he found the (     ) to do it after talking to his guitar teacher.

**1** courage     **2** fashion     **3** education     **4** average

*(9)* Melissa (     ) when she saw a mouse on the kitchen floor. Her husband ran to the kitchen to find out why she had made so much noise.

**1** decorated     **2** harvested     **3** graduated     **4** screamed

*(10)* Clark's little brother likes to dress up in black clothes and (     ) to be a ninja.

**1** expect     **2** explode     **3** pretend     **4** protest

*(11)* Jane trained every day for a marathon in summer. In the end, she (     ) finishing the race in fewer than four hours.

**1** complained of          **2** came into
**3** stood by          **4** succeeded in

*(12)* Mike looked when the tour guide pointed and said that there were elephants (     ). However, he could not see them because they were too far away.

**1** on air          **2** as a rule
**3** in the distance          **4** at most

*(13)* **A:** Why do you want to go on a date to the mall, Jenny? (     ) shopping, what else can we do there?
**B:** Well, there are some great places to eat in the mall. There's a movie theater, too.

**1** Aside from          **2** Compared with
**3** Based on          **4** Close to

*(14)* Emma enjoyed sitting on the beach and watching the sun go down and the stars come out. (    ), it began to get cold, so she decided to go back to her hotel.

**1** After a while         **2** In a word
**3** For the best          **4** By the way


*(15)* Spencer does not like to (    ) when he uses his bicycle. He always wears his helmet and rides carefully.

**1** make efforts         **2** make progress
**3** take place           **4** take risks


*(16)* Bobby saw smoke coming out of his neighbor's kitchen window. He realized that his neighbor's house was (    ), so he went and told his mother right away.

**1** with luck   **2** on fire   **3** at sea   **4** for sale


*(17)* **A:** I heard Randy dropped his cell phone in the river.
**B:** Yeah. He said it was an accident, but I think he did it (    ) because he wanted his parents to buy him a new one.

**1** with help   **2** for free   **3** in place   **4** on purpose


*(18)* Jason's parents were in the drama club together during high school. That is (    ) they first got to know each other.

**1** how       **2** what       **3** whose       **4** who


*(19)* Last night, Rick's mom would not let him (    ) TV until he had finished cleaning his room.

**1** to watch     **2** watch     **3** watching     **4** watched


*(20)* **A:** Did you enjoy your trip to Bali?
**B:** Yes, very much. It's such a beautiful place, and the people there are very kind. It was worth (    ).

**1** visit       **2** visiting       **3** to visit       **4** visited

(21) **A:** Hello.  My name is Peter Mason.  I have (　**21**　).

**B:** Please let me check, Mr. Mason.  Yes, I see.  We have a nonsmoking, double room for you.  Is that OK?

**A:** Yes.  That will be fine.

**B:** Thank you, sir.  Here's your key.  Your room is number 404, which is on the fourth floor.

**1**　a reservation for two nights

**2**　an appointment with the doctor

**3**　a meeting with Ms. Grant at four

**4**　a package to pick up

(22) **A:** Hi, Eric.  Where's Mandy?  I thought she would be with you.

**B:** She called me earlier to say that (　**22**　) this evening.

**A:** Oh.  Did she say why?

**B:** Yes.  Her boss asked her to come to work because one of her co-workers is sick.

**1**　there'll be a full moon

**2**　it might rain

**3**　she can't come

**4**　her car won't start

(23) **A:** Welcome to Drawlish Tourist Information Center.  How can I help you?

**B:** (　**23**　) in Drawlish?

**A:** I'm sorry, sir.  There used to be one, but it closed several years ago.

**B:** That's too bad.  I think that watching fish swim can be very relaxing.

**1**　Are there any rivers

**2**　How many museums do you have

**3**　What's the best gift shop

**4**　Is there an aquarium

*A:* Dad, I made a sandwich earlier, but I don't see it anywhere. Do you know where it is?

*B:* Did it ( **24** )?

*A:* Yes, it did. They're my favorite things to put in a sandwich.

*B:* Sorry! I thought your mother made it for me. I ate it just now for breakfast.

*A:* What? Oh no! I won't have anything to eat for lunch today.

*B:* Don't worry. I'll make you another one.

*A:* But the school bus will be here in three minutes.

*B:* It's OK. I'll ( **25** ) today.

*(24)*
1  have tuna and mayonnaise in it
2  come from the sandwich shop
3  take a long time to make
4  taste like strawberry jam

*(25)*
1  be at home all day
2  go to the supermarket
3  take you in my car
4  eat at a restaurant

**3**

次の英文[A], [B]を読み，その文意にそって(26)から(30)までの（　）
に入れるのに最も適切なものを1，2，3，4の中から一つ選び，その番号を
解答用紙の所定欄にマークしなさい。

**[A]**

# Good Friends

Hiroko and three of her friends have been working on a project for school. They have been doing research on the history of their town, and they must give a presentation about it in class next week. Every day after school, they have been getting together in the school library. They have been discussing what information to use and how to make a great presentation. They had some good ideas, and they were looking forward to ( **26** ).

However, Hiroko broke her leg during volleyball practice yesterday. Now, she must stay in the hospital for five days. She called her friends and said that she was sorry for not being able to do anything more to help them with the presentation. They told her not to worry. They said that their teacher is going to make a video of their presentation. That way, Hiroko will be able to ( **27** ). Hiroko thanked her friends and wished them good luck.

*(26)* **1** talking in front of their classmates
**2** making food for their teachers
**3** performing their musical in public
**4** seeing their book in bookstores

*(27)* **1** get well soon
**2** watch it afterwards
**3** take part as well
**4** play other sports

# Getting to Know New Orleans

New Orleans is a city in the southern United States. In the past, people from France, Spain, Africa, and the Caribbean came to live there. As a result, it has a unique culture. This can be seen in the design of the city's buildings and heard in the city's music. Visitors can also experience this culture by (  28  ) that come from New Orleans and the area around it. For example, visitors can get to know the city by eating foods like jambalaya. This is made from meat, seafood, vegetables, rice, and spices.

New Orleans is also famous for cakes called beignets. A beignet is like a doughnut without a hole. Beignets are normally eaten for breakfast. However, they are served all day in cafés in an area of the city called the French Quarter. Café du Monde is the most famous of these. It has (  29  ). In fact, it only sells beignets and drinks.

People in New Orleans usually drink a kind of coffee called café au lait with their beignets. They use warm milk and a special type of coffee to make this. Long ago, coffee beans were very expensive. People looked for cheaper things that tasted like coffee, and they discovered a plant called chicory. The roots of this plant (  30  ) coffee. Over time, the people of New Orleans came to love the taste of coffee made from a mixture of coffee beans and dried chicory roots.

(28) 1 hearing the stories
2 meeting the people
3 driving the cars
4 tasting the dishes

(29) 1 the highest prices
2 special tables and chairs
3 a simple menu
4 only one waiter

(30) 1 contain more vitamins than
2 have a similar flavor to
3 grow well in bags of
4 can be used as cups for

**4** 次の英文 [A]，[B] の内容に関して，(31) から (37) までの質問に対して最も適切なもの，または文を完成させるのに最も適切なものを **1**，**2**，**3**，**4** の中から一つ選び，その番号を解答用紙の所定欄にマークしなさい。

## [A]

From: Jenny Smith <jennysmith_060529@ezmail.com>
To: Ai Tanaka <atanaka-1102@tomomail.co.jp>
Date: June 5
Subject: Visit to museum

Hi Ai,

How are things in Japan? I hope that you had fun by the ocean last month. I know how much you love swimming and playing in the sand with your friends. I had a great vacation, too. Last week, I stayed with my aunt and uncle in Pennsylvania. They live on a farm about 50 kilometers from a city called Pittsburgh. My brother and I enjoyed playing outside in nature.

One day, it rained, so we decided to go into the city and see the natural history museum there. The museum was cool because it has many dinosaur bones. It also has an amazing collection of colorful rocks. My favorite part was the "PaleoLab," though. There, scientists prepare old bones from dinosaurs and other animals for the museum. The scientists work in a special room with a large window, so museum visitors can watch them.

My mom says there is a natural history museum here in Chicago, too. She said that she would take you, me, and my brother there when you come to visit the United States next month. We can spend the whole day at the museum if we go early. Let me know if you're interested. I can't wait to see you!

Your pen pal,
Jenny

*(31)* Last month, Ai
    **1** spent some time at a beach.
    **2** started taking swimming lessons.
    **3** visited her family in Pittsburgh.
    **4** played outside with her brother.

*(32)* What did Jenny like best about the museum?
    **1** Watching scientists get bones ready for the museum.
    **2** Listening to a cool talk about some dinosaur bones.
    **3** Its amazing collection of colorful rocks.
    **4** Its windows were large and let in a lot of light.

*(33)* What is Ai going to do next month?
    **1** Move to Chicago with her family.
    **2** Take a trip abroad to see Jenny.
    **3** Get up early to attend an event.
    **4** Start working in a history museum.

# The Return of the Wolves

Wolves are intelligent animals that live in groups called packs. Long ago, packs of wolves could be found in many European countries, including Germany. However, farmers hunted wolves because they sometimes killed the farmers' sheep. Other people hunted wolves for sport. By the 19th century, there were no wolves left in Germany. In the last 20 years, though, wolves have started to return to the country.

In the 1980s and 1990s, European countries made laws to protect wildlife and created special areas for wild animals. At the same time, many people left their farms in eastern Europe to take jobs abroad. The result was that there were fewer people and more safe places for deer and other animals that wolves like to eat. As the number of these animals increased, the number of wolves increased, too. The wolves spread west, and in 2001, they were found living in Germany again.

There are now over 120 packs of wolves in Germany, but not all of them live in the special areas for wild animals. A lot of wolves prefer places that the army uses for training. Experts think this is because these places are safe for the wolves. It seems that some people have been hunting wolves in Germany, even though they are not allowed to. However, these people are afraid of entering army training centers because they might get caught.

Other animals, including rare birds, have also been protected by army training centers. There used to be many army training centers in Europe. However, some of them are no longer needed. In 2015, the German government created parks for wildlife from 62 old army training centers. This increased the total size of such parks in the country by 25 percent. Now, there are plans to bring back horses, bison, and other wild animals to these parks, too.

(34) What is one reason that wolves disappeared from Germany?
  **1** They were hunted to stop them from killing farm animals.
  **2** The animals that wolves ate were all killed by farmers.
  **3** Farmers in Germany started keeping cows instead of sheep.
  **4** People made farms in the places where the wolves lived.


(35) Why did many people in eastern Europe leave their farms in the 1980s and 1990s?
  **1** Their farms were bought to create areas for wild animals.
  **2** The number of wolves and other animals suddenly increased.
  **3** New laws in European countries said that they had to leave.
  **4** They had chances to go and work in other countries.


(36) Many wolves prefer living in army training centers because
  **1** the soldiers at the centers give them food from the kitchens.
  **2** people who hunt them are too scared to go in the centers.
  **3** a lot of people visit the special areas for wild animals.
  **4** there are fewer roads than in other parts of Germany.


(37) The German government
  **1** plans to open 62 new army training centers.
  **2** moved some rare birds to protect them.
  **3** brought horses and bison to parks in 2015.
  **4** has provided more land for wild animals.

**5**

●あなたは，外国人の知り合いから以下のQUESTIONをされました。
●QUESTIONについて，あなたの意見とその理由を2つ英文で書きなさい。
●語数の目安は50語〜60語です。
●解答は，解答用紙のB面にあるライティング解答欄に書きなさい。なお，解答欄の外に書かれたものは採点されません。
●解答がQUESTIONに対応していないと判断された場合は，0点と採点されることがあります。QUESTIONをよく読んでから答えてください。

**QUESTION**
*Do you think it is a good idea for people to learn how to cook by using the Internet?*

準2級リスニングテストについて

❶このリスニングテストには，第1部から第3部まであります。
　★英文はすべて一度しか読まれません。
　　第1部……対話を聞き，その最後の文に対する応答として最も適切なものを，放送
　　　　　　される**1，2，3**の中から一つ選びなさい。
　　第2部……対話を聞き，その質問に対して最も適切なものを**1，2，3，4**の中から一
　　　　　　つ選びなさい。
　　第3部……英文を聞き，その質問に対して最も適切なものを**1，2，3，4**の中から一
　　　　　　つ選びなさい。
❷No.30のあと，10秒すると試験終了の合図がありますので，筆記用具を置いてください。

## 第1部

**No.1 ～ No.10**（選択肢はすべて放送されます。）

 ～

## 第2部

**No. 11**

**1** Write a history report for him.
**2** Visit his sister with him.
**3** Study for the test alone.
**4** Go to a soccer game with him.

**No. 12**

**1** Make a reservation.
**2** Wait in the waiting area.
**3** Order his meal.
**4** Call another restaurant.

**No. 13**

1  Return his library books.
2  Work on a report with Carol.
3  Go to his hockey game.
4  Record a TV show.

**No. 14**

1  He had an accident.
2  He took the wrong bicycle.
3  He lost his jacket.
4  He got sick.

**No. 15**

1  He cannot see the movie he wanted to see.
2  He could not rent a DVD for his grandson.
3  *Bubbles the Dancing Bear* was boring.
4  The Showtime Theater is closing soon.

**No. 16**

1  By giving him directions to another shop.
2  By telling him how he can get a discount.
3  By ordering a copy of *Sporting Life*.
4  By contacting other stores.

**No. 17**

1  It is Friday night.
2  DVDs are on sale.
3  It has just opened.
4  A famous singer will be there.

**No. 18**

1 He does not have any medicine.
2 He cannot get an appointment.
3 He has been having headaches.
4 He has a lot to do this afternoon.

**No. 19**

1 Buy a doll for her friend.
2 Look for another gift.
3 Borrow some money.
4 Go on a long trip.

**No. 20**

1 Take money out of the bank.
2 Look for a green blanket.
3 Buy the red sofa.
4 Go to a different store.

## 第3部

**No. 21**

1 She saw one in a store's magazine.
2 A friend showed her some online.
3 The bookstore near her had one.
4 There was a cheap one at a café.

**No. 22**

1 Eat leaves instead of small animals.
2 Hide inside tall trees.
3 Make their hearts stop.
4 Move to warmer areas.

**No. 23**

1 He liked the sound of the engine.
2 He thought the color was great.
3 The height of the front light looked perfect.
4 The salesman gave him a discount.

**No. 24**

1 Her bus was late again.
2 Her test score was not good.
3 She could not do her homework.
4 She studied for the wrong test.

**No. 25**

1 A bag has been found near the entrance.
2 New staff members are wanted.
3 Fruit is being sold cheaply.
4 The store will close soon.

**No. 26**

1 The dog was very young.
2 The dog ran to her.
3 The dog took her ball.
4 The dog was big.

**No. 27**

1 Meet his friends on Sunday.
2 Start taking jazz lessons.
3 Teach people to play the piano.
4 Perform at a restaurant.

**No. 28**

1 Aztec children played games with rules.
2 Aztec women ate much more than men did.
3 The Aztecs had a kind of chewing gum.
4 The Aztecs made simple toothbrushes.

**No. 29**

1 By calling and answering questions.
2 By hurrying to a stadium's ticket office.
3 By sending an e-mail to an announcer.
4 By singing a song by the Boaties.

**No. 30**

1 Ask his grandparents for a gift.
2 Buy a new game.
3 Record a video message.
4 Make a birthday card.

※本書では出題例として2種類のカードを掲載していますが，本番では1枚のみ渡されます。
※面接委員の質問など，二次試験に関する音声はCDに収録されていません。

**受験者用問題　カード　A**

## Tourist Information Centers

There are many tourist information centers around Japan.  These centers have a variety of information about local tourist spots.  Today, many tourist information centers offer guidebooks in different languages, and in this way they help foreign visitors to find tourist spots easily.  These centers will play a more important role in the future.

**A**

**B**

**No. 1**      According to the passage, how do many tourist information centers help foreign visitors to find tourist spots easily?

**No. 2**      Now, please look at the people in Picture A. They are doing different things. Tell me as much as you can about what they are doing.

**No. 3**      Now, look at the woman in Picture B. Please describe the situation.

Now, Mr. / Ms. _____, please turn over the card and put it down.

**No. 4**      Do you think traveling by train is better than traveling by car?
           Yes. → Why?
           No. → Why not?

**No. 5**      Today in Japan, some students study English and another foreign language. Are you interested in studying another foreign language?
           Yes. → Please tell me more.
           No. → Why not?

22年度第1回

面接

# Reading Skills

Reading is a very important skill for learning about things. Today, however, some teachers say that students need more help with their reading skills. Many students exchange only short messages on their smartphones, so they sometimes have trouble understanding long passages. Students need to have good reading skills to learn things better.

A

B

**No. 1**      According to the passage, why do many students sometimes have trouble understanding long passages?

**No. 2**      Now, please look at the people in Picture A. They are doing different things. Tell me as much as you can about what they are doing.

**No. 3**      Now, look at the boy in Picture B. Please describe the situation.

Now, Mr. / Ms. _____, please turn over the card and put it down.

**No. 4**      Do you think people will spend more money on smartphones in the future?
          Yes. → Why?
          No. → Why not?

**No. 5**      These days, many Japanese people have jobs in foreign countries. Would you like to work abroad?
          Yes. → Please tell me more.
          No. → Why not?

面接

# 準2級

## 2021年度 第3回

**一次試験** 2022.1.23実施

**二次試験** A日程 2022.2.20実施

B日程 2022.2.27実施

一次試験・筆記(75分)
pp.154〜166

一次試験・リスニング(約24分)
pp.167〜171
CD青-67〜99

二次試験・面接(約6分)
pp.172〜175

※解答一覧は別冊p.143
※解答と解説は別冊pp.144〜170

※別冊の巻末についている解答用マークシートを使いましょう。

## 合格スコア

- ●一次試験 1322
  (満点1800/リーディング600, リスニング600, ライティング600)
- ●二次試験 406(満点600/スピーキング600)

# ●一次試験・筆記

次の(1)から(20)までの（　　）に入れるのに最も適切なものを1, 2, 3, 4 の中から一つ選び，その番号を解答用紙の所定欄にマークしなさい。

**(1)** *A:* I finished cleaning my room, Mom. Take a look.
*B:* It's not good (　　　　), Kevin. You must clean your desk and put your books away too.
**1** enough　　**2** almost　　**3** ahead　　**4** even

**(2)** *A:* How can I find more (　　　) about the cleaning service on your website?
*B:* Just click on the information button at the top of our home page and you can see everything.
**1** rounds　　**2** seasons　　**3** wheels　　**4** details

**(3)** The United States of America (　　　) of 50 states. The smallest state in the country is Rhode Island, and the largest is Alaska.
**1** warns　　**2** dreams　　**3** prays　　**4** consists

**(4)** Recently, the economy has been very good in the western part of the country, so a lot of people have gone there to (　　　) jobs.
**1** send　　**2** explain　　**3** seek　　**4** mention

**(5)** Michelle, Sarah, and Roger love to play music, so they have decided to (　　　) a band. They will call their new band The Celery Sticks.
**1** form　　**2** lift　　**3** sew　　**4** major

**(6)** Linda keeps (　　　) information such as her e-mail and bank passwords in a small notebook. She is careful not to let anyone else see the notebook.
**1** impossible　　**2** liquid　　**3** tiring　　**4** secret

*(7)* Richard broke his leg when he went snowboarding last month.  He was absent from school for several days because of his (          ).

**1** climate     **2** injury     **3** option     **4** praise

*(8)* Bart has been looking forward to his grandmother's visit for months.  She will come tomorrow, and he is excited about her (          ).

**1** arrival     **2** direction     **3** material     **4** connection

*(9)* **A:** Why were you late for work today, Bob?
**B:** The (          ) was terrible.  It took me an hour to drive 4 kilometers.

**1** entrance     **2** image     **3** traffic     **4** fossil

*(10)* Scott (          ) through his homework so that he could watch his favorite TV show.  Because of this, he made many mistakes and did not get many answers right.

**1** repeated     **2** tapped     **3** printed     **4** hurried

*(11)* Mrs. Green decided to give a role to each student in the musical at the school festival.  This way, every student could (          ) the performance.

**1** play a joke on          **2** play a part in
**3** keep track of          **4** keep pace with

*(12)* **A:** (          ) this website, Leonardo da Vinci was born in 1451.
**B:** That's not what my textbook says.  It says he was born in 1452.

**1** Hoping for     **2** Adding up     **3** According to     **4** Hiding from

*(13)* **A:** Have you (          ) Fred recently?
**B:** Yes.  I got a message from him the other day.  He said that he's enjoying college.

**1** paid for     **2** passed by     **3** heard from     **4** talked over

*(14)* *A:* What does this word mean, Dad?
*B:* I'm not sure. You'll have to (          ) in the dictionary.
**1**  throw it away                    **2**  take it away
**3**  save it up                       **4**  look it up

*(15)* *A:* Do you know any good sightseeing places in London?
*B:* Of course!  I go there (          ) on business, so I know the city really well.
**1**  at last        **2**  in the end        **3**  all the time        **4**  for once

*(16)* Nick is nearly three years old.  He always wants to touch the new things he finds every day.  He is very curious (          ) anything he hasn't seen before.
**1**  at           **2**  over           **3**  about           **4**  from

*(17)* *A:* I made these cookies for everyone this morning.  Please (          ) yourself.
*B:* Thanks.  They look delicious.
**1**  set           **2**  take           **3**  dress           **4**  help

*(18)* *A:* Dad, this box is too heavy for me (          ) upstairs.
*B:* OK.  I'll take it upstairs for you.
**1**  to carry        **2**  carrying        **3**  not carry        **4**  be carried

*(19)* *A:* I have so much homework to do this weekend.
*B:* So (          ).  I have a science report, a history assignment, and an English paper to write for Monday.
**1**  am I           **2**  I am           **3**  do I           **4**  I do

*(20)* Hector wants a dog, but his family lives in a small apartment, and there is no space to keep a pet.  He wishes he (          ) in a bigger place.
**1**  lives        **2**  to live        **3**  is living        **4**  lived

*(21)* **A:** Hi, Mary.  Are you going to come to the movies with us tomorrow?
**B:** I don't think so.  I have some important homework that I need to do first.
**A:** Why don't you (    *21*    )?
**B:** I want to, but my mom asked me to take care of my baby brother.
**1**  choose an easier topic for it
**2**  talk to your teacher about it
**3**  bring it to the movie theater
**4**  try to finish it this evening

*(22)* **A:** Excuse me.  I think I left my scarf on one of your buses.
**B:** Can you describe what it looks like?
**A:** Actually, I (    *22*    ).
**B:** Oh, I see.  I think someone brought in a scarf that looks like that.  Let me check.
**1**  have a photo of it on my phone
**2**  was on the 10:15 bus from Shelby
**3**  got it as a birthday present
**4**  had a seat in the back

*(23)* **A:** Mom, can I go to the park to play with my friends?
**B:** Of course.  (    *23*    ).
**A:** But it's so windy today.  It might blow away.
**B:** I know, but it's really hot outside.  Take this one.  It has a strap to keep it on your head.
**1**  Please take a bottle of water
**2**  You should take your kite
**3**  Make sure you wear a hat
**4**  Don't forget your umbrella

**A:** Thank you for calling Blimpton Animal Hospital. How can I help you?

**B:** My name is Joan Taylor. I'm calling about my dog, Brownie.

**A:** What's wrong with Brownie?

**B:** She hasn't ( *24* ) for the last two days.

**A:** I see. Is it the same kind that you usually give her?

**B:** Yes. She normally loves it. Could ( *25* )?

**A:** Sure. He has time at 11:30 or after 4:00.

**B:** I have to work this afternoon, so I'll bring Brownie at 11:30.


*(24)* **1**  had much energy
**2**  been eating her food
**3**  gotten out of her basket
**4**  played with her toys


*(25)* **1**  you tell me what the problem is
**2**  I get some medicine for her
**3**  the doctor see her today
**4**  it be a toothache

次の英文 [A], [B] を読み，その文意にそって (26) から (30) までの (　　) に入れるのに最も適切なものを **1**, **2**, **3**, **4** の中から一つ選び，その番号を解答用紙の所定欄にマークしなさい。

**[A]**

# *Lost for Words*

Keiko is 65 years old. She retired from her job a few months ago. When she was working, she was always very busy. She had no time for hobbies. However, she now has plenty of free time. She enjoys gardening, reading books, and going for walks in the countryside. She also (　*26*　). She really enjoys learning a foreign language and using it to speak with her classmates and her teacher, Mr. Lopez.

One day, Mr. Lopez asked Keiko to talk about her family in class. There were many things that she wanted to say, but she could not say them. She was disappointed because she did not know all the words that she needed. Mr. Lopez tried to (　*27*　). He said that she is doing really well. If she keeps studying and practicing hard, she will soon find it easy to talk about anything.

*(26)*
  **1**  takes Spanish lessons
  **2**  is a volunteer at a hospital
  **3**  likes to paint pictures
  **4**  joined a yoga class

*(27)*
  **1**  find her textbook
  **2**  cheer her up
  **3**  repair her bag
  **4**  show her around

# Pest Protection

Insects and other animals often make trouble for farmers. Such animals are known as pests and can be a big problem. They eat the fruits and vegetables that should be sold as food. They also carry diseases to the plants grown on farms. ( *28* ) costs farmers a lot of money. Many farmers use chemicals to keep pests away. These chemicals can be bad for the environment, though. They can kill other creatures. They can also get into the fruits and vegetables that people eat.

The owners of the Vergenoegd Low wine farm in South Africa use a different method. They want to stop pests from eating their grapes. At the same time, they do not want any chemicals to get in their wine. Their solution is to ( *29* ) to remove pests. Every day, a team of over 1,000 ducks is taken to the fields where the grapes are grown. The ducks spend all day walking around the plants and eating the pests.

Although ducks have been used to control pests in rice fields in Asia for hundreds of years, the use of ducks in other places is much less common. The ducks used on the Vergenoegd Low wine farm are a special kind. They have ( *30* ) than other kinds of ducks. As a result, they cannot fly away. Using ducks to control pests also has another advantage. Their waste helps the grape plants to grow.

**1** The weather
**2** The damage
**3** Buying land
**4** Picking fruit

(29) **1** get local children
**2** move their plants
**3** build tall fences
**4** use other animals

(30) **1** more babies each year
**2** more colorful bodies
**3** much louder voices
**4** much shorter wings

次の英文 [A]，[B] の内容に関して，*(31)* から *(37)* までの質問に対して最も適切なもの，または文を完成させるのに最も適切なものを**1**，**2**，**3**，**4**の中から一つ選び，その番号を解答用紙の所定欄にマークしなさい。

## [A]

From: Joe Hess <joe-hess@kmail.com>
To: Pete Hess <p-hess22@yeehaw.com>
Date: January 23
Subject: Ontario trip

Hi Pete,

Are you excited about our trip to Ontario next month? I bought my ticket to Ontario and my return ticket yesterday. My plane leaves Chicago at 11 a.m. on February 8. The flight takes only one and a half hours. Have you bought your tickets yet? What time will you leave New York City?

Anyway, do you remember what we talked about on the phone last week? You said that you want to go fishing during our trip. My neighbor goes on fishing trips in Ontario every fall. She told me about a company that offers one-day fishing tours of Lake Huron. The company's name is Great Fish, and it costs $300 for two people. The tour will start at 8 a.m. and finish at 4 p.m., and the price includes lunch.

I'll call the company tonight and make a reservation for February 10. My neighbor also said that we need special licenses to fish in Ontario. We can get them online, or we can buy them at a sports shop in Ontario. I think we should buy them on the Internet before we go. A one-day license costs about $20. I can't wait to go!

Your brother,

Joe

*(31)* What will Joe do in February?
- **1** Buy plane tickets to Chicago.
- **2** Go on vacation with Pete.
- **3** Visit New York City.
- **4** Move to a new home in Ontario.

*(32)* Joe's neighbor
- **1** gave Joe a tour of Lake Huron.
- **2** said Joe could use her fishing boat.
- **3** told Joe about a fishing tour company.
- **4** recommended a restaurant to Joe.

*(33)* How does Joe suggest he and Pete get licenses?
- **1** By going to a sports shop to get them.
- **2** By buying them from a website.
- **3** By ordering them on the phone.
- **4** By asking a company to reserve them.

**[B]**

# The Mystery of the Crannogs

In some lakes in Scotland and Ireland, there are small man-made islands. These are called crannogs, and they were built long ago with large rocks that were carried into the lakes. Building the crannogs was probably a lot of hard work because some of the rocks weigh 250 kilograms. What is more, the crannogs are between 10 and 30 meters wide and connected to the land by a bridge made of rocks. Although there are over a thousand of them, no one knows the reason why they were made.

Experts used to think that the crannogs were built about 3,000 years ago. However, a recent discovery shows that some of the crannogs are much older. A diver found some broken pots in the water around the crannogs in a lake on the island of Lewis. Scientists discovered that the pots were over 5,000 years old. This led to further research and the discovery of similar items in other lakes with crannogs.

The pots were in good condition, and it was clear to researchers that they had not been used much before they were dropped in the lakes. The researchers believe that the pots were probably used for special ceremonies on the crannogs. It is not clear what the purpose of the ceremonies was, though, because there are no written records from the time when they were held.

Two thousand years after the oldest crannogs were built, people began living on them. This is shown by old pieces of wood from their houses that have been found on the crannogs. When these people built their houses, they probably damaged the crannogs. This made it difficult to find out why the crannogs were built. Researchers are continuing to look for things to solve the mystery of the crannogs, but it may take many years for them to do so.

*(34)* Crannogs are
 **1** man-made lakes in Scotland and Ireland.
 **2** islands made by people a long time ago.
 **3** walls built with large rocks.
 **4** bridges that were built across lakes.


*(35)* The discovery of some broken pots has
 **1** allowed people to find out how the crannogs were built.
 **2** proved that there are more crannogs than scientists thought.
 **3** changed experts' ideas about how old some crannogs are.
 **4** shown that it may be too dangerous to dive in these lakes.


*(36)* What do researchers think that the pots that they found were used for?
 **1** For decorating people's homes.
 **2** For important events.
 **3** To keep written records.
 **4** To catch fish in the lakes.


*(37)* Why is it difficult to know the reason that the crannogs were made?
 **1** Researchers think they lost some things that they found on them.
 **2** People may have damaged them when they built their homes.
 **3** Old pieces of wood might have been removed from them.
 **4** The people who made them probably moved away long ago.

**5**

- ●あなたは，外国人の知り合いから以下のQUESTIONをされました。
- ●QUESTIONについて，あなたの意見とその理由を2つ英文で書きなさい。
- ●語数の目安は50語～60語です。
- ●解答は，解答用紙のB面にあるライティング解答欄に書きなさい。なお，解答欄の外に書かれたものは採点されません。
- ●解答がQUESTIONに対応していないと判断された場合は，0点と採点されることがあります。QUESTIONをよく読んでから答えてください。

**QUESTION**
*Do you think there should be more sports programs on TV?*

# ●一次試験・リスニング

## 準2級リスニングテストについて

❶このリスニングテストには，第1部から第3部まであります。
★英文はすべて一度しか読まれません。
第1部……対話を聞き，その最後の文に対する応答として最も適切なものを，放送
される1，2，3の中から一つ選びなさい。
第2部……対話を聞き，その質問に対して最も適切なものを1，2，3，4の中から一
つ選びなさい。
第3部……英文を聞き，その質問に対して最も適切なものを1，2，3，4の中から一
つ選びなさい。
❷No. 30のあと，10秒すると試験終了の合図がありますので，筆記用具を置いてください。

## 第1部

No.1〜No.10（選択肢はすべて放送されます。）   〜

## 第2部

No. 11

1　They are all sold out.
2　He called the wrong restaurant.
3　There is a mistake on the menu.
4　His house is too far for deliveries.

No. 12

1　Borrow some books.
2　Study at a friend's house.
3　Go to a concert.
4　Buy some tickets.

**No. 13**

1 The waiter is too busy to help her.
2 The waiter brought her the wrong food.
3 She did not order dessert.
4 She does not like apple pie.

**No. 14**

1 By delivering it herself.
2 By regular mail.
3 By overnight delivery.
4 By bicycle delivery.

**No. 15**

1 Get a present for a child.
2 Make clothes for her family.
3 Take pictures of her baby.
4 Play with her friend's children.

**No. 16**

1 She wants him to fix her coat.
2 She wants him to buy a new button.
3 He did not give her a refund.
4 He did not damage her coat button.

**No. 17**

1 Make a salad for the woman.
2 Eat both kinds of pizza.
3 Order salad and pizza.
4 Change his order from salad to pizza.

**No. 18**

1 Take her son to a baseball game.
2 Look for her son's baseball glove.
3 Finish her e-mail.
4 Help move a desk.

**No. 19**

1 Her hair may get wet.
2 Her husband is sick.
3 The party may be canceled.
4 The bus is late.

**No. 20**

1 Call their hotel.
2 Wait for the next train.
3 Get cash from an ATM.
4 Talk to a taxi driver.

# 第3部

**No. 21**

1 Buy a cake for his grandfather.
2 Give his grandmother some flowers.
3 Work at his grandparents' store.
4 Help his grandmother in the garden.

**No. 22**

1 They used popular black paper.
2 They used the same symbols as modern cards.
3 They were considered to be luxury items.
4 They were made to study history.

**No. 23**

1 Her school does not have a band club.
2 It is difficult to learn an instrument.
3 The band members played very well.
4 The concert was not so long.

**No. 24**

1 There may be delays later in the day.
2 A hockey game has been canceled.
3 Trains are currently stopped.
4 Passengers should get off at the next station.

**No. 25**

1 She will go to a bicycle store.
2 She will play video games.
3 She will go to a birthday party.
4 She will ride her bicycle.

**No. 26**

1 He has not been to Hawaii.
2 He cannot find his passport.
3 He arrives in two hours.
4 He has lost his bag and coat.

**No. 27**

1 They make people's tongues sweat.
2 They taste differently on very hot days.
3 They are used in food to keep it hot.
4 They create a feeling of pain.

**No. 28**

1 He got a new chess set.
2 He learned how to play chess.
3 He played in a chess competition.
4 He joined a chess club.

**No. 29**

1 An expert will talk about sharks.
2 An artist will draw pictures of the ocean.
3 The announcer will dress up as a shark.
4 The viewers will discuss ocean swimming.

**No. 30**

1 He will stay at home.
2 He will visit his family.
3 He will study at college.
4 He will go on a trip.

21年度第3回

リスニング
No. 23
〜
No. 30

# ●二次試験・面接

※本書では出題例として2種類のカードを掲載していますが，本番では1枚のみ渡されます。
※面接委員の質問など，二次試験に関する音声はCDに収録されていません。

**受験者用問題　カード　A**

## Passwords

People sometimes need passwords when using the Internet. However, using the same password for a long time can be dangerous. Now, many websites ask people to change passwords more often, and by doing so they help people protect personal information. It is important that people keep strangers from seeing their personal information.

A

B

**No. 1**      According to the passage, how do many websites help people protect personal information?

**No. 2**      Now, please look at the people in Picture A. They are doing different things. Tell me as much as you can about what they are doing.

**No. 3**      Now, look at the woman in Picture B. Please describe the situation.

Now, Mr. / Ms. _____, please turn over the card and put it down.

**No. 4**      Do you think it is good for children to use the Internet?
            Yes. → Why?
            No. → Why not?

**No. 5**      Many people enjoy doing outdoor activities in winter. Do you do any outdoor activities in winter?
            Yes. → Please tell me more.
            No. → Why not?

# Festivals in Japan

There are many kinds of festivals in Japan. Large cities, small towns, and villages usually have their own festivals. Many of these festivals are held in summer or fall. Japanese festivals often show traditional culture to visitors, so they are popular with foreign tourists. Festivals are attracting more and more attention.

A

B

**No. 1**    According to the passage, why are Japanese festivals popular with foreign tourists?

**No. 2**    Now, please look at the people in Picture A. They are doing different things. Tell me as much as you can about what they are doing.

**No. 3**    Now, look at the man and the woman in Picture B. Please describe the situation.

Now, Mr. / Ms. _____, please turn over the card and put it down.

**No. 4**    Do you think towns and cities in Japan should have more libraries?
      Yes. → Why?
      No. → Why not?

**No. 5**    Today, many people are careful about their health. Do you do anything for your health?
      Yes. → Please tell me more.
      No. → Why not?

CD作成協力●ELEC録音スタジオ　　本文デザイン●松倉浩・鈴木友佳
編集協力●一校舎　　　　　　　　企画編集●成美堂出版編集部

**本書に関する正誤等の最新情報は，下記のアドレスで確認することができます。**
**https://www.seibidoshuppan.co.jp/support/**

上記URLに記載されていない箇所で正誤についてお気づきの場合は，書名・発行日・質問事項・ページ数・氏名・郵便番号・住所・FAX番号を明記の上，**郵送またはFAXで成美堂出版**までお問い合わせください。

**※電話でのお問い合わせはお受けできません。**

※本書の正誤に関するご質問以外にはお答えできません。また受験指導などは行っておりません。

※ご質問の到着確認後，10日前後に回答を普通郵便またはFAXで発送いたします。
　ご質問の受付期限は，2024年度の各試験日の10日前到着分までとさせていただきます。ご了承ください。

---

・本書の付属CDは，CDプレーヤーでの再生を保証する規格品です。
・CDプレーヤーで音声が正常に再生されるCDから，パソコンやiPodなどのデジタルオーディオプレーヤーに取り込む際にトラブルが生じた場合は，まず，そのソフトまたはプレーヤーの製作元にご相談ください。
・本書の付属CDには，タイトルなどの文字情報はいっさい含まれておりません。CDをパソコンに読み込んだ際，異なった年版や書籍の文字情報が表示されることがありますが，それは弊社の管理下にはないデータが取り込まれたためです。必ず音声をご確認ください。

---

このコンテンツは，公益財団法人 日本英語検定協会の承認や推奨，その他の検討を受けたものではありません。

## 英検®準2級過去6回問題集 '24年度版
2024年3月10日発行

編　者　成美堂出版編集部

発行者　深見公子

発行所　成美堂出版
　　　　〒162-8445　東京都新宿区新小川町1-7
　　　　電話(03)5206-8151　FAX(03)5206-8159

印　刷　株式会社フクイン

©SEIBIDO SHUPPAN 2024 PRINTED IN JAPAN
ISBN978-4-415-23810-4
落丁・乱丁などの不良本はお取り替えします
定価はカバーに表示してあります

# 英検®準2級

## 過去6回問題集

別冊 解答・解説

矢印の方向に引くと切り離せます。

成美堂出版

# CONTENTS

※別冊は，付属の赤シートで答えを隠してご利用下さい。

# ● 合格基準スコア ●

一次試験 ·························· 1322
（満点1800／リーディング600, リスニング600, ライティング600）

二次試験 ·························· 406
（満点600／スピーキング600）

間違った問題は特によく解説を読みましょう。

---

### 本書で使用する記号

S＝主語　　V＝動詞　　O＝目的語　　C＝補語

to *do* / *doing*＝斜体のdoは動詞の原形を表す

空所を表す(　)以外の(　)＝省略可能・補足説明

[　]＝言い換え可能

# 2023年度 第2回

## 解　答　欄

| 問題番号 | 1 | 2 | 3 | 4 |
|---|---|---|---|---|
| (1) | | | ● | |
| (2) | | | | ● |
| (3) | ● | | | |
| (4) | | ● | | |
| (5) | | ● | | |
| (6) | | ● | | |
| (7) | ● | | | |
| (8) | ● | | | |
| (9) | | | | ● |
| (10) | | ● | | |
| (11) | ● | | | |
| (12) | | | | ● |
| (13) | | | | ● |
| (14) | | ● | | |
| (15) | | ● | | |
| (16) | ● | | | |
| (17) | | ● | | |
| (18) | | ● | | |
| (19) | | ● | | |
| (20) | | | ● | |

（問題番号 1）

## 解　答　欄

| 問題番号 | 1 | 2 | 3 | 4 |
|---|---|---|---|---|
| 2 | (21) | | ● | | |
| | (22) | | ● | | |
| | (23) | ● | | | |
| | (24) | ● | | | |
| | (25) | | ● | | |
| 3 | (26) | | ● | | |
| | (27) | | ● | | |
| | (28) | | ● | | |
| | (29) | | ● | | |
| | (30) | | | ● | |
| 4 | (31) | | ● | | |
| | (32) | | ● | | |
| | (33) | ● | | | |
| | (34) | | | | ● |
| | (35) | | ● | | |
| | (36) | | | | ● |
| | (37) | ● | | | |

5 の解答例は
p.14をご覧く
ださい。

## リスニング解答欄

| 問題番号 | 1 | 2 | 3 | 4 |
|---|---|---|---|---|
| 例題 | | | ● | |
| No. 1 | ● | | | |
| No. 2 | | ● | | |
| No. 3 | ● | | | |
| No. 4 | | | ● | |
| No. 5 | | | ● | |
| No. 6 | ● | | | |
| No. 7 | | | ● | |
| No. 8 | | | ● | |
| No. 9 | | ● | | |
| No. 10 | | | ● | |
| No. 11 | ● | | | |
| No. 12 | | | ● | |
| No. 13 | ● | | | |
| No. 14 | | ● | | |
| No. 15 | | | | ● |
| No. 16 | ● | | | |
| No. 17 | | | ● | |
| No. 18 | | ● | | |
| No. 19 | | | | ● |
| No. 20 | | ● | | |
| No. 21 | | | | ● |
| No. 22 | | | ● | |
| No. 23 | ● | | | |
| No. 24 | | ● | | |
| No. 25 | ● | | | |
| No. 26 | ● | | | |
| No. 27 | | | | ● |
| No. 28 | | | | ● |
| No. 29 | ● | | | |
| No. 30 | | ● | | |

（第1部：No.1～No.10、第2部：No.11～No.20、第3部：No.21～No.30）

<br>

# 1 一次試験・筆記
(問題編pp.34〜36)

## (1) 正解 3

**訳** リュウジのチームメイトはリュウジにサッカーボールをパスした。彼は全力でボールを蹴り，ボールはゴールキーパーを越えてゴールに入った。

**解説** 1文目および2文目後半より，ボールをパスされたRyujiは，ゴールを決めることができたと分かる。よって**3**のstruck＜strike「打つ，蹴る」を入れると文意が通る。mix「混ぜる」，chew「かむ」，copy「まねる」。

## (2) 正解 4

**訳** Ａ：お父さん，具合が良くないの。頭が痛くて，熱があるみたい。
Ｂ：そうか。体温を測らせて。

**解説** Ａは具合が悪く頭痛があると言っており，Ｂ（＝父親）は体温を測ろうとしている。よって，**4**のfeverを入れると会話が成り立つ。have a feverで「熱がある」の意味。grade「成績」，surprise「驚き」，custom「風習」。

## (3) 正解 1

**訳** ほとんどの企業は製品を海外に輸送するために船を使う。飛行機の方がはるかに速いが，通常，費用がはるかに多くかかる。

**解説** 企業が船や飛行機を利用する目的は，製品を輸送するためであると推測できる。よって，**1**のtransport「輸送する」を入れると会話が成り立つ。design「設計する」，consult「調べる」，reject「拒絶する」。

## (4) 正解 2

**訳** バスケットボールの試合後，マークのコーチは彼のパスとディフェンスをほめた。彼は自分が良い働きをしていると聞き，励まされたと感じた。

**解説** 1文目より，コーチがマークのプレーをほめたと分かる。空所は，それを聞いたマークの気持ちを表す部分であることから，encourage「励ます」の過去分詞である**2**のencouragedを入れると文意が通る。〈feel＋過去分詞〉で「〜されていると感じる」の意味。frighten「怖がらせる」，deliver「配達する」，follow「後を追いかける」。

## (5) 正解 2

**訳** Ａ：ここでどれくらい働いているの，サブリナ？
Ｂ：私は新人です。2週間前に雇われました。

**解説** Ａに働いている期間をたずねられたＢ（＝Sabrina）が，I'm new.「私は新人です」と言っていることから，**2**のhired＜hire「雇う」を入れ，いつ雇われたかを説明する文にすると，会話が成り立つ。collect「集める」，exchange「交換する」，carry「運ぶ」。

※2024年度第1回から，試験形式の変更に伴い大問1の問題数は15問になります。

*(6)* **正解 2**

**訳** 関西は日本の西の地域である。その3大都市は，大阪，京都，神戸である。

**解説** 選択肢の中で，Kansai「関西」を表すのに適する語は，**2**のregion「地域」のみ。safety「安全」，theme「主題」，laundry「洗濯物」。

*(7)* **正解 1**

**訳** A：数学の宿題の全部の問題を答えられた？
B：ほとんどね。最後のは解けなかったけれど。

**解説** 空所を含む文の最後に逆接の意味を表すthough「だけれども」があることから，Bは最後の1問のみ答えられなかったと推測できる。よって，**1**のsolve「解く」を入れると会話が成り立つ。repair「修理する」，miss「逃す」，invent「発明する」。

*(8)* **正解 1**

**訳** ケリーは英語の授業のために毎月2本のエッセイを書く。先月，彼女は最近読んだ本と夏休みに何をしたかについて書いた。

**解説** 2文目より，ケリーは自分の意見や経験について何かを書いている。選択肢の中でこれに当てはまるのは，**1**のessays＜essay「エッセイ」のみ。victory「勝利」，system「システム」，miracle「奇跡」。

*(9)* **正解 4**

**訳** ルーシーの家の近くには，服をとても安く売っている店がある。土曜日，ルーシーはそこでブラウスをたった10ドルで買った。

**解説** 2文目より，ルーシーが家の近くの店で買ったブラウスは10ドルで，安価と言えることから，**4**のcheaply「安く」を入れると文意が通る。powerfully「強烈に」，lately「最近」，bravely「勇敢に」。

*(10)* **正解 2**

**訳** デイビッドは人気のスマートフォンアプリを作成した後，大金持ちになった。彼は自分の財産のほとんどを，あまりお金がない人々を助けるために使っている。

**解説** 1文目より，デイビッドはたくさんのお金を持っていると分かる。デイビッドはそのほとんどを人のために使っていると推測できることから，**2**のwealth「財産」を入れると文意が通る。pain「痛み」，nonsense「ばかげたこと」，literature「文学」。

*(11)* **正解 1**

**訳** レスターは先週，ひどい風邪をひいていたため，3日間学校に行けなかった。今週はだいぶ回復した。

**解説** 風邪をひいていたことを表す表現が入る。選択肢の中で空所に入れて意味が通るのは，**1**のsuffering from＜suffer from「（病気など）を患う，抱える」のみ。depend on「～に頼る」，give up「～をあきらめる」，major in「～を専攻する」。

## (12)　正解　4

**訳**　A：すみません，質問が聞こえませんでした，ナカヤマ先生。
B：ちゃんと集中しなさい，アサコ。授業を聞いていないと学べませんよ！

**解説**　質問が聞こえなかったというA（＝生徒）に対し，B（＝教師）が注意をしている。選択肢の中で空所に入れて意味が通るのは，**4のpay attention**「注意する」のみ。授業などについて言うときは，「授業に集中する，授業をちゃんと聞く」の意味で使われる。shake hands「握手する」，make sense「意味をなす」，take turns「交代でする」。

## (13)　正解　4

**訳**　カリンビル行きの電車の線路に木が倒れていた。問題が解決されるまで，そこを行き来する乗客は，電車の代わりにバスを利用しなければならなかった。

**解説**　1文目より，線路への倒木で電車が動いていないと推測できる。乗客は電車以外の交通手段を利用することになるため，**4のin place**を入れて**in place of**「～の代わりに」とすると文意が通る。on behalf of「～の代理で，～を代表して」，for fear of「～を恐れて」，by way of「～を経由して」。

## (14)　正解　2

**訳**　A：すみません。私のスーツケースをお持ちだと思うのですが。
B：ああ，ごめんなさい！　誤って手に取ってしまったのでしょう。私のものにそっくりなので。

**解説**　Bは自分のスーツケースによく似たAのスーツケースを誤って取ったと推測できることから，**2のby mistake**「誤って」を入れると会話が成り立つ。at present「今のところ」，for nothing「見返りなしに」，with ease「容易に」。

## (15)　正解　2

**訳**　テツヤにはトッドというカナダ人の友人がいる。テツヤとトッドは少なくとも月に一度は互いに手紙を書く。

**解説**　選択肢に並ぶのはotherやanotherを含む語句。前後の内容より，「互いに」という意味の語句が入ると推測できる。選択肢の中でこれに当てはまるのは，**2のone another**。any other「その他の」，every other「1つおきの」，another one「もう1つ」。

## (16)　正解　1

**訳**　A：あなたの赤ちゃんが男の子か女の子かは，わかっているの？
B：いいえ，まだよ。最初の子が男の子なので，夫と私は女の子を期待しているわ。

**解説**　空所の直後がa girlで，文の後半にbecause our first child is a boy「最初の子が男の子なので」とあることから，夫妻は女の子が生まれてくることを望んでいると推測できる。よって，**1のhoping for**＜hope for「～を期待する」を入れると会話が成り立つ。take over「～を引き継ぐ」，put away「～を片付ける」，show off「～を見せびらかす」。

## (17) 正解 **2**

**訳** トムとヘレンは2人とも子犬を飼いたかったが，その名前について意見が合わなかった。トムはバディと呼びたがったが，ヘレンはマックスと呼びたがった。

**解説** 2文目より，子犬の名前について，2人の意見が異なっていることが分かる。よって，**2の** agree on「〜について合意する」を入れると文意が通る。pour out「流れ出る」，run over「〜を超える」，hold up「持続する」。

## (18) 正解 **2**

**訳** スミルノフ氏は，上司がオフィスに戻ってくるまでに，月次報告書を作成しなければならない。

**解説** 選択肢に並ぶのはcomeの様々な形。〈by the time＋主語＋動詞〜〉で「…が〜するまでに」の意味で，時・条件を表す副詞節の扱いなので，未来のことでも現在形で表す。主語が3人称単数なので，**2の** comes を入れると文意が通る。

## (19) 正解 **2**

**訳** 先日，ジェームズは自分が生まれた町に行った。最後に訪れてから数年が経ったが，町はあまり変わっていなかった。

**解説** 空所以降はthe town（＝場所）を説明していることから，場所を表す関係副詞である**2の** where が適切。

## (20) 正解 **3**

**訳** ポールの庭の木の上を，美しい青い鳥が飛んでいた。ポールは写真を撮りたいと思ったが，すぐに飛んで行ってしまった。

**解説** 選択肢に並ぶのは様々な前置詞。鳥が木の上を飛んでいるときなど，物に接していない状態で上にあることを表すのは，**3の** above。接している状態で「上に」というときは，onを使う。

---

## 2 一次試験・筆記
(問題編pp.37〜38)

## (21) 正解 **2**

**訳** Ａ：レストランはまだ営業していますか？
Ｂ：ええ，でもラストオーダーは10分前でした。
Ａ：ああ，残念！ 遅くまで仕事をしなければならなかったので，何も食べることができなかったんです。
Ｂ：通りの先にハンバーガーを売っている店がありますよ。24時間営業だと思います。

**選択肢の訳** **1** 2人用のテーブルしかない **2** ラストオーダーは10分前だった **3** 今日はシェフのここでの初日である **4** アイスクリームはなくなってしまった

**解説** レストランでの会話。2巡目でA（＝客）が残念がっていることから，レストランは営業中だが注文はできないと推測できる。よって，**2の** the last order was 10

7

minutes ago を入れると会話が成り立つ。

## (22) 正解 **2**

**訳** Ａ：やあ，ボブ。あれは新しいスケートボード？　本当にかっこいいね。

Ｂ：うん。駅の近くのデパートで買ったんだ。

Ａ：高かった？

Ｂ：そうでもないよ。スポーツとゲーム売場では，今月大きなセールをしているんだ。

**選択肢の訳** **1** 金の指輪　**2** 新しいスケートボード　**3** あなたの兄弟の車　**4** あなたの新しいお弁当箱

**解説** 空所の物について，値段が高かったかと聞かれたＢはこれを否定し，The sports and games department is having a big sale this month.「スポーツとゲーム売場では，今月大きなセールをしているんだ」と言っていることから，いずれかの売場で買えるものを選ぶ。つまり **2**の a new skateboard を入れると会話が成り立つ。

## (23) 正解 **1**

**訳** Ａ：すみません。ベッド用の新しい枕がほしいのですが。

Ｂ：かしこまりました。色々な種類を取り揃えております。どちらがよろしいですか？

Ａ：どうでしょうか。今持っているものは，首が痛くなります。

Ｂ：柔らかすぎるのかもしれませんね。こちらをお試しになって，お客様のものと同じくらい柔らかいかどうか教えてください。

**選択肢の訳** **1** ベッド用の新しい枕がほしい　**2** 新しいネックレスを買いたい　**3** 玄関ホールに新しいカーペットが必要である　**4** 新しい絵筆を探している

**解説** 店での会話。2巡目でＡ（＝客）がThe one I have now makes my neck hurt.「今持っているものは，首が痛くなります」と言っており，Ｂ（＝店員）がその柔らかさを確認していることから，**1**の want a new pillow for my bed を入れると会話が成り立つ。

## (24) 正解 **1**

**選択肢の訳** **1** パリのお店で　**2** オンラインのパン屋で　**3** 自分で作った　**4** 祖母が私に送ってくれた

**解説** 空所を含む発言の直後のやりとりより，Ａは家族でどこかを訪れ，そのときにクッキーを買ったと分かる。選択肢の中で空所に入れて会話が成り立つのは，**1**の At a shop in Paris のみ。

## (25) 正解 **2**

**選択肢の訳** **1** 席はあとわずかしか残っていない　**2** 見るべきいくつかのすばらしい場所　**3** 6つの異なるフレーバー　**4** いくつかの作り方

**解説** ＡはＢにパリに行くべきだと言っている。Ｂがそこにあるものとして，the museums and palaces「美術館や宮殿」を挙げていることから，**2**の some great places to see を入れると，会話が成り立つ。

(24)(25) **訳**

Ａ：このクッキーを1つどう？

Ｂ：うん，ちょうだい。とてもかわいいね！　どこで手に入れたの？

Ａ：パリのお店よ。

Ｂ：君がそこを訪れていたなんて知らなかった。

Ａ：ええ。家族と私はそこへ１週間行ったの。私たちは昨夜ロンドンに戻ったのよ。

Ｂ：いつかそこに行けたらいいのになあ。

Ａ：行くべきよ。見るべきすばらしい場所がいくつもあるわ。

Ｂ：知ってるよ。そこの美術館や宮殿についてのテレビ番組を見たんだ。

# 3[A] 一次試験・筆記
(問題編p.39)

**Key to Reading** ゲーム部に入る前と入った後の，スティーブンの気持ちや行動の変化を読み取りながら，空所に入る語句を特定しよう。

**訳** スティーブンの新しい学校

スティーブンの家族は最近新しい都市に引っ越したので，スティーブンは転校しなければならなかった。新しい学校には知り合いはだれもおらず，彼は毎日孤独を感じていた。彼は両親に自分の問題について話した。スティーブンの母親は，すぐに新しい友達ができるだろうと言い，父親は新しい学校のクラブに参加することを提案した。しかし，スティーブンはスポーツ，音楽，アートが好きではなかったので，何をすればよいのか分からなかった。

ある日，スティーブンは学校で，ゲームクラブのポスターを目にした。メンバーは週に３回集まり，ボードゲームやカードゲームをするのだった。スティーブンはゲームをするのが大好きだったので，入部した。メンバーはとても親切で，スティーブンはすぐに友達になった。最近，スティーブンは自分のゲームを作ろうと決意した。彼はルールやゲームに必要な他の物を作るために，一生懸命取り組んでいる。準備ができたら，クラブの他のメンバーと一緒にやってみるつもりである。

## (26) 正解 **4**

**選択肢の訳** **1** 数冊の本を読んだ　**2** 長い手紙を書いた　**3** 医者に診てもらった
**4** 両親に話した

**解説** 第１段落は，転校をしたスティーブンが，友達ができずに悩んでいる様子について書かれている。空所を含む文の直後に，スティーブンの両親が彼にどんな助言をしたかが書かれていることから，スティーブンは自分の抱える問題を両親に相談したと推測できる。よって，**4**のtalked to his parentsが適切。

## (27) 正解 **1**

**選択肢の訳** **1** 自分のゲームを作る　**2** 別のクラブに参加する　**3** また転校する
**4** もっと運動をする

**解説** 第２段落は，学校のゲームクラブに入ってからのスティーブンの様子について書かれている。空所を含む文の直後に，He has been working hard to make the rules and the other things he will need for the game.「彼はルールやゲームに必要な他の物を作るために，一生懸命取り組んでいる」とあることから，スティーブンは自分でゲームを作ろうとしていると推測できる。よって，**1**のcreate his own gameが適切。

9

**Key to Reading** 第1段落：導入（コミュニケーション手段の変化）→第2段落：本論①（グリーティングカードを送る意味）→第3段落：本論②（インターネットとグリーティングカードの関係）の3段落構成の説明文。

**訳** グリーティングカードの復活

20世紀の間，誕生日やその他の特別な機会に，人々は友人や家族に紙のグリーティングカードをよく送った。グリーティングカードは通常，表に絵があり，中にメッセージが書かれている。しかし1990年代になると，人々はオンラインでコミュニケーションをとり始めた。電子メールやソーシャルメディアを通じて電子メッセージを送信する方が，紙のグリーティングカードを送るよりも早くて簡単である。また，ほとんどのグリーティングカードは捨てられてしまう。これにより，大量のゴミが発生する。その結果，環境により良いという考えから，オンラインでのコミュニケーションを好む人もいる。

数年間，アメリカでのグリーティングカードの売上は減少した。しかし最近では，若者がグリーティングカードに興味を持つようになっている。彼らの多くは，オンラインでメッセージを送るのは簡単すぎると考えている。グリーティングカードを人に送るには，より手間がかかる。それは，相手のことを本当に大切に思っていることを示している。このため，アメリカ人は今でも毎年約65億枚のグリーティングカードを購入している。

インターネットはグリーティングカードの売上に悪影響を与えるのではないかと，かつては考えられていたが，実際には，一役買っているのかもしれない。なぜなら，ソーシャルメディアを利用する人は，イベントを思い出させられることが多いからである。例えば，友人の1人がもうすぐ誕生日や結婚記念日を迎えることを伝えるメッセージが，彼らに送られるかもしれない。その結果，彼らはグリーティングカードを購入して友人に送ることを思い出すのである。

## (28) 正解 **2**

**選択肢の訳** **1** 個人的な会話をしやすい **2** 環境により良い **3** 多くの雇用を生み出す **4** 新しくワクワクする

**解説** グリーティングカードから電子メッセージへの移り変わりについて説明している段落。空所には，オンラインでのコミュニケーションを好む人が増えた理由が入る。空所を含む文の直前2文に… most greeting cards are thrown away. This creates a lot of trash.「…ほとんどのグリーティングカードは捨てられてしまう。これにより，大量のゴミが発生する」とある。一方，電子メッセージはゴミにならないことから，**2の** better for the environmentが適切。

## (29) 正解 **1**

**選択肢の訳** **1** より手間がかかる **2** 問題を引き起こす **3** いつでも可能ではない **4** 何も変えないかもしれない

**解説** 人々がグリーティングカードを送る意味について説明している段落。空所を含む文の直前に，最近の若者の考えとして，オンラインでメッセージを送ることはtoo easy「簡

※2024年度第1回から，試験形式の変更に伴い大問3の[B](28)〜(30)が削除されます。

単すぎる」とある。グリーティングカードはその逆を行くので，**1**の**takes more effort**を入れると，文脈が通る。

## (30)　正解　**3**

**選択肢の訳**　**1**　ゲームに誘われる　**2**　食べ物の写真を送られる　**3**　イベントを思い出させられる　**4**　広告を見せられる

**解説**　インターネットとグリーティングカードの関係について説明している段落。空所の直後にソーシャルメディアを利用する人の例として，they may be sent a message to tell them that one of their friends has a birthday or wedding anniversary soon「友人の1人がもうすぐ誕生日や結婚記念日を迎えることを伝えるメッセージが，彼らに送られるかもしれない」とある。その結果，彼らはグリーティングカードを送る。つまり，インターネットのおかげでグリーティングカードを送るタイミングを知ることができるということ。よって，**3**の**reminded about events**が適切。

---

# 4[A]　一次試験・筆記
(問題編pp.42〜43)

**Key to Reading**　ヘンリーが孫のピーターに送ったメール。①来週の訪問（→第1段落），②滞在中の計画1：キャンプと釣り（→第2段落），③滞在中の計画2：野球（→第3段落）が読み取りのポイント。

**訳**　差出人：ヘンリー・ロビンズ<h-g-robbins@oldmail.com>
宛先：ピーター・ロビンズ<peter1512@whichmail.com>
日付：10月8日
件名：私の訪問
親愛なるピーター，
来週また会えるのを，とても心待ちにしています。前回訪ねたときはとても素晴らしい1週間を過ごしたね。もう12か月も経ったなんて信じられない。今回は1か月間滞在できるのでうれしいよ。一緒にする楽しいことをたくさん計画しているよ。妹にも，また一緒に遊べるのを楽しみにしていると伝えておくれ。
ミラー湖のほとりでキャンプができると思ったんだが。湖で釣りをしてみるのもいいかもしれない。これまでに釣りをしたことはあるかい？　君のお父さんが子供の頃，私は何度も彼を釣りに連れて行ったんだよ。とてもリラックスできるけれど，何かを釣りたいなら，準備して素早く動かないといけないんだ。上手な釣り人になるためのコツを，たくさん教えてあげるよ。
一緒に野球の試合を見に行こうかとも思ったよ。私の家の近くにはプロチームがないので，長い間大きな野球の試合には行っていないんだ。君のお父さんが，君が数カ月前に町の野球チームに入団したと私に言っていた。どんな様子だい？　もしよかったら，公園に行って，投げたり，捕ったり，打ったりする練習をしてもいいね。
とにかく，また近いうちに。
愛を込めて，
おじいちゃん

## (31) 正解 **2**

**質問の訳** おじいちゃんがピーターに対して言っていることの1つは何ですか。

**選択肢の訳** **1** 彼が1週間以上滞在することは不可能である。 **2** 彼が最後にピーターを訪ねてから1年が経った。 **3** 彼はピーターの妹に初めて会うのが待ちきれない。 **4** 彼は約1か月後にピーターの家を訪れる予定である。

**解説** メール文第1段落に関する問題。前回の訪問について，3文目に I can't believe it's been 12 months already.「もう12か月も経ったなんて信じられない」とあることから，**2**の It has been a year since he last visited Peter. が正解。

## (32) 正解 **2**

**文の訳** おじいちゃんはピーターに，～とたずねています。

**選択肢の訳** **1** 早く走れるかどうか。 **2** 釣りに行ったことがあるか。 **3** 何か手品のやり方を知っているかどうか。 **4** 以前にキャンプに行ったことがあるか。

**解説** メール文第2段落に関する問題。3文目に Have you ever been fishing before?「これまでに釣りをしたことはあるかい？」とあることから，**2**の whether he has ever gone fishing. が正解。whether, if はいずれも「～かどうか」の意味。

## (33) 正解 **1**

**質問の訳** ピーターは最近何を始めましたか。

**選択肢の訳** **1** 地元のスポーツチームでプレーすること。 **2** プロ野球の試合に行くこと。 **3** 彼の妹を公園に遊びに連れて行くこと。 **4** 学校で歴史について学ぶこと。

**解説** メール文第3段落に関する問題。3文目に Your dad told me that you joined a baseball team in your town a few months ago.「君のお父さんが，君が数カ月前に町の野球チームに入団したと私に言っていた」とある。a baseball team in your town ＝ a local sports team であることから，**1**の Playing for a local sports team. が正解。

---

# 4[B]  一次試験・筆記
(問題編pp.44～45)

---

**Key to Reading** 第1段落：導入（ドライブインシアターの誕生）→第2段落：本論①（ドライブインシアターブームの到来）→第3段落：本論②（ドライブインシアターの問題）→第4段落：結論（ドライブインシアターの衰退）の4段落構成の説明文。

**訳** ドライブインシアター

リチャード・ホリングスヘッドはアメリカの実業家であった。彼の母親は映画が大好きだったが，映画館の硬い座席が好きではなかった。ホリングスヘッドは，自分の車の柔らかいシートに座りながら映画を見られたら，彼女はもっと快適なのではないかと考えた。彼は，自宅の庭にスクリーンとスピーカーを設置し，家族や近所の人たちを招待し，自分の新しいビジネスのアイデアであるドライブインシアターを試してもらった。

ホリングスヘッドは1933年，より大きなドライブインシアターをオープンしたが，それではあまりお金を儲けることができなかった。しかし，他の人が彼のアイデアを真似し，

ドライブインシアターはすぐに，特に小さな子供連れの人々の間で人気になった。理由の１つは，子供たちが周りに迷惑をかけずに走り回ったり，大声を出したりできることだった。一部のドライブインシアターには遊び場がついており，子供たちは映画の開始を待つ間，楽しむことができた。

当初これらのシアターには，スクリーンの近くに大きなスピーカーが設置されていた。音響が良くなかったので，各車両のそばにスピーカーを設置しているシアターもあった。しかし，ドライブインシアターには別の問題もあった。１つは，ドライブインシアターでは夕方，暗くなってからしか映画を上映できなかったことである。また，映画会社は屋内の映画館からより多くの収益を得ていたため，最上の映画をドライブインシアターで上映させない映画会社も多かった。ドライブインシアターでは，古い映画やあまり人気のない映画を上映せざるを得ないこともよくあった。

1970年代，人々がビデオを借りて自宅で見ることができるようになったため，多くのドライブインシアターが閉鎖された。また，多くのドライブインシアターは大きな町や都市の近郊にあった。企業は，その土地に新しい家を建てるためにシアターをほしがった。それらは所有者に多額の資金を提供し，多くの所有者はシアターを売却することを決めた。1960年頃，アメリカには4000を超えるドライブインシアターがあったが，現在では，数百が残るのみとなっている。

## (34)　正解　**4**

**質問の訳**　リチャード・ホリングスヘッドの母親について分かることの１つは何ですか。

**選択肢の訳**　**1**　庭にドライブインシアターを作った。　**2**　映画を見て車の運転方法を学んだ。　**3**　家族や近所の人たちのためによくパーティーを開いた。　**4**　映画館の座席は快適ではないと思っていた。

**解説**　第１段落に関する問題。リチャード・ホリングスヘッドの母親について，２文目に she did not like the hard seats in movie theaters「彼女は映画館の硬い座席が好きではなかった」とあることから，**4** の She thought movie theater seats were not comfortable. が正解。

## (35)　正解　**2**

**文の訳**　ドライブインシアターが人気になった理由の１つは，〜ことであった。

**選択肢の訳**　**1**　子供連れの家族に特別割引を提供した。　**2**　子供が騒いでも親が心配する必要がなかった。　**3**　屋内の映画館のほとんどが子供向けの映画を上映していなかった。　**4**　その多くが子供の遊び場のある公園の近くに設置された。

**解説**　第２段落に関する問題。ドライブインシアターが子供連れの人々の間で人気になった理由の１つとして，３文目に the children could run around and shout without bothering other people「子供たちが周りに迷惑をかけずに走り回ったり，大声を出したりできることだった」とあることから，**2** の parents did not have to worry if their children were noisy. が正解。

## (36)　正解　**3**

**文の訳**　ドライブインシアターでは，一部の映画は〜ために，上映されなかった。

**選択肢の訳**　**1**　夜暗すぎて簡単に映画を見ることができなかった。　**2**　映画の音響が

十分良くなかった。　**3**　映画会社が屋内の映画館でより多くの収益を得ていた。
**4**　屋内の映画館で人気がなかった。

**解説**　第3段落に関する問題。ドライブインシアターの問題として，5文目にmovie companies got more money from indoor theaters, so many of them did not let drive-in movie theaters show their best movies「映画会社は屋内の映画館からより多くの収益を得ていたため，最上の映画をドライブインシアターで上映させない映画会社も多かった」とあることから，**3**のmovie companies made more money from indoor theaters.が正解。

## (37)　正解　**1**

**質問の訳**　なぜドライブインシアターの所有者の多くは，シアターを売却しましたか。

**選択肢の訳**　**1**　企業が土地代として多額のお金を支払うと申し出た。　**2**　シアターが大きな町や都市から遠すぎた。　**3**　人々がビデオを借りられる店を開きたいと考えた。
**4**　人々が自分たちの庭にドライブインシアターを作り始めた。

**解説**　第4段落に関する問題。ドライブインシアターの土地を宅地にしたいと考えた企業について，4文目にThey offered the owners a lot of money, and many owners decided to sell their theaters.「それら（＝企業）は所有者に多額の資金を提供し，多くの所有者はシアターを売却することを決めた」とあることから，**1**のCompanies offered to pay them a lot of money for their land.が正解。

---

## 5 一次試験・筆記
(問題編p.46)

**QUESTIONの訳**　あなたは，学生が夏休みのための学習計画を立てるのは良いことだと思いますか。

**解答例**　Yes, I think so.  First, students can clearly understand what to do during the summer vacations.  They can make the best use of their time.  Second, they can start studying on their own without being forced.  They can study more efficiently and remember better with study plans.  Therefore, I think it is good for students to make study plans.

**解答例の訳**　はい，私はそう思います。第一に，学生は夏休み中に何をすべきなのかを明確に理解することができます。彼らは時間を最大限に活用することができます。第二に，彼らは強制されずに自分から勉強を始めることができます。学習計画を立てれば，より効率的に勉強することができ，より頭に入れることができます。従って，私は，学生が学習計画を立てるのは良いと思います。

**解説**　解答例ではYes, I think so.と述べて最初に自分が賛成の立場であることを明らかにし，その理由を2つの視点から述べている。まず，Firstとして，①自分のすべきことを理解することで，時間を最大限に活用できることを挙げ，さらにSecondと続けて，②自発的に勉強すれば，より効率的に勉強することができることを挙げている。make the best us of 〜は「〜を最大限に活用する」の意味。

※2024年度第1回から，大問5にEメールへの返信を書く問題が加わります。

## 第1部 一次試験・リスニング
(問題編p.47)

〔例題〕 *A:* Would you like to play tennis with me after school, Peter? *B:* I can't, Jane. I have to go straight home. *A:* How about tomorrow, then?
**1** We can go today after school. **2** I don't have time today.
**3** That will be fine. 〔正解 **3**〕

### *No.1* 正解 **1**

放送文 *A:* Billy, have you given the dog a bath yet? *B:* Not yet, Mom. My favorite TV show is on. *A:* Billy, you've been watching TV all day. Go outside and wash the dog now!
**1** OK, Mom. I'll do it right away. **2** OK, Mom. I'll get the dog food now.
**3** OK, Mom. I'll watch my show, then.

訳 Ａ：ビリー，もうイヌをお風呂に入れてあげたの？ Ｂ：まだだよ，お母さん。大好きなテレビ番組が放送中なんだ。 Ａ：ビリー，あなたは１日中テレビを見ているじゃない。今すぐ外に出てイヌを洗ってあげなさい！

選択肢の訳 **1** 分かったよ，お母さん。すぐにやるよ。 **2** 分かったよ，お母さん。すぐにドッグフードを取ってくるよ。 **3** 分かったよ，お母さん。じゃあぼくの番組を見るよ。

解説 親子の会話。テレビを見ているＢ（＝息子）に，Ａ（＝母親）がGo outside and wash the dog now!「すぐ外に出てイヌを洗ってあげなさい！」と叱っていることから，素直に従う**1**を入れると会話が成り立つ。

### *No.2* 正解 **2**

放送文 *A:* Welcome to ExpressMart. Can I help you? *B:* Yes, I'm looking for Battle Masters playing cards. Do you sell them? *A:* Well, we're sold out now, but we should get more tomorrow.
**1** Hmm. I only play Battle Masters. **2** OK. I'll come back then. **3** No. Two packs would be fine.

訳 Ａ：エクスプレスマートへようこそ。お手伝いしましょうか？ Ｂ：はい，バトルマスターズのトランプを探しています。置いてますか？ Ａ：そうですね，今は売り切れていますが，明日はもっと入荷するはずです。

選択肢の訳 **1** うーん。バトルマスターズしかやりません。 **2** 分かりました。その時にまた来ます。 **3** いいえ，２箱で大丈夫です。

解説 店での会話。トランプを探しているＢ（＝客）に，Ａ（＝店員）がwe're sold out now, but we should get more tomorrow「今は売り切れていますが，明日はもっと入荷するはずです」と言っていることから，また来ることを伝える**2**を入れると会話が成り立つ。

## *No.3*　正解　**1**

**放送文**　*A:* Excuse me, ma'am.　Is this the way to Shackleford Dance Hall?　*B:* No, sir.　You're on the wrong street.　You need to use Beverly Lane.　*A:* How do I get there?

**1**　Take the next street on the right.　**2**　Your car needs to be repaired.
**3**　There are two dance halls in town.

**訳**　A：すみません。これはシャックルフォード・ダンスホールへの道ですか？　B：いいえ。あなたは違う通りにいます。ビバリー通りに行く必要があります。　A：そこへはどうやって行けますか？

**選択肢の訳**　**1**　次の通りを右に曲がります。　**2**　あなたの車は修理する必要があります。　**3**　町にはダンスホールが2カ所あります。

**解説**　道案内の会話。Bが示したビバリー通りについて，AがHow do I get there?「そこへはどうやって行けますか？」とたずねていることから，行き方を伝える**1**を入れると会話が成り立つ。

## *No.4*　正解　**3**

**放送文**　*A:* Hi, Andrew, are you going to the party on Saturday?　*B:* I wasn't invited to it.　I'm going to a movie instead.　*A:* Oh, that sounds fun.　What kind of movies do you like?

**1**　I haven't seen a movie this month.　**2**　I think the party starts at 6 p.m.
**3**　I usually watch scary ones.

**訳**　A：ねえ，アンドリュー，土曜日のパーティーには行くの？　B：招待されてないよ。代わりに映画に行くつもりだよ。　A：ああ，それは楽しそうね。どんな映画が好きなの？

**選択肢の訳**　**1**　今月は映画を見ていないよ。　**2**　パーティーは午後6時に始まると思うよ。　**3**　たいてい怖いものを見るよ。

**解説**　映画を見に行くと言うB（＝Andrew）に，AはWhat kind of movies do you like?「どんな映画が好きなの？」とたずねていることから，映画のジャンルを答える**3**を入れると会話が成り立つ。

## *No.5*　正解　**2**

**放送文**　*A:* Hello, this is Dora with XYT Internet Services.　Is this Mr. James?
*B:* Yes, but I already have an Internet service for my computer.　*A:* Well, are you interested in hearing about our new high-speed Internet service?

**1**　No. I can ask him later.　**2**　Sure.　Please tell me more.　**3**　Actually, I have too many computers.

**訳**　A：もしもし，XYTインターネットサービスのドラです。ジェームズさんですか？　B：はい，でも私のコンピュータにはすでにインターネットサービスが入っています。　A：あの，当社の新しい高速インターネットサービスについてお聞きになりたいですか？

**選択肢の訳**　**1**　いいえ。あとで彼にたずねます。　**2**　はい。もっと教えてください。　**3**　実はパソコンが多すぎるんです。

**解説**　電話での会話。B（＝Mr. James）に，インターネットサービス会社のA（＝

Dora）は are you interested in hearing about our new high-speed Internet service?「当社の新しい高速インターネットサービスについてお聞きになりたいですか？」とたずねていることから，興味を示す**2**を入れると会話が成り立つ。

## No.6　正解　1

**放送文**　*A:* Hi, Carl.　How was your trip to North Carolina?　*B:* It was wonderful! We spent some time on the beach.　*A:* Did you see any sea animals?　**1**　Yes.　We saw many kinds of fish.　**2**　Yes.　We brought our dog.　**3**　Yes. The food was very good.

**訳**　A：ねえ，カール。ノースカロライナ州への旅行はどうだった？　B：素晴らしかったよ！　ぼくたちはビーチでしばらく時間を過ごしたんだ。　A：海の動物を何か見た？

**選択肢の訳**　**1**　うん。ぼくたちはたくさんの種類の魚を見たよ。　**2**　うん。ぼくたちはイヌを連れて行ったよ。　**3**　うん。食事はとてもおいしかったよ。

**解説**　旅行中ビーチで過ごしたと言うB（＝Carl）に，AはDid you see any sea animals?「海の動物を何か見た？」とたずねている。選択肢の中で海の動物（＝fish）について答えているのは，**1**のみ。

## No.7　正解　3

**放送文**　*A:* Hi.　I'm looking for something to read.　Can you help me?　*B:* Yes. What type of book are you interested in reading?　*A:* I want to read a book about international sports.　**1**　No. This is my first day at this job.　**2**　Sorry.　We only have movies here.　**3**　I see.　We should have some on this shelf.

**訳**　A：すみません。読むものを探しています。手伝ってもらえますか？　B：はい。どのような種類の本を読むのに興味がありますか？　A：国際的なスポーツに関する本を読みたいです。

**選択肢の訳**　**1**　いいえ。今日がこの仕事の初日です。　**2**　申し訳ございません。ここには映画しかありません。　**3**　分かりました。こちらの棚にいくつかあるはずです。

**解説**　興味のある本のジャンルをたずねられたAがI want to read a book about international sports.「国際的なスポーツに関する本を読みたいです」と答えているので，本がある場所を示す**3**を入れると会話が成り立つ。

## No.8　正解　3

**放送文**　*A:* Hello.　*B:* Hi, Daniel.　It's Mary.　Do you want to come over for a barbecue this weekend?　*A:* Well, my sister will be back from college then.　Can she come, too?　**1**　No. I've never been to college.　**2**　Well, I don't really like movies.　**3**　Sure. There will be a lot to eat.

**訳**　A：もしもし。　B：もしもし，ダニエル。メアリーよ。今週末，バーベキューをしに来ない？　A：ええと，その時には妹が大学から戻ってくるんだ。彼女も行っていいかな？

**選択肢の訳**　**1**　いいえ。私は大学に行ったことはないの。　**2**　ええと，私は映画があ

まり好きではないの。 **3** もちろん。食べるものはたくさんあるわ。

**解説** 電話での会話。バーベキューに誘われたA（＝Daniel）がCan she come, too?「彼女（＝妹）も行っていいかな？」とたずねていることから，「もちろん」と承諾する**3**を入れると会話が成り立つ。

## No.9 正解 **2**

**放送文** *A:* Joe, what do you want for your birthday? *B:* I really want a new bike, Aunt Becky! *A:* Well, I hope you get what you want.

**1** Yeah. My bicycle has red wheels. **2** Yeah. My old bicycle is too small.
**3** Yeah. I don't like riding by myself.

**訳** Ａ：ジョー，誕生日に何がほしい？ Ｂ：新しい自転車がすごくほしいんだ，ベッキーおばさん！ Ａ：なるほど，ほしいものが手に入るといいわね。

**選択肢の訳** **1** うん。ぼくの自転車は赤い車輪なんだ。 **2** うん。ぼくの古い自転車は小さすぎるんだ。 **3** うん。ぼくは１人で乗るのが好きではないんだ。

**解説** Ｂ（＝Joe）は誕生日に新しい自転車をほしがっていることから，古い自転車について説明する**2**を入れると会話が成り立つ。

## No.10 正解 **3**

**放送文** *A:* Welcome to Beaverton Library. *B:* Hello. I'm looking for books about France for a history report I'm writing. *A:* Our history section is on the second floor. I'm sure you'll find something useful.

**1** Thank you. I'll come back tomorrow, then. **2** Thank you. I'll try that library. **3** Thank you. I'll go there now.

**訳** Ａ：ビーバートン図書館へようこそ。 Ｂ：こんにちは。ぼくが書いている歴史のレポート用に，フランスに関する本を探しているのですが。 Ａ：当館の歴史セクションは２階にあります。きっと役立つものが見つかると思いますよ。

**選択肢の訳** **1** ありがとうございます。では，明日また来ます。 **2** ありがとうございます。その図書館へ行ってみます。 **3** ありがとうございます。今からそこに行きます。

**解説** フランスの歴史について調べたがっているＢに，ＡがOur history section is on the second floor.「当館の歴史セクションは２階にあります」と案内していることから，そこへ向かうことを伝える**3**を入れると会話が成り立つ。

## 第2部 一次試験・リスニング
（問題編pp.47〜49）

## No.11 正解 **1**

**放送文** *A:* I went to a great steak restaurant last night, John. *B:* What's it called? My wife loves steak, so maybe I'll take her there. *A:* It's called Eddie's Steakhouse. It's really popular—there were a lot of people there. I'll send you an e-mail with a link to their website. *B:* That sounds great. Thanks.
*Question:* What is one thing the woman says about the restaurant?

訳　A：昨夜，素晴らしいステーキレストランに行ったの，ジョン。　B：それは何という所？　妻はステーキが大好きなので，そこへ連れて行ってあげるかも。　A：エディーズ・ステーキハウスという所よ。本当に人気があって，たくさんの人がいたわ。ウェブサイトへのリンクを付けたEメールを送るわね。　B：それは素晴らしい。ありがとう。

質問の訳　その女性がレストランについて言っていることの1つは何ですか。

選択肢の訳　**1** 客が多い。　**2** 昨夜閉店した。　**3** ステーキを出していない。　**4** ウェブサイトがない。

解説　ステーキレストランへ行ったAが2巡目でthere were a lot of people there「たくさんの人がいたわ」と言っていることから，**1**が正解。

## No.12 正解 **3**

放送文　*A:* Hey, Jennifer.  What are you making?  Is that beef stew?  *B:* No, Hiroshi, it's called gumbo.  It looks like beef stew, but it tastes different.  It's mostly made of rice, seafood, and sausage.  It's really popular in the state where I'm from, Louisiana.  Gumbo was first made there.  *A:* Wow.  Is it spicy?  *B:* Sometimes it is.  I usually don't make it spicy, but some people like it that way.
*Question:* What is the woman doing?

訳　A：やあ，ジェニファー。何を作っているの？　ビーフシチューかな？　B：いいえ，ヒロシ，これはガンボと呼ばれるものよ。見た目はビーフシチューに似ているけど，味は違うの。主に米，魚介類，ソーセージで作られているの。私の出身地であるルイジアナ州ではとても人気があるの。ガンボはそこで初めて作られたの。　A：わあ。それは辛い？　B：辛いこともあるわね。私は普段は辛くしないけれど，辛くするのが好きな人もいるわ。

質問の訳　女性は何をしていますか。

選択肢の訳　**1** スーパーに行く準備をしている。　**2** 日本のレシピを試している。　**3** 故郷の料理を作っている。　**4** ビーフシチューの作り方を習っている。

解説　1巡目のB（＝Jennifer）の発言より，彼女はガンボと呼ばれる料理を作っており，これについてIt's really popular in the state where I'm from, Louisiana.「私の出身地であるルイジアナ州ではとても人気があるわ」と言っていることから，**3**が正解。

## No.13 正解 **1**

放送文　*A:* Hello.  *B:* Hi.  This is Karen Stepford.  Is Billy home?  *A:* Hi, Karen.  Billy's not home from his karate class yet.  *B:* Oh.  Well, I want to ask Billy a question about a math problem that I'm having trouble with.  Could you ask him to call me?  *A:* Sure.  He should be back before dinnertime.  I'll let him know you called.
*Question:* Why is the girl making the phone call?

訳　A：もしもし。　B：もしもし。カレン・ステップフォードです。ビリーはご在宅ですか？　A：こんにちは，カレン。ビリーは空手のクラスからまだ帰っていないんだ。　B：あら。ええと，私が苦労している数学の問題について，ビリーに質問したいのですが。彼に私に電話してくれるように頼んでもらえますか？　A：いいよ。彼は夕食の時間までには戻ってくるはずだ。君が電話をくれたことを彼に伝えるよ。

質問の訳　少女はなぜ電話をかけていますか。

**1** 学校の勉強で助けが必要である。 **2** 夕食に間に合わない。 **3** 今日数学の授業にいなかった。 **4** 空手を習い始めたいと思っている。

**解説** 電話での会話。2巡目でB（= Karen）がI want to ask Billy a question about a math problem that I'm having trouble with「私が苦労している数学の問題について，ビリーに質問したい」と言っていることから，**1**が正解。

## No.14　正解　**2**

**放送文** *A:* Good afternoon. I'd like to sell my old computer. How much would you give me for it? *B:* Let me see. Hmm. To be honest, ma'am, I can't give you very much. *A:* Why not? It's in good shape—I haven't used it much. *B:* It looks good, but it's just too old. It won't run any of the software that's for sale now.

*Question:* What is one reason the man won't pay much money for the computer?

**訳** A：こんにちは。古いコンピュータを売りたいのですが。これならいくらくらいもらえますか？　B：見てみましょう。うーん。正直に言うと，あまり多くはお支払いすることができません。　A：どうしてですか？　あまり使っていないので，状態は良いのに。B：見た目は良さそうですが，単に古すぎるのです。現在販売されているソフトウェアはどれも実行できません。

**質問の訳** 男性がコンピュータにあまりお金を払えない理由の1つは何ですか。

**選択肢の訳** **1** 故障しているように見える。 **2** 古いソフトウェアしか使えない。
**3** 多くの人に使われている。 **4** あまり古くない。

**解説** Aが売ろうとしているコンピュータについて，2巡目でB（=店員）がIt won't run any of the software that's for sale now.「現在販売されているソフトウェアはどれも実行できません」と言っていることから，**2**が正解。

## No.15　正解　**4**

**放送文** *A:* Hello. I am looking for someone who can help me. *B:* I'm Fred Davis. I own this jewelry store. How can I help you? *A:* I see you also fix jewelry. I have a watch that is broken. *B:* Yes, we can fix rings, earrings, necklaces, and most watches. I can probably fix that for you. May I see it?

*Question:* Why did the woman go to the jewelry store?

**訳** A：こんにちは。どなたか力を貸して下さる方を探しているのですが。　B：私はフレッド・デイビスです。この宝石店を経営しております。どうされましたか？　A：宝石の修理もしているんですね。壊れた時計があるのですが。　B：はい，指輪，イヤリング，ネックレス，そしてほとんどの時計を修理できます。恐らくそちらも修理できるでしょう。見せていただけますか？

**質問の訳** なぜ女性は宝石店に行きましたか。

**選択肢の訳** **1** 指輪を返品するため。 **2** 店の経営者に会うため。 **3** イヤリングを買うため。 **4** 時計を修理してもらうため。

**解説** 宝石店での会話。2巡目でA（=客）がI have a watch that is broken.「壊れた時計があるのですが」と言っていることから，**4**が正解。

## No.16　正解　1

**放送文**　*A:* Mom, do we have any dinner plans tomorrow night?　*B:* I am going to make pasta, Dean. Why?　*A:* Could I invite Cory to eat with us?　*B:* Sure. I can make enough for everyone. We can all watch a movie after we eat, too.

*Question:* What does the boy want to do?

**訳**　A：お母さん，明日の夜の夕食の予定は何かある？　B：パスタを作るつもりよ，ディーン。どうして？　A：コーリーを一緒に食事に誘ってもいい？　B：もちろん。みんなに十分な量を作れるわよ。食事の後はみんなで映画を見るのもいいわね。

**質問の訳**　その少年は何をしたいと思っていますか。

**選択肢の訳**　**1** 友達を夕食に招待する。　**2** 家を出る前に夕食を食べる。　**3** 母親のためにパスタを作る。　**4** 映画を見に映画館に行く。

**解説**　明日の夕食について，2巡目でA（＝少年）がCould I invite Cory to eat with us?「コーリーを一緒に食事に誘ってもいい？」とたずねていることから，**1**が正解。

## No.17　正解　3

**放送文**　*A:* Hello. Do you make any coffee drinks without milk here?　*B:* Yes, they are listed on this board with our special drinks.　*A:* Thanks. Wow, these all look so good! Which one is your favorite?　*B:* I like them all, but the Italian Roast is my favorite.

*Question:* What does the woman ask the man?

**訳**　A：すみません。ここではミルクなしのコーヒーを入れていますか？　B：はい，スペシャルドリンクと一緒にこのボードに載っています。　A：ありがとう。わあ，どれもとてもいい感じですね！　あなたのお気に入りは？　B：どれも好きですが，イタリアンローストが私のお気に入りです。

**質問の訳**　女性は男性に何をたずねて［頼んで］いますか。

**選択肢の訳**　**1** 彼女に飲み物の値段を教えること。　**2** チョコレートを使った飲み物はどれか。　**3** ミルクなしのコーヒーについて。　**4** ドリンクをどのように入れているか。

**解説**　店での会話。1巡目でA（＝客）がDo you make any coffee drinks without milk here?「ここではミルクなしのコーヒーを入れていますか？」とたずねており，Bがそれについて説明していることから，**3**が正解。

## No.18　正解　2

**放送文**　*A:* How did you do on the science test this morning, Gloria?　*B:* Not so well. I'm worried that I did very poorly, actually.　*A:* Really? But you always do well in science. Didn't you study for it?　*B:* I did, but I couldn't sleep last night. I had trouble concentrating on some of the problems.

*Question:* What is one thing we learn about the girl?

**訳**　A：今朝の理科のテストはどうだった，グロリア？　B：あまり良くなかったわ。実際のところ，すごくひどかったんじゃないかと不安なの。　A：本当に？　でも，君はいつでも理科の成績が良いじゃないか。勉強しなかったの？　B：したけど，昨夜は眠れ

なかったの。いくつかの問題は集中するのに苦労したわ。

**質問の訳** この少女について分かることの1つは何ですか。

**選択肢の訳** **1** 理科のテスト勉強をしなかった。　**2** 昨夜よく眠れなかった。
**3** 宿題をする時間がない。　**4** 理科で良い成績を取れない。

**解説** 理科のテストの出来が悪かったことについて，2巡目でB（＝少女）がI couldn't sleep last night「昨夜は眠れなかったの」と言っていることから，**2**が正解。

## No.19 正解 **4**

**放送文** *A:* Hello. *B:* Hello. I'd like to order two large pizzas and some spicy chicken wings for delivery, please. *A:* Sorry, but you must have made a mistake. This is a private phone number, not a restaurant. *B:* Do you mean this isn't Willy's Pizza? *A:* No, it's not. Goodbye.

*Question:* What do we learn about the man?

**訳** A：もしもし。　B：もしもし。Lサイズのピザ2枚とスパイシーチキンウィングスをデリバリーでお願いしたいのですが。　A：すみませんが，お間違えのようです。こちらはレストランではなく個人の電話番号です。　B：ウィリーズ・ピザではないということですか？　A：ええ，違います。それでは。

**質問の訳** 男性について分かることは何ですか。

**選択肢の訳** **1** 今夜働くことができない。　**2** ピザが好きではない　**3** 注文をキャンセルした。　**4** 違う番号に電話をかけた。

**解説** 電話での会話。ピザの注文をするB（＝男性）にAが2巡目で，This is a private phone number, not a restaurant.「こちらはレストランではなく個人の電話番号です」と言っていることから，**4**が正解。

## No.20 正解 **2**

**放送文** *A:* Mom, where's my blue shirt with the green stripes? *B:* I don't know, Ben. I haven't seen it. *A:* I saw it in my closet yesterday morning, but now it's not there. *B:* Well, maybe your brother borrowed it to wear to the party he went to.

*Question:* What is Ben's problem?

**訳** A：お母さん，ぼくの緑のストライプの青いシャツはどこ？　B：知らないわ，ベン。見ていないわよ。　A：昨日の朝，クローゼットの中にあったんだけど，今はないんだ。B：そうね，多分お兄ちゃんがパーティーに行くのに着るために，借りたのよ。

**質問の訳** ベンの問題は何ですか。

**選択肢の訳** **1** シャツが気に入らない。　**2** シャツが見つからない。　**3** 兄が彼のシャツを汚した。　**4** シャツが大きすぎる。

**解説** 1巡目でA（＝Ben）がwhere's my blue shirt with the green stripes?「ぼくの緑のストライプの青いシャツはどこ？」と母親にたずねていることから，**2**が正解。

## 第**3**部 一次試験・リスニング
（問題編pp.49〜51）

### *No.21* 正解 **4**

**放送文** Michiko is in her second year of high school.  Her favorite subjects are biology and math.  Michiko wants to become a doctor one day.  She plans to study very hard and wants to go to medical school in the future.

*Question:* What does Michiko want to be in the future?

**訳** ミチコは高校2年生である。彼女の好きな科目は生物と数学である。ミチコはいつか医者になりたいと思っている。彼女は一生懸命勉強するつもりで，将来は医学部に行きたいと考えている。

**質問の訳** ミチコは将来何になりたいと思っていますか。

**選択肢の訳** **1** 数学の教師。 **2** 看護師。 **3** 生物の教師。 **4** 医者。

**解説** 3文目でMichiko wants to become a doctor one day.「ミチコはいつか医者になりたいと思っている」と言っていることから，**4**が正解。

### *No.22* 正解 **3**

**放送文** Bob's cousin Paula is 12 years old.  Last year, Paula wanted to be a ballet dancer.  She was taking classes and practicing every day.  But today, Bob was surprised to hear that Paula had quit the ballet lessons.  Now, she wants to be a soccer player instead.

*Question:* Why was Bob surprised?

**訳** ボブのいとこであるポーラは12歳である。去年，ポーラはバレエダンサーになりたいと思っていた。彼女は毎日レッスンを受け，練習していた。しかし今日，ボブはポーラがバレエ教室を辞めたと聞いて驚いた。今，彼女は代わりにサッカー選手になりたいと考えている。

**質問の訳** ボブはなぜ驚きましたか。

**選択肢の訳** **1** ポーラが彼にサッカーボールをくれた。 **2** ポーラが彼のサッカーの試合に来た。 **3** ポーラがバレエを習うのをやめた。 **4** ポーラが有名なバレエダンサーに会った。

**解説** 4文目でBob was surprised to hear that Paula had quit the ballet lessons「ボブはポーラがバレエ教室を辞めたと聞いて驚いた」と言っていることから，**3**が正解。

### *No.23* 正解 **1**

**放送文** Jonathan goes swimming three times each week.  He wanted to take part in a swimming race, so he asked his friend Bob to help him.  Bob came to the pool and used a stopwatch to measure how quickly Jonathan could swim.  With Bob's help, Jonathan got faster and faster.  In the race, Jonathan finished second.

*Question:* What did Bob do for Jonathan?

　　**訳**　ジョナサンは週3回，水泳に通っている。彼は競泳に参加したかったので，友人のボブに手伝ってくれるよう頼んだ。ボブはプールに来て，ストップウォッチを使ってジョナサンがどれくらい速く泳げるかを測った。ボブの助けで，ジョナサンはどんどん速くなった。レースではジョナサンは2位となった。

　　**質問の訳**　ボブはジョナサンのために何をしましたか。

　　**選択肢の訳**　**1**　ジョナサンが速く泳げるよう手助けをした。　　**2**　ジョナサンに飛び込みの仕方を教えた。　　**3**　ジョナサンに自分のストップウォッチを使わせた。　　**4**　ジョナサンを車でレースに送った。

　　**解説**　競泳の練習を始めたジョナサンについて，4文目でWith Bob's help, Jonathan got faster and faster.「ボブの助けで，ジョナサンはどんどん速くなった」と言っているので，**1**が正解。

## *No.24*　正解　**4**

　　**放送文**　Postage stamps are usually put on letters before they are sent. Sometimes, there are printing mistakes on postage stamps, so they become very valuable. For example, in 1918, some postage stamps were printed in the United States. Their pictures were printed upside down by mistake, and later in 2016, one of these stamps was sold for more than a million dollars.

*Question:* Why were the U.S. postage stamps from 1918 special?

　　**訳**　郵便切手は通常，手紙を送る前に貼られる。切手には時々，印刷ミスがあり，それらは非常に貴重なものとなる。例えば，1918年にアメリカで何枚かの郵便切手が印刷された。その絵柄は誤って上下逆に印刷されており，2016年後半にはこれらの切手のうちの1枚が100万ドルを超える額で売られた。

　　**質問の訳**　なぜ1918年に発行されたアメリカの切手は特別だったのですか。

　　**選択肢の訳**　**1**　その100万枚を超える数が盗まれた。　　**2**　有名な写真家によって購入された。　　**3**　印刷に新しいタイプの機械が使用された。　　**4**　絵柄に間違いがあった。

　　**解説**　2文目でSometimes, there are printing mistakes on postage stamps「切手には時々，印刷ミスがある」と言っており，その例として1918年にアメリカで印刷された切手を挙げていることから，**4**が正解。

## *No.25*　正解　**1**

　　**放送文**　Zack's birthday party is on Sunday. He wanted to have his party at the city zoo, but it was not possible to have parties there. Instead, his party will be held at a place where people can go bowling. Zack wanted to invite all his classmates to his party, but his parents said he could only ask six friends to come.

*Question:* What is one thing we learn about Zack's birthday party?

　　**訳**　ザックの誕生日パーティーが日曜日にある。彼は市の動物園でパーティーを開きたかったが，そこでパーティーを開くことはできなかった。代わりに，彼のパーティーは人々がボウリングをしに行ける場所で開かれることになった。ザックはクラスメート全員をパーティーに招待したかったが，両親は友人6人にだけ来てほしいと頼むよう言った。

　　**質問の訳**　ザックの誕生日パーティーについて分かることの1つは何ですか。

**選択肢の訳** **1** 今週の日曜日に開かれる。 **2** ザックの友人6人が計画した。 **3** 彼はその日はボウリングに行けない。 **4** ザックの両親はそれに行くことができない。

**解説** 1文目でZack's birthday party is on Sunday.「ザックの誕生日パーティーが日曜日にある」と言っていることから，**1**が正解。

## *No.26* 正解 **2**

**放送文** Sharon has an important history test next week. She planned to study in the library today, but she got a call from her friend Nick. Nick had fallen off his bike and hurt himself. He asked Sharon if she could take him to see the doctor. Sharon said yes. She is more worried about her friend than about her test.
*Question:* What did Sharon do for her friend Nick?

**訳** シャロンは来週，大切な歴史のテストがある。彼女は今日，図書館で勉強する予定だったが，友人のニックから電話を受けた。ニックは自転車から落ちて怪我をしたのだ。彼はシャロンに，医者に連れて行ってもらえないかとたずねた。シャロンはイエスと言った。彼女はテストのことよりも友人のことが心配だったのだ。

**質問の訳** シャロンは友人のニックのために何をしましたか。

**選択肢の訳** **1** 彼の大切なテストの勉強を手伝った。 **2** 彼を医者に連れて行くことに応じた。 **3** 彼が自転車を壊した後，彼の自転車を直した。 **4** 電話をかけるために彼に自分の電話を使わせた。

**解説** 4～5文目でHe asked Sharon if she could take him to see the doctor. Sharon said yes.「彼はシャロンに，医者に連れて行ってもらえないかとたずねた。シャロンはイエスと言った」と言っていることから，**2**が正解。

## *No.27* 正解 **3**

**放送文** This is a message for the Grade 10 students who will be taking today's Japanese exam. I hope you have remembered to bring your examinee forms. The exam will take place in Classrooms 204 and 205. Please check the list of names on the blackboard by the main entrance to find where you should take your exam.
*Question:* How can students find out where to take their Japanese exam?

**訳** 今日日本語の試験を受ける10年生に連絡です。受験票をどうか忘れずに持参してください。試験は204教室と205教室で行われます。正面玄関横の黒板に書かれた名簿を確認して，どこで受験するかを確認してください。

**質問の訳** 学生は日本語試験を受ける場所をどのように調べられますか。

**選択肢の訳** **1** 10年生の1人にたずねることによって。 **2** 204教室のだれかにたずねることによって。 **3** 正面玄関横の名簿を確認することによって。 **4** 受験票を確認することによって。

**解説** 最終文でPlease check the list of names on the blackboard by the main entrance to find where you should take your exam.「正面玄関横の黒板に書かれた名簿を確認して，どこで受験するかを確認してください」と言っていることから，**3**が正解。

## No.28　正解　**4**

**放送文**　Larry grows vegetables and eats them himself.  He really likes growing tomatoes, carrots, potatoes, and onions.  However, he does not grow peppers because he does not like spicy food.  Larry usually enjoys gardening very much, but last year, a rabbit got into his garden and ate all of his carrots.  That made Larry very upset.

*Question:* Why did Larry get upset?

**訳**　ラリーは自分で野菜を育てて食べている。彼はトマト，ニンジン，ジャガイモ，タマネギを育てるのが大好きである。しかし，辛いものが苦手なため，コショウは育てていない。ラリーは普段ガーデニングをとても楽しんでいるが，昨年，ウサギが庭に入り込み，ニンジンを全て食べてしまった。ラリーはそのことでとても動揺した。

**質問の訳**　ラリーはなぜ動揺しましたか。

**選択肢の訳**　**1**　彼のタマネギの風味が強すぎた。　**2**　だれかが彼の食べ物にコショウを入れた。　**3**　彼のジャガイモは育つのに時間がかかりすぎた。　**4**　ウサギが一部の野菜を食べた。

**解説**　4文目でa rabbit got into his garden and ate all of his carrots「ウサギが庭に入り込み，ニンジンを全て食べてしまった」と言っていることから，**4**が正解。

## No.29　正解　**1**

**放送文**　In Italy, there is a shopping center called Vulcano Buono.  It was built in 2007 and was created in the shape of a mountain.  It has a big hole at the top.  In the middle, it also has an outdoor theater where concerts and markets are held.

*Question:* What is one thing we learn about the shopping center in Italy?

**訳**　イタリアにヴルカーノ・ブオーノというショッピングセンターがある。2007年に建てられ，山の形に造られた。最上部には大きな穴が開いている。中心には野外劇場もあり，コンサートや市場が開かれている。

**質問の訳**　イタリアのショッピングセンターについて分かることの1つは何ですか。

**選択肢の訳**　**1**　山に見えるようデザインされている。　**2**　2000年以上前に建てられた。　**3**　有名な音楽家にちなんで名付けられた。　**4**　市場が閉鎖された後に造られた。

**解説**　ヴルカーノ・ブオーノについて，2文目でIt … was created in the shape of a mountain.「それは山の形に造られた」と言っていることから，**1**が正解。

## No.30　正解　**2**

**放送文**　Patty rides her bike to college even when the weather is bad.  She would like to take the bus when it's cold or rainy, but she needs to save money.  Today, Patty was able to get a part-time job.  She is very happy because she will have enough money to take the bus whenever she wants to.

*Question:* Why is Patty happy now?

**訳**　パティは天気が悪いときでも自転車に乗って大学に通っている。彼女は寒いときや雨のときにはバスに乗りたいが，お金を節約する必要がある。今日，パティはアルバイトの仕事を得ることができた。彼女はいつでも好きなときにバスに乗れる十分なお金があ

るのでとても幸せである。

**質問の訳** なぜパティは今幸せなのですか。

**選択肢の訳** **1** もうパートタイムで働く必要がない。 **2** 大学までいつも自転車に乗らなければならないわけではない。 **3** 勉強に費やす時間が増えた。 **4** 新しい自転車を買うのに十分なお金を持っている。

**解説** 3文目よりパティがアルバイトの仕事を得たことが分かる。そのお陰で，4文目で she will have enough money to take the bus whenever she wants to 「彼女はいつでも好きなときにバスに乗れる十分なお金がある」と言っていることから，**2**が正解。

## カードA 二次試験・面接
（問題編pp.52～53）

**訳** オンライン留学

今日，多くの人が留学する。しかし，他の国に行くには，時として多くの時間とお金がかかる。今，技術は重要な役割を果たしている。一部の人は外国の学校が開催するオンライン授業を受講しており，そうすることによって，彼らは自分の国にいながらにして留学体験をすることができる。

**質問の訳** No. 1 この文によると，一部の人はどのようにして，自分の国を出ることなく留学体験をすることができますか。

No. 2 さて，Aの絵に描かれている人々を見てください。彼らはいろいろなことをしています。彼らがしていることをできるだけたくさん説明してください。

No. 3 さて，Bの絵に描かれている少女を見てください。その状況を説明してください。では，～さん（受験者の氏名），カードを裏返しにして置いてください。

No. 4 あなたは，中学校は生徒のために料理の授業をもっとするべきだと思いますか。

No. 5 今日，多くの人がスーパーに行くときに買い物袋を持っていきます。あなたはスーパーに自分の買い物袋を持っていきますか。

### *No.1* 解答例 By taking online classes that are held by foreign schools.

**解答例の訳** 外国の学校が開催するオンライン授業を受講することによって。

**解説** 第4文後半に関する質問。by doing so の so は同じ文の前半の動詞以下を指すので，この take online classes that are held by foreign schools 「外国の学校が開催するオンライン授業を受講する」を〈By＋doing形［動名詞］〉の形に直して答える。

### *No.2* 解答例 A girl is knocking on a door. / Two boys are playing cards. / A woman is picking up a pen. / A man is cleaning a whiteboard. / A boy is putting on [taking off] his jacket. （順不同）

**解答例の訳** 少女がドアをノックしています。／2人の少年がトランプをしています。／女性がペンを拾っています。／男性がホワイトボードをきれいにしています。／少年がジャケットを着て［脱いで］います。

**解説** イラストの中の人物の動作はすべて**現在進行形**で表す。「（ドアなどを）ノックする，

たたく」は knock on, 「トランプをする」は play cards, 「拾う」は pick up, 「(衣類 などを) 着る／脱ぐ」は put on / take off と表す。

### *No.3*　解答例　She can't drink water because she's afraid of the dog.

> **解答例の訳**　彼女はイヌが怖いので, 水を飲むことができません。

> **解説**　少女が水飲み場の前にいるイヌに怯えた表情を見せている。そして, 吹き出しの 中のイラストは, 少女が水を飲むことができないことを表している。よって, 解答例のよ うに,「彼女は水を飲むことができない (She can't drink water)」と, 少女の気持ち「彼 女はイヌが怖い (she's afraid of the dog)」を because で結ぶと良い。

### *No.4*　解答例　(Yes. の場合)　Yes. →Why?――It's important for students to have cooking skills. Also, they should learn more about how to make healthy meals.
(No. の場合)　No. →Why not?――Students already have enough cooking classes. Also, they can learn how to cook at home.

> **解答例の訳**　はい。→それはなぜですか。――学生にとって料理のスキルを身につける ことは大切です。また, 彼らは健康的な食事の作り方についてももっと学ぶ必要がありま す。／いいえ。→それはなぜですか。――生徒たちにはすでに料理の授業が十分にありま す。また, 彼らは料理のしかたを家で学ぶことができます。

> **解説**　Yes の場合は, 学校で料理を習うことのメリットを挙げる。解答例では,「料理の スキルを身につけることは大切である」という意見を述べ,「健康的な食事の作り方 (how to make healthy meals) についてももっと学ぶ必要がある」と補足している。No の 場合は, 学校以外で料理を習うことができる場の例を挙げるなどすると良いだろう。解答 例では,「生徒たちにはすでに料理の授業が十分にある」と述べた上で,「料理のしかたを 家で学ぶことができる (learn how to cook at home)」と具体的な例を挙げている。

### *No.5*　解答例　(Yes. の場合)　Yes. →Please tell me more.――I always use bags that can be used many times. It's important that we try to reduce plastic garbage.
(No. の場合)　No. →Why not?――It's more convenient for me to buy plastic bags at the supermarket. Also, they can be used for other things at home.

> **解答例の訳**　はい。→詳しく話してください。――私は何度も使えるバッグをいつも使っ ています。プラスチックゴミを減らす努力をすることは大切です。／いいえ。→それはな ぜですか。――スーパーでビニール袋を買う方が私にとっては便利です。また, それらを 家で別の事にも使うことができます。

> **解説**　Yes の場合は, 自分が使っている買い物袋について具体的に説明すると良い。解 答例では,「何度も使えるバッグ (bags that can be used many times) をいつも使っ ている」と述べ,「プラスチックゴミを減らす (reduce plastic garbage) 努力をする ことは大切である」と自分の意見を補足している。No の場合は, スーパーのビニール袋 を使うメリットを挙げると良い。解答例では, 最初に,「スーパーでビニール袋を買う方 が便利である」と自分の意見を述べ, その良さについて,「家で別の事にも使うことがで

きます」と補足している。

## カードB 二次試験・面接
（問題編pp.54〜55）

**訳**　オンラインディスカウントストア
今日，インターネット上のディスカウントストアが注目を集めている。人々はより安い価格で物を購入でき，その結果，彼らはオンラインのディスカウントストアが役立つと考えている。しかし，一部の地域では，それらを利用するのが難しい場合がある。例えば，商品が届くまでに長時間待つ必要がある。

**質問の訳**　No. 1　この文によると，なぜ人々はオンラインのディスカウントストアが役立つと考えていますか。
No. 2　さて，Aの絵に描かれている人々を見てください。彼らはいろいろなことをしています。彼らがしていることをできるだけたくさん説明してください。
No. 3　さて，Bの絵に描かれている女性を見てください。その状況を説明してください。では，〜さん（受験者の氏名），カードを裏返しにして置いてください。
No. 4　あなたは，インターネットを利用することは，人々が英語を学ぶのによい方法だと思いますか。
No. 5　今日，様々な種類のレストランがあります。あなたはレストランで食事をすることが好きですか。

### *No.1*　解答例　Because they can buy things at lower prices.

**解答例の訳**　彼らはより安い価格で物を購入できるから。
**解説**　第2文後半に関する質問。and as a resultは「そしてその結果」という意味で，同じ文の前半のPeople can buy things at lower prices「人々はより安い価格で物を購入できる」がその理由を表すので，これを〈Because they 〜〉の形に直して答える。

### *No.2*　解答例　A man is carrying a computer. / A boy is feeding a cat. / A woman is putting a cup on the table. / A girl is singing a song. / A man is reading a book.　（順不同）

**解答例の訳**　男性がコンピュータを運んでいます。／少年がネコにえさをあげています。／女性がテーブルにカップを置いています。／少女が歌を歌っています。／男性が本を読んでいます。
**解説**　イラストの中の人物の動作はすべて現在進行形で表す。「運ぶ」はcarry，「えさをあげる」はfeed，「〜を…に置く」はput 〜 on …で表す。

### *No.3*　解答例　She dropped her smartphone and thinks she broke it.

**解答例の訳**　彼女はスマートフォンを落とし，それを壊してしまったと思っています。
**解説**　女性はスマートフォンを床に落としてしまった。そして，吹き出しの中のイラストは，画面が割れてしまったことを表している。よって，解答例のように，「彼女はスマートフォンを落とした（She dropped her smartphone）」と，女性の考え「それを壊

別冊　解答・解説　23年度第2回　面接

してしまったと思っている（**thinks she broke it**）」を**and**で結ぶと良い。

## *No.4* 解答例 （Yes.の場合） Yes. → Why?――People can see useful websites about learning English. Also, they can speak with people in other countries online.
（No.の場合） No. → Why not?――It's better for people to learn English in a classroom. It's easier to hear the teacher's voice.

**解答例の訳** はい。→それはなぜですか。――人々は英語学習について役立つウェブサイトを見ることができます。また，彼らはオンラインで他の国の人々と話をすることができます。／いいえ。→それはなぜですか。――教室で英語を学ぶ方が人々にとって良いです。教師の声がより聞こえやすいです。

**解説** Yesの場合は，インターネットを利用するメリットを挙げると良い。解答例では，「英語学習について役立つウェブサイトを見ることができる」，「オンラインで他の国の人々と話をすることができる」という2点を挙げている。Noの場合は，インターネットを利用する以外の方法を挙げると良い。解答例では，「教室で英語を学ぶ（**learn English in a classroom**）方が良い」と述べ，さらに「教師の声がより聞こえやすい」と補足している。

## *No.5* 解答例 （Yes.の場合） Yes. → Please tell me more.――We can enjoy a variety of dishes at restaurants. I also like eating with my friends.
（No.の場合） No. → Why not?――Most restaurants are too noisy to talk in. Also, they're often expensive.

**解答例の訳** はい。→詳しく話してください。――レストランでは様々な料理を楽しむことができます。私は友達と食事をすることも好きです。／いいえ。→それはなぜですか。――ほとんどのレストランは話をするには騒がしすぎます。また，それらは高いことが多いです。

**解説** Yesの場合は，レストランで食事をすることのメリットを具体的に説明すると良い。解答例では，「様々な料理（**a variety of dishes**）を楽しむことができる」と述べたあとで，「友達と食事をすることも好きである」という自分の好みについて補足している。Noの場合は，逆にデメリットを挙げると良い。解答例では，「話をするには騒がしすぎる（**too noisy to talk in**）」，「高いことが多い」という2点を挙げている。

# 2023年度 第①回

## 解答欄

| 問題番号 | | 1 | 2 | 3 | 4 |
|---|---|---|---|---|---|
| 1 | (1) | ● | | | |
| | (2) | | | | ● |
| | (3) | | ● | | |
| | (4) | | | | ● |
| | (5) | | | ● | |
| | (6) | | | | ● |
| | (7) | | | | ● |
| | (8) | ● | | | |
| | (9) | ● | | | |
| | (10) | | ● | | |
| | (11) | ● | | | |
| | (12) | | | | ● |
| | (13) | | ● | | |
| | (14) | ● | | | |
| | (15) | | ● | | |
| | (16) | | | ● | |
| | (17) | | | | ● |
| | (18) | | | | ● |
| | (19) | ● | | | |
| | (20) | | | ● | |

## 解答欄

| 問題番号 | | 1 | 2 | 3 | 4 |
|---|---|---|---|---|---|
| 2 | (21) | | | | ● |
| | (22) | ● | | | |
| | (23) | | ● | | |
| | (24) | | | ● | |
| | (25) | | ● | | |
| 3 | (26) | ● | | | |
| | (27) | | | ● | |
| | (28) | ● | | | |
| | (29) | | | ● | |
| | (30) | | | ● | |
| 4 | (31) | ● | | | |
| | (32) | | ● | | |
| | (33) | | | ● | |
| | (34) | | ● | | |
| | (35) | | | ● | |
| | (36) | | ● | | |
| | (37) | | | | ● |

5 の解答例は
p.42をご覧く
ださい。

## リスニング解答欄

| 問題番号 | | 1 | 2 | 3 | 4 |
|---|---|---|---|---|---|
| 第1部 | 例題 | | | ● | |
| | No. 1 | | | ● | |
| | No. 2 | | | ● | |
| | No. 3 | | | ● | |
| | No. 4 | | | ● | |
| | No. 5 | ● | | | |
| | No. 6 | | | ● | |
| | No. 7 | ● | | | |
| | No. 8 | | ● | | |
| | No. 9 | ● | | | |
| | No. 10 | | | ● | |
| 第2部 | No. 11 | | | | ● |
| | No. 12 | | | | ● |
| | No. 13 | | | | ● |
| | No. 14 | | ● | | |
| | No. 15 | ● | | | |
| | No. 16 | | | ● | |
| | No. 17 | | ● | | |
| | No. 18 | | | ● | |
| | No. 19 | ● | | | |
| | No. 20 | | ● | | |
| 第3部 | No. 21 | ● | | | |
| | No. 22 | ● | | | |
| | No. 23 | | ● | | |
| | No. 24 | | ● | | |
| | No. 25 | ● | | | |
| | No. 26 | | | | ● |
| | No. 27 | | | ● | |
| | No. 28 | | | ● | |
| | No. 29 | | ● | | |
| | No. 30 | ● | | | |

## *(1)* 正解 **1**

**訳** ルースがノートに書き写し終わる前に，先生は黒板から書いたものを消してしまった。彼女は別の生徒に助けを求めなければならなかった。

**解説** before以下より，ルースは先生が何かをしたために，黒板に書いてあるものをノートに書き写せなかったと分かる。よって**1**のerased＜erase「消す」を入れると文意が通る。excuse「許す」，escape「逃げる」，extend「広げる」。

## *(2)* 正解 **4**

**訳** A：どうしてピクニックをキャンセルしたの？ 楽しみにしていたのに。 B：私もそうだったけど，雨が降りそう。私たちに天気をコントロールすることはできないよ。

**解説** have control over 〜で「〜をコントロールする，制御する」という意味なので，**4**のcontrolを入れると「天気をコントロールすることはできない」となり，意味が通る。issue「論点」，grade「成績」，fever「熱」。

## *(3)* 正解 **2**

**訳** A：今年の冬は本当に寒いよね？ B：だよね！ ベッドに毛布を4枚置いているけど，夜はまだ寒い。

**解説** Bの発言より，寒さをしのぐためにベッドで使うものを表す語が入ると推測できる。よって**2**のblankets＜blanket「毛布」を入れると会話が成り立つ。lock「鍵」，moment「瞬間」，husband「夫」。

## *(4)* 正解 **4**

**訳** 新しいテレビ番組「アメイジング・プランツ」はとても勉強になる。それを見た子供たちは，たくさんの変わった植物について学ぶことができる。

**解説** 2文目より，子供たちが植物について学ぶことのできる番組だと分かることから，**4**のeducational「ためになる」を入れると文意が通る。modern「現代の」，lonely「孤独な」，violent「暴力的な」。

## *(5)* 正解 **3**

**訳** スズキさんのハワイでの休暇は素晴らしい夢のようであった。しかし，彼は東京での仕事という現実に戻らなければならないことが分かっていた。

**解説** 1文目でvacation in Hawaii「ハワイでの休暇」をdream「夢」と表現している。2文目が逆接を表すHowever「しかし」で始まっているので，his job in Tokyo「東京での仕事」はその逆を表す語が入ると推測できる。**3**のreality「現実」を入れると文意が通る。origin「起源」，suggestion「提案」，coast「海岸」。

## *(6)* 正解 **4**

**訳** ウェスリーはサラのギターを買うと申し出たが，サラは断った。それは父親から

※2024年度第1回から，試験形式の変更に伴い大問1の問題数は15問になります。

の贈り物だったため，彼女はそれを売りたくなかったのだ。

**解説** ギターについて，2文目にShe did not want to sell it「彼女はそれを売りたくなかった」とあることから，**4のrefused＜refuse**「断る」を入れると文意が通る。employ「雇う」，exist「存在する」，retire「引退する」。

## (7) 正解 **4**

**訳** アンドリューはいつも祖父母と興味深い議論をするので，週末に彼らを訪ねるのを楽しみにしている。彼らはいつも歴史について話をする。

**解説** 2文目にThey always talk about history.「彼らはいつも歴史について話をする」とあり，**4のdiscussions＜discussion**「議論」を入れると文意が通る。have a discussion with 〜で「〜と議論する」という意味。本問ではdiscussionが複数形で用いられている。consumer「消費者」，approach「近づくこと」，muscle「筋肉」。

## (8) 正解 **1**

**訳** サイモンの宿題は，彼が尊敬する人について書くことである。サイモンは，自分のヒーローなので，大好きな野球選手について書くことにした。

**解説** 2文目より，その大好きな野球選手はサイモンにとってhero「ヒーロー」。つまり，尊敬する人について書こうとしていると推測できる。よって，**1のrespects＜respect**「尊敬する」を入れると文意が通る。locate「置く」，assist「支援する」，combine「混合する」。

## (9) 正解 **1**

**訳** デニスがおばの家に到着すると，彼女は玄関で彼を抱きしめて出迎えた。

**解説** デニスがおばの家に着いたという状況なので，**1のgreeted＜greet**「出迎える，あいさつする」を入れると文意が通る。greet with a hugで「抱きしめて迎える」という意味。promise「約束する」，require「要求する」，interview「面接する」。

## (10) 正解 **2**

**訳** A：あなたは私が予約した席に座っていると思うのですが。 B：ああ！ 大変申し訳ありません。他に座れる場所を見つけます。

**解説** Aの発言より，BはAの席に座っていたと分かる。選択肢の中で，空所に入れて「大変申し訳ない」という気持ちを表すことができる副詞は，**2のterribly**「ひどく」のみ。equally「公平に」，calmly「静かに」，safely「安全に」。

## (11) 正解 **1**

**訳** ケイシーと彼の姉[妹]は交代で皿洗いをする。彼は朝食後にそれらを洗い，彼女は夕食後にそれらを洗う。

**解説** 2文目より，ケイシーは朝食後，姉[妹]は夕食後と分担して皿洗いをすることから，**1のtake turns**「交代でする，代わる代わるする」を入れると文意が通る。give applause「拍手を送る」，pass around「回す」，have faith「信念を持つ」。

## (12)　正解　**4**

**訳**　アランは先週ハワイに行ったが，仕事で行っていたのでビーチを楽しむことができなかった。

**解説**　but以下より，アランはハワイのビーチを楽しめなかったことがわかる。**4**の on business「仕事で」を入れるとビーチを楽しめなかった理由が明らかになり，文意が通る。at least「少なくとも」，by heart「暗記して」，for good「永遠に」。

## (13)　正解　**2**

**訳**　金曜日の夜の仕事後，ジェイソンは家で料理をしたくなかった。彼は友人と食事をしたい気分だったので，友人３人をレストランに誘った。

**解説**　空所を含む文の後半より，ジェイソンは友人とレストランで食事をしたかったと推測できることから，**2**の felt like ＜ feel like「〜したい気分である」が適切。look like「〜に見える」，pass by「〜を通り過ぎる」，run by「〜のそばを走る」。

## (14)　正解　**1**

**訳**　Ａ：ジーナ，写真部のミーティングに行って，どんな感じか見てもいいかな？
Ｂ：もちろん。私たちのミーティングは毎月第１土曜日に行われるわ。

**解説**　空所の直後に時を表す語句が続くことから，Ｂはミーティングが行われる日を伝えていると推測できる。よって**1**の take place「行われる，開催される」を入れると文意が通る。grow up「成長する」，come true「実現する」，put off「延期する」。

## (15)　正解　**2**

**訳**　スザンヌは大学卒業後，両親に頼るつもりはなかった。彼女は一人暮らしできるように仕事を見つけた。

**解説**　２文目より，スザンヌは自立しようと考えていると推測できることから，**2**の rely on「〜を頼る」を入れると文意が通る。lay out「〜を広げる」，turn in「〜を中に入れる」，get over「〜を克服する」。

## (16)　正解　**3**

**訳**　Ａ：クリスマスパーティーには何を着るつもり？　Ｂ：雪だるまの格好をするつもりだよ。母は衣装作りを手伝ってくれているんだ。

**解説**　Ａがクリスマスパーティーに着て行くものをたずねていることから，**3**の dress up「扮装する」を入れ，dress up as a snowman「雪だるまの格好をする」とすると文意が通る。turn off「（スイッチなどを）止める」，hold back「隠す」，break out「突発する」。

## (17)　正解　**4**

**訳**　ダンは今日，科学の授業でプレゼンテーションを行った。彼は自分の主な考えを研究データで裏付けた。

**解説**　空所直後の his main ideas「彼の主な考え」と data from research「研究データ」がwithで結ばれていることから，**4**の backed up ＜ back up「裏付ける」を入れると

文意が通る。back up A with Bで「AをBで裏付ける」という意味。pull away「引き離す」，call out「叫ぶ」，wish for「願う」。

## (18) 正解 **4**

**訳** マイクは誕生日に母親がくれたおもちゃのトラックを壊して泣いた。

**解説** 選択肢に並ぶのは，giveの様々な形。母親がおもちゃをくれたのは，壊れた時点よりも前の出来事なので，過去完了形〈had＋過去分詞〉で表す。よって**4**のhad givenを入れると文意が通る。

## (19) 正解 **1**

**訳** ボビーはキャッチボールをしたかったので，両親，兄[弟]，姉[妹]に一緒にする時間があるかどうかたずねた。しかし，皆忙しすぎたために，だれもしてくれなかった。

**解説** 空所直後にbecause they were all too busy「皆忙しすぎたために」とあることから，だれも一緒にキャッチボールをしてくれなかったと推測できる。よって**1**のnobody「だれも（〜ない）」が適切。everybody「みんな」，anybody「だれか」，somebody「だれか」。anybodyは疑問文または否定文，somebodyは肯定文または相手に肯定の答えを期待する場合の疑問文でふつう使われる。

## (20) 正解 **3**

**訳** 毎週土曜日，ベスは地元のコミュニティセンターでボランティア活動をしている。彼女は地域の人々のためのイベントを手伝うことを楽しんでいる。

**解説** 選択肢に並ぶのはhelpの様々な形。enjoyは名詞または動名詞のみを目的語にとる動詞なので，**3**のhelpingが適切。

## 2 一次試験・筆記
(問題編pp.61〜62)

## (21) 正解 **4**

**訳** A：こちらがお客様のお部屋の鍵です。4階の403号室になります。
B：何か飲み物を買える場所はありますか？
A：お部屋の冷蔵庫に水が何本かあるはずです，またこちらのロビーにも自動販売機がございます。
B：ありがとう！

**選択肢の訳** **1** 荷物を数時間置いておく **2** 町についてもっと調べる **3** 英字新聞を買う **4** 何か飲み物を買う

**解説** ホテルでの会話。2巡目でA（＝従業員）が部屋の冷蔵庫にある飲み物や自動販売機（vending machine）について説明していることから，**4**のget something to drinkを入れると会話が成り立つ。

## (22) 正解 **1**

**訳** A：もう出るの？

B：うん。ラグビーの国際試合を観るために，７時半までには家に帰りたいんだ。

A：ああ，今夜なのね？　そのことを忘れていたわ。

B：本当に面白くなるだろうね。世界最高の２チームの対戦だからね。

**選択肢の訳**　**1**　ラグビーの国際試合を観る　**2**　妻のために夕食を作る　**3**　子供たちに寝る前に本を読んであげる　**4**　お風呂に入って早く寝る

**解説**　２巡目でBがIt's between the two best teams in the world.「世界最高の２チームの対戦だからね」と言っていることから，スポーツの話をしていると推測できる。よって**1**のwatch the international rugby gameを入れると会話が成り立つ。

## (23)　正解　**2**

**訳**　A：すみません。図書館に，庭に関するものは何かありますか？

B：はい。有名なものの写真をご覧になりたいですか？

A：いいえ。より大きな野菜を育てる方法を知りたいんです。

B：それでしたら，２階のE3セクションを探してみてください。

**選択肢の訳**　**1**　映画俳優に関する本　**2**　何か庭に関するもの　**3**　食料品の買い出しに関するアドバイス　**4**　絵画に関する情報

**解説**　図書館での会話。２巡目でA（＝来館者）がI want to find out how to grow bigger vegetables.「より大きな野菜を育てる方法を知りたいんです」と言っていることから，Aは畑や家庭菜園に関するものを探していると推測できる。よって**2**のanything about gardensを入れると会話が成り立つ。

## (24)　正解　**3**

**選択肢の訳**　**1**　あなたに新しいものを買う　**2**　アラームをセットする　**3**　電話をかけてみる　**4**　上の階を探す

**解説**　空所を含む発言の直後のやりとりより，Aの携帯電話がどこにあるかを知るために，Bが電話をかけていると分かる。よって**3**のtry calling itを入れると，会話が成り立つ。

## (25)　正解　**2**

**選択肢の訳**　**1**　ベッドの下　**2**　キッチンキャビネットの1つ　**3**　本棚の後ろ　**4**　洗濯かご

**解説**　４巡目でAが携帯電話について，I must have left it there by accident when I was putting away the food we bought at the supermarket.「スーパーで買った食べ物をしまっている時に，うっかり置いてしまったに違いない」と言っていることから，スマートフォンは台所のどこかで鳴っていると推測できる。よって**2**のone of the kitchen cabinetsを入れると，会話が成り立つ。

(24)(25)　**訳**

A：ねえ，ぼくのスマートフォンを見なかったかい？　どこにも見つからないんだ。

B：いいえ，見ていないわ。電話をかけてみてほしい？

A：うん，お願い。願わくは，どこにあるか聞こえるといいんだけど。

B：わかった。今鳴らしているわ。

A：聞こえるね。音はキッチンキャビネットの１つから聞こえるよ。

B：どうやってそんな所に行っちゃったの？

A：スーパーで買った食べ物をしまっている時に，うっかり置いてしまったに違いない。
B：やれやれ，見つかってよかったわ。

# 3[A] 一次試験・筆記
(問題編p.63)

**Key to Reading** ピアノのコンサートに出る前と出た後の，サリーの気持ちの変化を読み取りながら，空所に入る語句を特定しよう。

**訳** サリーのコンサート

サリーは約1年間ピアノのレッスンを受けている。彼女が始めたきっかけは，おじのケビンの家を訪れた時に，演奏しているのを聞いたことだった。彼女は彼の音楽は素晴らしいと思った。サリーは一生懸命練習して，すぐに習得した。先生は彼女に，ピアノスクールの生徒のコンサートがあるので，サリーも参加するように言った。しかし，サリーはとても緊張していた。彼女は人前で演奏するのは怖いと思っていたのだ。でも先生は，いい経験になると言ってくれた。

コンサートでは，サリーの両親とケビンおじさんも観客の中にいた。サリーが演奏する時間になると，彼女はとても不安になった。先生は彼女に，リラックスして他の人を幸せにする機会を楽しむようにと言った。サリーは全力を尽くした。彼女が演奏を終えると，観客は皆ほぼ笑み，拍手を送り，歓声を上げた。このことでサリーはとても格別な気分になり，先生が正しかったと分かった。

## (26) 正解 **4**

**選択肢の訳** **1** 何も見えなかった **2** 両親にたずねなければならなかった **3** お金があまりなかった **4** とても緊張していた

**解説** 第1段落は，サリーがコンサートに出ることを提案され，説得されるまでの出来事について書かれている。空所を含む文の直後にShe thought that performing in public would be scary.「彼女は人前で演奏するのは怖いと思っていた」とあることから，サリーはコンサートに参加することに不安を感じていたと分かる。よって**4**のwas very nervousが適切。

## (27) 正解 **2**

**選択肢の訳** **1** 外国を訪れる **2** 他の人を幸せにする **3** 有名なピアニストの演奏を聞く **4** 病気の子供たちを助ける

**解説** 第2段落は，ピアノコンサート当日の出来事について書かれている。空所を含む文の2文あとに，サリーの演奏を聞いた観客の様子として，all the people in the audience were smiling, clapping, and cheering「観客は皆ほぼ笑み，拍手を送り，歓声を上げた」とあり，観客が喜んでいたことが分かる。また最終文にshe knew that her teacher had been right「先生が正しかったと分かった」とあることから，ピアノの先生がサリーに伝えたこととして正しいのは，**2**のmake other people happy。

# 3[B] 一次試験・筆記
(問題編pp.64〜65)

**Key to Reading** 第1段落：導入（低価格の空飛ぶ車）→第2段落：本論①（クラインの空飛ぶ車）→第3段落：本論②（クラインの車の課題）の3段落構成の説明文。

**訳** 高く遠くへ

空を飛ぶことができる車は，多くのSF小説に登場する。100年以上にわたり，人々は本物の空飛ぶ車を作ろうとしてきた。いくつかは成功したが，空飛ぶ車は大量生産されたことがない。これらの車は大抵，人々が購入するには高価すぎたのだ。しかし，ヨーロッパの国，スロバキアの企業は，空飛ぶ車をより低価格で製造できると考えている。その結果，空を飛んでいる車がもうすぐ当たり前のように見られるようになるかもしれない。

同社のオーナーであるステファン・クラインは，空飛ぶ車の開発に約30年を費やした。2021年6月，クラインの車は初めての飛行・走行をした。ニトラの空港からブラチスラヴァの空港まで約90キロの飛行に35分かかった。着陸後，空飛ぶ車の翼は3分もしないうちに折りたたまれ，クラインは車を市内中心部まで運転した。この車は現在200回以上飛行しており，スロバキア政府は人々が空の旅にこの車を使用するのを許可することにした。

クラインは，彼の会社は多くの空飛ぶ車を販売できるだろうと考えている。しかし，彼はまだいくつかの課題に直面している。まず，彼の空飛ぶ車は空港でしか離着陸できない。また，ガソリンを使用するので環境に良くないという意見もある。さらに，空飛ぶ車を利用するには，パイロットの免許が必要である。しかし，クラインは，近いうちにこれらの問題を解決できるだろうと考えている。

## (28) 正解 **1**

**選択肢の訳** 1 低価格で 2 短期間で 3 再生紙から 4 新型ロボットによって

**解説** 空飛ぶ車が一般化しなかった理由と，低価格の空飛ぶ車の製造について説明している段落。空飛ぶ車が大量生産されなかった理由として，空所を含む文の直前にThese cars were usually too expensive for people to buy.「これらの車は大抵，人々が購入するには高価すぎたのだ」とあり，次の文が逆接Howeverで始まっていることから，スロバキアの企業は，低価格で空飛ぶ車を作ったと推測できる。よって**1**のat lower pricesが適切。

## (29) 正解 **3**

**選択肢の訳** 1 売りに出された 2 トラックに衝突された 3 初めての飛行・走行をした 4 有名なレースで優勝した

**解説** クラインの空飛ぶ車の飛行・走行実績について説明している段落。空所を含む文の直後に車が実際に飛行・走行した際の様子が書かれていることから，**3**のmade its first tripを入れると，文脈が通る。

## (30) 正解 **3**

**選択肢の訳** 1 それでも 2 したがって 3 さらに 4 例えば

※2024年度第1回から，試験形式の変更に伴い大問3の[B](28)〜(30)が削除されます。

**解説**　クラインの車の今後の課題について説明している段落。2文目にHe still faces several challenges, though.「しかし，彼はまだいくつかの課題に直面している」とあり，First, Alsoで始まる文にそれぞれ，その例が書かれている。空所を含む文people need a pilot's license if they want to use the flying car「空飛ぶ車を利用するには，パイロットの免許が必要である」も課題の1つであると考えられることから，情報を追加する意味で使われる **3** の Moreover が適切。

# 4[A] 一次試験・筆記
(問題編pp.66〜67)

**Key to Reading**　引っ越した友人のゲイリーにラルフが送ったメール。①ゲイリーの引っ越し先（→第1段落），②ラルフのいとこたち（→第2段落），③いとこたちの滞在計画とゲイリーの予定（→第3段落）が読み取りのポイント。

**訳**　差出人：ラルフ・パーカー＜ralph_parker@epostal.com＞
宛先：ゲイリー・ジョーンズ＜gazjones_101@mymessage.com＞
日付：6月4日
件名：ぼくのいとこ
やあ，ゲイリー
君とご家族が新しい家に引っ越して以来，ぼくたちは会う機会がなかったね。新しい学校は楽しんでいるかい？　ぼくは君の新しい家の近くに素晴らしい公園があることを知っているよ。町のそっち側にあるショッピングモールに行った後で，母と父がぼくをそこへ1度連れて行ってくれたんだ。本当はそこのバスケットボールコートを試してみたかったんだけど，ボールを持っていなかったんだ。君はもうそこでプレーしたかい？
ところで，シアトルから来たぼくのいとこを覚えているかい？　昨年の夏に彼らが訪ねて来た時，彼らと一緒に楽しんだよね。彼らは今月末にまたうちに泊まりに来る予定なんだ。彼らがここにいる間に，こちらに来ないかい？　彼らとバスケットボールの試合ができるかもしれない。それに新しいボードゲームも持っているので，一緒にそれをして楽しい時間を過ごせると思うよ。
ぼくのいとこたちは6月21日から6月29日までぼくの家に滞在する予定だよ。彼らは市内の他の親戚のところにも行く予定なので，とても忙しいだろうな。来られる日をいくつか教えてくれないかい？　ぼくのお父さんは，もし君のお母さんかお父さんが，君をここに連れて来てくれれば，夜，君を家まで送って行くと言っているよ。ご両親に相談して知らせてね。
君の友達，
ラルフ

## (31)　正解　**1**

**質問の訳**　ラルフがゲイリーにたずねていることの1つは何ですか。
**選択肢の訳**　**1**　ゲイリーが地元の公園のバスケットボールコートを試してみたかどうか。**2**　ゲイリーがショッピングモールに行ったときに新しいバスケットボールを買ったかどうか。　**3**　ゲイリーの新しい学校は新しい家の近くにあるかどうか。　**4**　ゲイリーの

両親は新しい家に引っ越す予定があるかどうか。

**解説** メール文第1段落に関する問題。最終文でHave you played on it yet?「君はもうそこでプレーしたかい?」とたずねている。直前の文より, Have you played basketball on the basketball court in the park?ということ。よって**1**のIf Gary has tried the basketball court in his local park.が正解。if, whetherは「〜かどうか」という意味。

## (32) 正解 **4**

**文の訳** ラルフは,シアトルから来るいとこは,〜と言っている。

**選択肢の訳** **1** 6月にバスケットボールのトーナメントに出場する予定である。
**2** 彼に素晴らしい新しいボードゲームについて話した。 **3** ゲイリーが自分たちのことを覚えているかどうか知りたがっている。 **4** 昨年家族と一緒に泊まりに来た。

**解説** メール文第2段落に関する問題。いとこについて,2〜3文目にWe had fun with them when they visited last summer. They're coming to stay with us again at the end of this month.「昨年の夏に彼らが訪ねて来た時,彼らと一緒に楽しんだよね。彼らは今月末にまたうちに泊まりに来る予定なんだ」とあることから,昨年の夏もいとこはラルフの家に泊まったと分かる。よって**4**のcame to stay with his family last year.が正解。

## (33) 正解 **3**

**質問の訳** ラルフの父親は何をすると言いましたか。

**選択肢の訳** **1** ゲイリーの両親と話す。 **2** ラルフに来られる日を知らせる。
**3** ゲイリーを家に連れて帰る。 **4** 市内にいるラルフの親戚を訪ねる。

**解説** メール文第3段落に関する問題。4文目にMy dad says that if your mom or dad can bring you here, he will take you home in the evening.「ぼくのお父さんは,もし君のお母さんかお父さんが,君をここに連れて来てくれれば,夜,君を家まで送って行くと言っているよ」とあることから,**3**のTake Gary back to his house.が正解。

# 4[B] 一次試験・筆記
(問題編pp.68〜69)

**Key to Reading** 第1段落:導入(コンピュータゲームの意義)→第2段落:本論①(大学生によるコンピュータゲームの開発)→第3段落:本論②(ビデオゲームセンターブームの到来)→第4段落:結論(ビデオゲームセンターの衰退)の4段落構成の説明文。

**訳** ビデオゲームセンター

最初のコンピュータゲームは,今日人々がプレイしているものとはまったく異なるものだった。1950年代にコンピュータゲームが登場した時,コンピュータは大きくて高価だった。それらは大学や大企業でしか見られないものだった。コンピュータは重大な問題を解決するために発明されたが,ゲームを考案することは,コンピュータプログラミングを学ぶための良い方法である。さらに,新しいゲームを考案するプロセスは,コンピュータ技術に関する多くの重要な発見につながった。

1970年代初頭，コンピュータはまだ高価すぎて，ほとんどの人が所有することができなかった。しかし，アメリカの大学生たちによって，数多くの面白いゲームが開発されていた。学生の中には，ゲームでお金を稼ぎたいと考えている者もいた。彼らは大きな木箱の中にコンピュータを作った。そして，その箱をバーやカフェなどの場所に置いた。客は箱の特別な穴にお金を入れることで，ゲームをプレイすることができた。

これらのコンピュータゲームは大成功を収めた。ますます多くのものが作られた。最も人気のあるゲームの1つは「スペース・インベーダー」であった。このゲームでは，プレイヤーは攻撃してくる宇宙モンスターを撃とうとするのだ。1970年代になると，「ビデオゲームセンター」が登場し始めた。これらは，コンピュータゲーム機がたくさん置いてある場所だった。1970年代から1980年代にかけて，ビデオゲームセンターは若者にとって友人と出会い，新しい友人を作るための大切な場所となった。

同時に，企業は安価な家庭用コンピュータを開発していた。これらのマシンを持っている人はビデオゲームセンターに行く必要がなくなった。ゲームをプレイするたびに料金を支払う必要がなくなった。他の人がプレイし終わるのを待つ必要もなくなった。ビデオゲームセンターのオーナーは，家庭用コンピュータにはない技術を使ったゲームを導入しようとした。しかし，家庭用コンピュータメーカーは，ゲームをより魅力的にする方法を見つけることができた。今では，多くのゲームセンターは閉店してしまった。

## (34) 正解 **2**

**文の訳** コンピュータゲームは〜するために使うことができる。

**選択肢の訳** **1** 大企業に入社した新入社員を教育する。 **2** コンピュータソフトウェアの作り方を理解しやすくする。 **3** 世界中の重大な問題を解決する。 **4** 大学がお金を節約する方法を見つける。

**解説** 第1段落に関する問題。4文目に creating games is a good way to learn computer programming「ゲームを考案することは，コンピュータプログラミングを学ぶための良い方法である」とあることから，**2**の help people understand how to make computer software. が正解。〈help＋人＋動詞の原形〉で「（人）が〜するのに役立つ」という意味。

## (35) 正解 **4**

**質問の訳** なぜ一部の学生はバーやカフェのような場所にコンピュータを置きましたか。

**選択肢の訳** **1** 人々がコンピュータにいくら払うかを調べるため。 **2** コンピュータゲームがなぜこれほど人気になったのかを調査するため。 **3** 客がどのような食べ物や飲み物を購入したかを知るため。 **4** 彼らが作ったゲームからお金を得るため。

**解説** 第2段落に関する問題。ゲームを開発したアメリカの大学生たちについて，3文目に Some of these students wanted to make money from their games.「学生の中には，ゲームでお金を稼ぎたいと考えている者もいた」とあり，そのために，自作のコンピュータを入れた箱をバーやカフェに置いた。さらに，段落最後の文で Customers could play the games by putting money into a special hole in the boxes.「客は箱の特別な穴にお金を入れることで，ゲームをプレイすることができた」とあることから，**4**の So that they could get some money from the games they had made. が正解。So that 〜は「〜できるように」という意味。

## (36) 正解 **1**

**文の訳** 多くの若者が「ビデオゲームセンター」に行った1つの理由は,

**選択肢の訳** **1** 新しい人々と知り合うことができた。 **2** スペースモンスターが襲ってくるかもしれないと考えた。 **3** 自分が作ったゲームを人々に見せるため。 **4** コンピュータゲーム機を作る仕事に就くため。

**解説** 第3段落に関する問題。最終文に During the 1970s and 1980s, video game arcades became important places for young people to meet friends and make new ones.「1970年代から1980年代にかけて,ビデオゲームセンターは若者にとって友人と出会い,新しい友人を作るための大切な場所となった」とあることから,**1**の that they could get to know new people. が正解。

## (37) 正解 **4**

**質問の訳** オーナーはどのようにしてより多くの人にビデオゲームセンターに来てもらおうとしましたか。

**選択肢の訳** **1** 人々がお金を払わなくてもプレイできるゲームを導入することによって。 **2** お得意さんに家庭用コンピュータの割引を提供することによって。 **3** ゲームをプレイするのを待っている間に人々がすることを与えることによって。 **4** 人々の家庭にはないコンピュータ技術を導入することによって。

**解説** 第4段落に関する問題。5文目に Video game arcade owners tried to introduce games that used technology that home computers did not have.「ビデオゲームセンターのオーナーは,家庭用コンピュータにはない技術を使ったゲームを導入しようとした」とあることから,**4**の By bringing in computer technology that people did not have at home. が正解。

## 5 一次試験・筆記
(問題編p.70)

**QUESTIONの訳** あなたは,病院は週末も開いているべきだと思いますか。

**解答例** I do not think hospitals should be open on weekends. I have two reasons. First, workers at hospitals need enough time to relax on weekends. They can reduce their stress by refreshing themselves. Second, weekends are good chances for families to spend time together. For example, workers at hospitals can go hiking with their family members.

**解答例の訳** 私は,病院は週末に開いているべきではないと思います。理由は2つあります。第一に,病院で働く人には週末に十分にリラックスする時間が必要です。リフレッシュすることでストレスを軽減できます。第二に,週末は家族が一緒に過ごす良い機会です。例えば,病院で働く人は家族と一緒にハイキングに行くことができます。

**解説** 解答例では I do not think hospitals should be open on weekends. と述べて最初に自分が反対の立場であることを明らかにし,その理由を2つの視点から述べている。まず,First として,①病院で働く人には週末に十分にリラックスする時間が必要である

※2024年度第1回から,大問5にEメールへの返信を書く問題が加わります。

ことを挙げ，さらにSecondと続けて，②週末は家族が一緒に過ごす良い機会であること
を挙げている。

## 第1部 一次試験・リスニング
(問題編p.71)

〔例題〕 *A:* Would you like to play tennis with me after school, Peter? *B:* I can't, Jane. I have to go straight home. *A:* How about tomorrow, then?
**1** We can go today after school. **2** I don't have time today.
**3** That will be fine. 〔正解 **3**〕

## *No.1* 正解 **3**

放送文 *A:* Welcome to HomeWorld. Can I help you? *B:* Hello. I have a fence around my garden that I'd like to paint. *A:* Let me show you where our paints are. What color do you need?
**1** It's made out of wood. **2** I really love gardening. **3** I want something bright.

訳 A：ホームワールドへようこそ。お手伝いしましょうか？ B：こんにちは。庭の周りにフェンスがあって，ペンキを塗りたいと思っているのですが。 A：ペンキがどこにあるかをお見せしましょう。何色が必要ですか？

選択肢の訳 **1** 木でできています。 **2** ぼくはガーデニングが大好きです。 **3** 明るいのがほしいです。

解説 ホームセンターでの会話。フェンスにペンキを塗りたいと言うB（＝客）に，A（＝店員）がWhat color do you need?「何色が必要ですか？」とたずねていることから，**3**を入れると会話が成り立つ。

## *No.2* 正解 **2**

放送文 *A:* Baseball again? Can't we watch something else on TV tonight? *B:* But it's a big game. The Tigers are playing the Giants. *A:* Honey, you know I don't like watching sports.
**1** Sure. I'll tell you when the game starts. **2** OK. I'll watch it on the TV in the kitchen. **3** Well, I'm really happy the Tigers won.

訳 A：また野球？ 今夜テレビで何か他のものを見ることはできないわけ？ B：でも，大事な試合だよ。タイガースがジャイアンツと対戦しているんだ。 A：ねえ，私がスポーツを見るのが好きではないと知っているわよね。

選択肢の訳 **1** いいよ。試合が始まったら教えるね。 **2** わかったよ。台所のテレビで見るよ。 **3** ああ，タイガースが勝って本当にうれしいよ。

解説 テレビで野球の試合ばかりを見るBに，Aがyou know I don't like watching sports「私がスポーツを見るのが好きではないと知っているわよね」と文句を言っていることから，**2**を入れると会話が成り立つ。

## No.3 正解 **2**

**放送文** *A:* Hi, Jessica. I just made some cookies. You should come over and try some. *B:* I can't right now, but maybe this afternoon after my soccer game. *A:* OK, great. I'll save some for you.

**1** Well, thanks for helping me with my project. **2** Thanks! I can't wait to try them. **3** Of course. I hope your team wins the game.

**訳** A：やあ，ジェシカ。ちょうどクッキーを作ったんだ。うちに来て食べてみるといいよ。　B：今は無理だけど，たぶん今日の午後，サッカーの試合が終わった後かな。　A：いいよ，良かった。君の分をいくつか取っておくね。

**選択肢の訳** **1** ああ，私のプロジェクトを手伝ってくれてありがとう。　**2** ありがとう！　食べるのが待ちきれないわ。　**3** もちろん。あなたのチームが試合に勝つことを願っているわ。

**解説** クッキーを作ったというAが，今日の午後，サッカーの試合後なら家に行けると言うB（＝Jessica）に，I'll save some for you.「君の分をいくつか取っておくね」と言っていることから，クッキーを食べるのを楽しみにしていることを伝える**2**を入れると会話が成り立つ。

## No.4 正解 **3**

**放送文** *A:* Did you meet the new science teacher yet? *B:* Yes, I met her yesterday. David and I are taking her chemistry class. *A:* Really? What kind of person is she?

**1** Well, I don't really like science. **2** Well, her name is Ms. Donaldson. **3** Well, she's very friendly.

**訳** A：新しい理科の先生にはもう会った？　B：うん，昨日彼女に会ったよ。デイビッドとぼくは彼女の化学の授業を受けているんだ。　A：本当に？　彼女はどんな人？

**選択肢の訳** **1** ええと，ぼくは理科があまり好きではないんだ。　**2** ええと，彼女の名前はドナルドソン先生だよ。　**3** ええと，彼女はとてもフレンドリーだよ。

**解説** 新しい理科の先生について，AはBにWhat kind of person is she?「彼女はどんな人？」とたずねていることから，人柄を答える**3**を入れると会話が成り立つ。

## No.5 正解 **1**

**放送文** *A:* Welcome to Freeman's Department Store. Can I help you? *B:* Yes. I would like to buy my wife some jewelry for our anniversary. *A:* Well, the jewelry department is next to the women's clothing department.

**1** Great. I hope to find a new bracelet for her. **2** You're welcome. I hope she likes the ring. **3** Thank you. She already has enough necklaces.

**訳** A：フリーマンズデパートへようこそ。お手伝いしましょうか？　B：はい。結婚記念日に妻に宝石を買いたいと思っているんです。　A：そうですか，宝飾品売場は婦人服売場の隣にございます。

**選択肢の訳** **1** よかった。彼女のために新しいブレスレットを見つけたいと思っています。　**2** どういたしまして。彼女がその指輪を気に入ってくれることを願っています。

**3** ありがとうございます。彼女はすでにたくさんのネックレスを持っています。

**解説** デパートでの会話。B（＝客）はI would like to buy my wife some jewelry for our anniversary.「結婚記念日に妻に宝石を買いたいと思っているんです」と言っており，A（＝店員）が宝飾品売場の場所を教えていることから，**1**を入れると会話が成り立つ。

## *No.6* 正解 **2**

**放送文** *A:* Are you going somewhere, Ben?  What is that map for?  *B:* Well, I'm thinking about traveling around Asia this summer.  *A:* Wow, exciting!  What countries will you go to?
**1** I went to China last year.  **2** I haven't decided yet.  **3** I'll be there for one month.

**訳** A：どこかへ行くの，ベン？　その地図は何のため？　B：ええと，この夏にアジアを旅行しようと考えているんだ。　A：うわー，ワクワクするね！　どの国に行くの？

**選択肢の訳** **1** 昨年中国に行ったんだ。　**2** まだ決めていないんだ。　**3** ぼくはそこに1か月間滞在するんだ。

**解説** アジア旅行をすると言うB（＝Ben）に，AがWhat countries will you go to?「どの国に行くの？」とたずねている。選択肢には具体的な行先を示すものがないことから，まだ決めていないと答える**2**を入れると会話が成り立つ。

## *No.7* 正解 **1**

**放送文** *A:* Hello, Mr. Davis.  I understand you called us about receiving your *Adventure Magazine*.  *B:* Yes.  I would like to stop receiving it.  *A:* Well, I can help with that.  Are you sure you'd like to cancel?
**1** Yes.  I'm trying to save some money.  **2** OK.  Let me know if you need my help.  **3** You're right.  I don't like the outdoors, either.

**訳** A：もしもし，デイビスさん。「アドベンチャーマガジン」の受け取りについてお電話をいただいたとのことですが。　B：はい。受け取りをやめたいと思っています。　A：そうですか，そのお手伝いをさせていただきますね。本当にキャンセルしてもよろしいですか？

**選択肢の訳** **1** はい。お金を節約しようとしているもので。　**2** わかりました。私の助けが必要な場合は知らせてください。　**3** その通りです。ぼくもアウトドアは好きではありません。

**解説** 雑誌の購読をやめたいというB（＝Mr. Davis）に，AがAre you sure you'd like to cancel?「本当にキャンセルしてもよろしいですか？」とたずねていることから，キャンセルの理由を伝える**1**を入れると会話が成り立つ。

## *No.8* 正解 **3**

**放送文** *A:* Hi, Ms. Horner.  Do you have a few minutes to talk?  *B:* Sure, Eric.  Is this about your grade in French class?  *A:*Yes.  I want to get better scores on my tests.
**1** I know.  I need to find a study group to join, too.  **2** Yeah.  We will begin learning that next month.  **3** Well, try doing the practice exercises in the

textbook.

訳　A：こんにちは, ホーナー先生。数分お話しする時間はありますか？　B：いいわよ, エリック。フランス語の授業のあなたの成績についてかしら？　A：はい。テストでもっと良い点を取りたいんです。

選択肢の訳　1　わかっているわ。私も参加する研究会を見つけなければならないの。　2　ええ。私たちは来月からその学習を始めますよ。　3　それでは, 教科書にある演習問題をやってみなさい。

解説　教師と生徒の会話。A（＝生徒）がI want to get better scores on my tests.「テストでもっと良い点を取りたいんです」と相談していることから, 何をすれば良いかアドバイスする3を入れると会話が成り立つ。

## No.9　正解　1

放送文　A: Excuse me.  Do you know where the nearest bus station is?　B: There's one right around the corner.  I can show you.　A: You don't need to do that for me!

1　It's OK.  I'm going that way anyway.　2　Sorry.  The station is closed today.　3　All right.  You can pay me later.

訳　A：すみません。最寄りのバス停がどこにあるかご存じですか？　B：角を曲がったところに1つあります。案内しますよ。　A：そんなことまでしていただく必要はないですよ！

選択肢の訳　1　大丈夫です。とにかくあちらの方へ行きますので。　2　すみません。今日は駅が閉まっています。　3　わかりました。後で払うのでいいですよ。

解説　バス停の場所をたずねるAに, BがI can show you.「案内しますよ」と言うが, Aは遠慮して断っている。選択肢の中で会話の流れに合うのは, 再度案内を申し出る1のみ。

## No.10　正解　3

放送文　A: Wow!  That smells good.  What are you cooking, honey?　B: I'm making a new recipe.  I think I put in too much salt, though.  Here, try some. A: It's delicious.  What's in the sauce?

1　There are leftovers in the refrigerator.　2　It's an easy recipe to make.　3　White wine and garlic.

訳　A：うわあ！　いいにおいだな。何を料理してるんだい？　B：新しいレシピを作っているの。でも, 塩を入れすぎたような気がするわ。ほら, ちょっと食べてみて。　A：おいしいよ。ソースには何が入っているの？

選択肢の訳　1　冷蔵庫に残り物があるわ。　2　簡単に作れるレシピなのよ。　3　白ワインとニンニクよ。

解説　料理の味見をしたAがWhat's in the sauce?「ソースには何が入っているの？」とたずねていることから, 3を入れると会話が成り立つ。

## 第2部　一次試験・リスニング

(問題編pp.71〜73)

### No.11　正解　**3**

**放送文**　*A:* Excuse me.　Can I borrow these magazines?　*B:* No, sir.　Only books can be taken out of the library.　*A:* I see.　Does this library have a copy machine?　I'd like to make copies of some articles.　*B:* Yes, we do.　It's in the newspaper section.

*Question:* What does the man want to do?

**訳**　A：すみません。これらの雑誌を借りてもいいですか？　B：いいえ。図書館から持ち出すことができるのは本のみです。　A：そうですか。この図書館にはコピー機がありますか？　いくつかの記事をコピーしたいのですが。　B：はい，ありますよ。新聞のセクションにあります。

**質問の訳**　男性は何をしたがっていますか。

**選択肢の訳**　**1**　新聞を読む。　**2**　本を数冊借りる。　**3**　いくつかの雑誌記事をコピーする。　**4**　コピー機を修理する。

**解説**　図書館での会話。2巡目でA（＝来館者）が，I'd like to make copies of some articles.「いくつかの記事をコピーしたいのですが」と言っていることから，**3**が正解。

### No.12　正解　**3**

**放送文**　*A:* Honey, your mother called again.　She wants to know if we are coming to the barbecue this weekend or not.　*B:* OK.　I'll give her a call right after dinner.　*A:* It sounded like she really wanted us to come this weekend. *B:* Yeah, I think we should probably go, especially since you have a business trip next weekend.

*Question:* What will the couple probably do this weekend?

**訳**　A：ねえ，お母さんがまた電話してきたわよ。彼女は私たちが今週末バーベキューに来るかどうか知りたがっているの。　B：わかった。夕食後すぐに彼女に電話するよ。A：彼女は本当に今週末に来てほしそうだったわ。　B：そうだね，特に次の週末，君は出張だから，恐らく行ったほうがいいね。

**質問の訳**　この週末，2人は恐らく何をしますか。

**選択肢の訳**　**1**　海外で休暇を取る。　**2**　出張に行く。　**3**　男性の母親を訪ねる。 **4**　バーベキューを取りやめる。

**解説**　Bの実家でのバーベキューについて，2巡目でBがI think we should probably go「恐らく行ったほうがいいね」と言っていることから，**3**が正解。

### No.13　正解　**3**

**放送文**　*A:* Excuse me.　I'm looking for a sweater to wear with this light-blue skirt.　*B:* We have a few that should match right over here.　*A:* Hmm.　Do you have any sweaters made of wool?　*B:* I'm sorry, but I'm afraid we're sold out of those. We have these cotton ones, however.

*Question:* Why does the man say sorry to the woman?

**訳** Ａ：すみません。この水色のスカートと一緒に着るセーターを探しているんですが。Ｂ：こちらに合いそうなものがいくつかありますよ。 Ａ：うーん。ウール製のものはありますか？ Ｂ：申し訳ありませんが、売り切れです。でも、綿製のものでしたらあります。

**質問の訳** なぜ男性は女性に申し訳ないと言っていますか。

**選択肢の訳** **1** 店は間もなくセールをする。 **2** 店はあと数分で閉店する。 **3** 店にウール製のセーターがない。 **4** 店に水色のスカートがない。

**解説** 衣料品店での会話。2巡目でＡ（＝客）にウール製のセーターがあるかたずねられたＢ（＝店員）が、I'm sorry, but I'm afraid we're sold out of those.「申し訳ありませんが、売り切れです」と言っていることから、**3**が正解。those は sweaters made of wool を指す。

## *No.14* 正解 **2**

**放送文** *A:* Cindy, when you go to the supermarket, could you get some eggs? I need them to bake a cake. *B:* No problem, Dad. I'm leaving now. Do you need anything else? *A:* Hmm. Could you get some milk, too? By the way, the car key is on the table by the door. *B:* OK, thanks. I'll be back in about 30 minutes.

*Question:* What is the man planning to do?

**訳** Ａ：シンディ、スーパーに行くとき、卵を買ってくれない？ ケーキを焼くのに必要なんだ。 Ｂ：いいわよ、お父さん。今から出るね。他に何かいる？ Ａ：うーん。牛乳も買ってきてもらえる？ ところで、車のキーはドアのそばのテーブルの上にあるよ。Ｂ： わかったわ、ありがとう。30分ほどで戻るね。

**質問の訳** 男性は何をするつもりですか。

**選択肢の訳** **1** 車に乗る。 **2** ケーキを作る。 **3** スーパーへ行く。 **4** 車のキーを探す。

**解説** 1巡目でＡ（＝父親）がI need them to bake a cake.「ケーキを焼くのに（それらが）必要なんだ」と言っている。them は直前の some eggs を指すことから、**2**が正解。

## *No.15* 正解 **1**

**放送文** *A:* Thank you for calling Bob's Repair Company. How can I help you? *B:* I need to get my garage door repaired. It stopped working the other day. *A:* Well, we can send someone to take a look at it on Monday morning. Is that OK? *B:* Yes. I'll be home then. Thanks!

*Question:* Why did the man call the woman?

**訳** Ａ：ボブズ・リペア・カンパニーにお電話いただきありがとうございます。どうされましたか？ Ｂ：ガレージのドアを修理してもらわないといけないんですが。先日から作動しなくなってしまいました。 Ａ：ええと、月曜日の朝に人を送って見させることができますが。それで大丈夫ですか？ Ｂ：はい。そのころ家にいますね。ありがとう！

**質問の訳** なぜ男性は女性に電話をかけましたか。

**選択肢の訳** **1** ガレージのドアが壊れた。 **2** ガレージのドアを塗る必要があった。 **3** 彼女のドアを修理したかった。 **4** 予約を取り消さなければならなかった。

解説 1巡目でB（＝男性）がI need to get my garage door repaired.「ガレージの
ドアを修理してもらわないといけない」と言っていることから，**1**が正解。

## *No.16* 正解 **4**

放送文 *A:* Hello, George．Are you ready for your trip？ *B:* Yes, Brittany．I
have my new guidebook, my suitcase is packed, and I just bought my plane
ticket online．*A:* How about your hotel reservation？ *B:* Oh no！I guess I did
forget something．I'll make it now.

*Question:* How did the woman help the man？

訳 　A：ねえ，ジョージ。旅行の準備はできているの？ 　B：うん，ブリタニー。新し
いガイドブックを手に入れたし，スーツケースに荷物を詰めたし，たった今，オンライン
で航空券を買ったよ。 　A：ホテルの予約は？ 　B：ああ，どうしよう！ 　何かを忘れて
た気がしたんだ。今すぐ予約するよ。

質問の訳 　女性は男性をどのように助けましたか。

選択肢の訳 　**1** 彼に新しいガイドブックをあげた。 　**2** オンラインで彼の航空券を買っ
た。 　**3** 旅行に向け彼のスーツケースの荷造りをした。 　**4** すべきことを思い出させた。

解説 　B（＝George）の2巡目の発言より，ホテルの予約を忘れていた。このことに気
づかせたのが，直前のA（＝Brittany）の発言How about your hotel reservation?「ホ
テルの予約は？」。よって**4**が正解。

## *No.17* 正解 **4**

放送文 *A:* Hey, Jiro．What time is your baseball practice today？ *B:* Oh, hi,
Amanda．It starts at two, and then we have a game at five．*A:* Do you mind if I
come and watch your game？ *B:* No, not at all．I'd be happy if you came.

*Question:* What does Amanda want to do？

訳 　A：ねえ，ジロウ。今日の野球の練習は何時なの？ 　B：ああ，やあ，アマンダ。
2時に始まって，5時に試合があるんだ。 　A：試合を見に行ってもいい？ 　B：もちろ
んだよ。君が来てくれたらうれしいな。

質問の訳 　アマンダは何をしたいと思っていますか。

選択肢の訳 　**1** ジロウと一緒にテレビで試合を見る。 　**2** ジロウと野球をする。
**3** ジロウの家に行く。 　**4** ジロウの試合を見る。

解説 　2巡目でA（＝Amanda）がB（＝Jiro）に，Do you mind if I come and
watch your game?「試合を見に行ってもいい？」とたずねていることから，**4**が正解。
mindは「〜を嫌だと思う」という意味なので，Do you mind *do*ing?「〜してもいいで
すか」とたずねられ，「いいですよ」と言うときは，noで答えることに注意。

## *No.18* 正解 **3**

放送文 　*A:* How can I help you today, ma'am？ *B:* I'm interested in this
computer keyboard, but I'd like one in red．Do you have any？ *A:* I'm sorry, but
we only have black or gray ones at this store．*B:* Oh, that's too bad．I really
want to get a red one.

*Question:* Why is the woman disappointed？

**訳** A：今日はどうされましたか？ B：このコンピュータのキーボードに興味がある
のですが，赤いキーボードがほしいんです。こちらにありますか？ A：申し訳ござい
ませんが，当店には黒かグレーのものしかございません。 B：ああ，それは残念。赤いの
がとてもほしいのに。

**質問の訳** 女性はなぜがっかりしていますか。

**選択肢の訳** **1** 閉店後に店に行った。 **2** コンピュータのキーボードを壊した。
**3** 店に赤いキーボードがなかった。 **4** 店でコンピュータが売っていなかった。

**解説** 2巡目でB（＝女性）はA（＝店員）に，赤いキーボードがないと言われ，Oh,
that's too bad.「ああ，それは残念」とがっかりしていることから，**3**が正解。

## *No.19* 正解 **1**

**放送文** *A:* Hello. *B:* Jimmy, the New Orleans Jazz Superstars are playing
downtown tonight. *A:* Tonight? I love that band! Their concerts are so much
fun. *B:* I know. The concert starts at 7 p.m. Do you think you can get off work
early enough to go? *A:* Yeah! My business meeting just got moved to next week.
*Question:* What will the man and woman probably do tonight?

**訳** A：もしもし。 B：ジミー，ニューオーリンズ・ジャズ・スーパースターズが今
夜市内で演奏するの。 A：今夜？ ぼくはそのバンドが大好きだよ！ 彼らのコンサー
トはとても楽しいんだ。 B：そうよね。コンサートは午後7時に始まるわ。行くのに間
に合うくらい早く仕事を終われそう？ A：うん！ ちょうどミーティングが来週になっ
たんだ。

**質問の訳** 男性と女性は恐らく今夜，何をしますか。

**選択肢の訳** **1** 音楽のコンサートに行く。 **2** 仕事のミーティングを開く。 **3** 別
の町を訪ねる。 **4** 一緒に音楽を演奏する。

**解説** 今夜のコンサートについて，2巡目でB（＝女性）に Do you think you can get
off work early enough to go?「行くのに間に合うくらい早く仕事を終われそう？」と
たずねられ，A（＝Jimmy）がYeah!と答えていることから，**1**が正解。

## *No.20* 正解 **2**

**放送文** *A:* Where did you go last Sunday, Sam? *B:* My brother and I went
hiking on Tucker Mountain. But the weather was terrible. It was really cold
and rainy all day. *A:* You should have checked the weather report. *B:* You're
right. Next time, I'll make sure to check before I go.
*Question:* What was the boy's mistake?

**訳** A：サム，先週の日曜日はどこに行ったの？ B：兄[弟]とぼくはタッカー山にハ
イキングに行ったんだ。でも天気が最悪だった。本当に寒くて一日中雨だったよ。 A：
天気予報を確認すべきだったわね。 B：その通り。次回からは行く前に必ず確認するよ。

**質問の訳** 少年のミスは何でしたか。

**選択肢の訳** **1** ハイキング用のブーツを持って行かなかった。 **2** 天気予報を確認し
なかった。 **3** 違う山へ行ってしまった。 **4** 兄[弟]のレインコートをなくした。

**解説** 週末にハイキングへ行ったB（＝少年）が1巡目で，But the weather was
terrible.「でも天気が最悪だった」と言い，AにYou should have checked the

weather report.「天気予報を確認すべきだったわね」と言われていることから，**2**が正解。

| 第**3**部 | 一次試験・リスニング |
|---|---|
| | (問題編pp.73〜75) |

## *No.21* 正解 **1**

**放送文** When Kyle arrived at the park for his camping trip, the park ranger told him to watch out for bears. Bears sometimes came looking for food, so he told Kyle to keep the area clean. He said that if people left food near their tents, the bears would come close to the camping site.

*Question:* What did the park ranger tell Kyle to do?

**訳** カイルがキャンプ旅行のために公園に到着した時，公園管理者はクマに気をつけるように彼に言った。彼は，時々クマが食べ物を探しに来るので，カイルに周りをきれいにしておくように言った。彼は，人々がテントの近くに食べ物を残していると，クマがキャンプ場に近づいてくるだろうと言った。

**質問の訳** 公園管理者がカイルにするように言ったことは何ですか。

**選択肢の訳** **1** 食べ物をクマから遠ざけておくこと。 **2** 公園のカフェで食べ物を買うこと。 **3** クマの写真を撮ること。 **4** 公園を出る前に彼に電話をすること。

**解説** 2文目でBears sometimes came looking for food, so he told Kyle to keep the area clean.「彼は，時々クマが食べ物を探しに来るので，カイルに周りをきれいにしておくように言った」と言っていることから，**1**が正解。

## *No.22* 正解 **1**

**放送文** Hannah likes to take all kinds of lessons after work. She has just finished a computer programming course. This summer, she wants to start taking piano lessons, so she is going to cancel all her other lessons, such as swimming and judo. She wants to be able to play the instrument well by the end of the summer.

*Question:* What will Hannah do this summer?

**訳** ハンナは仕事の後にあらゆる種類のレッスンを受けるのが好きである。彼女はコンピュータプログラミングコースを終えたところだ。この夏，彼女はピアノのレッスンを受け始めたいと考えているため，水泳や柔道など他の習い事はすべてキャンセルする予定である。彼女は夏の終わりまでにその楽器を上手に演奏できるようになりたいと思っている。

**質問の訳** ハンナはこの夏何をしますか。

**選択肢の訳** **1** ピアノのレッスンを受ける。 **2** 水泳のレッスンを受ける。 **3** 柔道のレッスンを受ける。 **4** コンピュータのレッスンを受ける。

**解説** 3文目でThis summer, she wants to start taking piano lessons「この夏，彼女はピアノのレッスンを受け始めたいと考えている」と言っていることから，**1**が正解。

## *No.23* 正解 **2**

**放送文** Nick's football team was supposed to play in the final competition at a

51

big stadium on Saturday. Nick got hurt last week, but now he is better and will be able to play. When he woke up on Saturday morning, he looked out of the window and was upset. There was a bad rainstorm. The football competition had to be changed to another date.

*Question:* Why was the football competition date changed?

訳　ニックのフットボールチームは土曜日に大きなスタジアムで決勝戦に出場する予定だった。ニックは先週けがをしたが，今は良くなりプレーできるだろう。土曜日の朝，目が覚めると，彼は窓の外を見て動揺した。ひどい暴風雨だったのだ。フットボールの試合は別の日に変更されなければならなかった。

質問の訳　フットボールの試合の日程が変更されたのはなぜですか。

選択肢の訳　**1** 重要な選手がけがをした。　**2** 天気が悪かった。　**3** スタジアムが修理中だった。　**4** わずかなチケットしか売れなかった。

解説　最後の2文でフットボールの試合当日の出来事として，There was a bad rainstorm. The football competition had to be changed to another date.「ひどい暴風雨だったのだ。フットボールの試合は別の日に変更されなければならなかった」と言っているので，**2**が正解。

## No.24　正解　**2**

放送文　When Isaac was a child, he played soccer on a team that his father coached. In senior high school, he started watching rugby games on TV and learned more about the game. He also studied to become a sports coach in college. Now, Isaac is a coach for a rugby team in his city.

*Question:* What did Isaac do when he was a child?

訳　アイザックは子供のころ，父親がコーチをしていたチームでサッカーをしていた。彼は高校時代にテレビでラグビーの試合を見始め，試合についてさらに知った。彼は大学でもスポーツコーチになるために勉強した。現在，アイザックは彼の住む町のラグビーチームのコーチをしている。

質問の訳　アイザックは子供のころ何をしていましたか。

選択肢の訳　**1** 学校のチームでラグビーをしていた。　**2** 父親のチームでサッカーをしていた。　**3** 母親とサッカーの試合に行った。　**4** 有名なラグビーのコーチと一緒に学校へ行った。

解説　1文目でWhen Isaac was a child, he played soccer on a team that his father coached.「アイザックは子供のころ，父親がコーチをしていたチームでサッカーをしていた」と言っていることから，**2**が正解。

## No.25　正解　**1**

放送文　Roberto did not have any food in his refrigerator, so he decided to go out to buy something for dinner. He went to his favorite Italian restaurant and ordered pasta and a salad to take home. He took out his wallet, but he did not have enough cash. He had to ask the staff member to wait. Roberto ran home and got his credit card. Unfortunately, the pasta was cold by the time he got home with it.

*Question:* What was Roberto's problem at the restaurant?

**訳** ロベルトは冷蔵庫に食べ物がなかったので，夕食に何か買いに出かけることにした。彼はお気に入りのイタリア料理店に行き，家に持ち帰るためにパスタとサラダを注文した。彼は財布を取り出したが，十分な現金がなかった。彼はスタッフに，待ってもらうように頼まなければならなかった。ロベルトは走って家に帰り，クレジットカードを手にした。残念ながら，彼がパスタを持って家に帰るまでに，パスタは冷めていた。

**質問の訳** レストランでのロベルトの問題は何でしたか。

**選択肢の訳** **1** 十分な現金がなかった。 **2** スマートフォンを使えなかった。 **3** 店がまだ開いていなかった。 **4** 店にパスタがなかった。

**解説** 3文目でHe took out his wallet, but he did not have enough cash.「彼は財布を取り出したが，十分な現金がなかった」と言っていることから，**1**が正解。

## *No.26* 正解 **4**

**放送文** Sophie was asked to go to a party by her friend James. She wanted to look as nice as possible, so she chose her favorite blue dress and a sweater. However, she noticed all of her shoes were old and did not look nice. As a result, she went to the department store to pick out a new pair.

*Question:* Why did Sophie go to the department store?

**訳** ソフィーは友人のジェームズからパーティーに行こうと誘われた。彼女はできるだけ素敵に見えるよう，お気に入りの青いドレスとセーターを選んだ。しかし，彼女は自分の靴がどれも古く，見た目も良くないことに気づいた。その結果，彼女は新しい靴を選ぶためにデパートに行った。

**質問の訳** ソフィーはなぜデパートに行きましたか。

**選択肢の訳** **1** 友人が彼女をそこに迎えに来た。 **2** 彼女の友人がそこで働いていた。 **3** ドレスを買いたかった。 **4** 新しい靴が必要だった。

**解説** 最終文でshe went to the department store to pick out a new pair「彼女は新しい靴を選ぶためにデパートに行った」と言っていることから，**4**が正解。

## *No.27* 正解 **3**

**放送文** Electric cars are said to be better for the environment than cars that use gasoline. However, gasoline-powered cars are quicker and easier to fill up. There are not enough places outside cities to charge car batteries. As a result, people who drive far outside of cities like to have cars that use gasoline. In some African countries, for example, many businesses need to use gasoline-powered cars over long distances.

*Question:* Why are cars that use gasoline still needed in some African countries?

**訳** 電気自動車はガソリンを使う自動車よりも環境に良いと言われている。しかし，ガソリン車の方が，給油が早くて簡単である。郊外には車のバッテリーを充電できる場所が十分にない。その結果，遠く郊外を運転する人は，ガソリンを使用する車を好む。例えば，アフリカの一部の国では，多くの企業が長距離でガソリン車を使用しなければならない。

**質問の訳** アフリカの一部の国ではなぜガソリンを使用する自動車が今も必要とされていますか。

**1** 混雑した市内で使うことができる。 **2** 夜でも運転しやすい。 **3** 電気自動車は郊外では充電しにくい。 **4** 電気自動車は一部の場所で許可されていない。

解説 3～4文目でThere are not enough places outside cities to charge car batteries. As a result, people who drive far outside of cities like to have cars that use gasoline. 「郊外には車のバッテリーを充電できる場所が十分にない。その結果，遠く郊外を運転する人は，ガソリンを使用する車を好む」と言っており，その例としてアフリカの一部の国が挙げられていることから，**3**が正解。

## No.28  正解  3

放送文 Thank you for coming to the Pineville Mall fresh-food store. We will be closing in 10 minutes, at 9 p.m. We ask that you finish up your shopping soon. The south exit to the parking lot has closed already, so please use the exit on the north side. We will open again tomorrow at 10 a.m.

*Question:* Why is this announcement being made?

訳 パインビルモールの生鮮食料品店にご来店いただきありがとうございます。10分後の午後9時に閉店いたします。お早めにお買い物をお済ませくださいますようお願い申し上げます。駐車場への南口はすでに閉鎖されておりますので，北側の出口をご利用ください。明日も午前10時に開店いたします。

質問の訳 なぜこのアナウンスは行われていますか。

選択肢の訳 **1** 駐車場が満車である。 **2** ショッピングモールが建設中である。 **3** 店が間もなく閉まる。 **4** 明日でセールが終わる。

解説 ショッピングモールのアナウンス。2文目でWe will be closing in 10 minutes, at 9 p.m.「10分後の午後9時に閉店いたします」と言っていることから，**3**が正解。

## No.29  正解  2

放送文 Attention, all passengers. We apologize for the delay, but we cannot take off because of all the snow on the runway. We should be able to take off in 10 minutes. We will let you know as soon as enough of the snow has been cleared away. The pilot has turned off the seat belt sign, so please feel free to use the restrooms or to get up to stretch your legs.

*Question:* Why has the flight been delayed?

訳 ご搭乗の皆様にお知らせです。遅れて申し訳ありませんが，滑走路に雪が積もっているため離陸できません。10分以内に離陸できるはずです。十分に除雪され次第，お知らせいたします。パイロットがシートベルト着用サインを消しておりますので，ご自由にトイレをご使用いただいたり，お立ちになって足を伸ばしたりしてください。

質問の訳 なぜ飛行機は遅れていますか。

選択肢の訳 **1** シートベルトに問題がある。 **2** 外に雪がたくさんある。 **3** 飛行機の確認が必要である。 **4** 荷物の到着が遅れている。

解説 飛行機内のアナウンス。2文目でWe apologize for the delay, but we cannot take off because of all the snow on the runway.「遅れて申し訳ありませんが，滑走路に雪が積もっているため離陸できません」と言っていることから，**2**が正解。

## *No.30*　正解　**1**

**放送文**　In some parts of Africa, there are small animals called bush babies. Bush babies like to live in tall trees, and they have large ears and eyes. They start being active after the sun goes down and look for food throughout the night. Bush babies usually eat plants, but they sometimes eat other small animals as well.

*Question:* What is one thing we learn about bush babies?

**訳**　アフリカの一部の地域にはブッシュベイビーと呼ばれる小動物がいる。ブッシュベイビーは高い木の上に住むのを好み，大きな耳と目を持っている。彼らは日が沈むと活動的になり，一晩中エサを探す。ブッシュベイビーは通常植物を食べるが，時には他の小動物も食べることもある。

**質問の訳**　ブッシュベイビーについて分かることの１つは何ですか。

**選択肢の訳**　**1**　主に夜間に活動的である。　**2**　大きな頭を持つ。　**3**　太陽でエサを乾燥させる。　**4**　木の下に穴を掘る。

**解説**　ブッシュベイビーについて３文目で They start being active after the sun goes down「彼らは日が沈むと活動的になる」と言っていることから，**1** が正解。

---

## カードＡ　二次試験・面接
（問題編pp.76〜77）

**訳**　アウトドア活動

アウトドア活動はあらゆる年齢層に人気がある。例えば，自然の中でのキャンプは楽しいものであり，多くの人々がアウトドアで料理を楽しむ。しかし，一部の人は，周囲への配慮が足りず，そしてその結果，他のキャンパーに迷惑をかけている。アウトドア活動を楽しむときは，他人のことを考えるべきである。

**質問の訳**　No.1　この文によると，なぜ一部の人は他のキャンパーに迷惑をかけることがありますか。

No.2　さて，Aの絵に描かれている人々を見てください。彼らは色々なことをしています。彼らがしていることをできるだけたくさん説明してください。

No.3　さて，Bの絵に描かれている少女を見てください。その状況を説明してください。では，〜さん（受験者の氏名），カードを裏返しにして置いてください。

No.4　あなたは，将来，より多くの人が料理教室に通うだろうと思いますか。

No.5　日本では，多くの種類のお茶が店で売られています。あなたはよくお茶を飲みますか。

## *No.1*　解答例　Because they do not pay enough attention to others around them.

**解答例の訳**　彼らは周囲への配慮が足りないので。

**解説**　第3文後半に関する質問。and as a result は「そしてその結果」という意味で，同じ文の前半の some people do not pay enough attention to others around them「一部の人は，周囲への配慮が足りない」はその原因を表すので，これを〈Because they 〜〉の形に直して答える。

## *No.2* 解答例   A woman is playing the violin. / A man is taking off [putting on] his sunglasses[glasses]. / A man is swimming in the water. / A girl is eating a hamburger. / A man is painting a fence.   (順不同)

**解答例の訳**   女性がバイオリンを弾いています。／男性がサングラス［メガネ］を外して［つけて］います。／男性が水中で泳いでいます。／少女がハンバーガーを食べています。／男性がフェンス［塀］にペンキを塗っています。

**解説**   イラストの中の人物の動作はすべて**現在進行形**で表す。「(衣類，メガネなどを)外す／つける」は **take off / put on** で，サングラスやメガネは **sunglasses[glasses]** のように複数形にすることに注意。「ペンキを塗る」は **paint** と表す。

## *No.3* 解答例   She found a watch on a table and is thinking of taking it to a police officer.

**解答例の訳**   彼女はテーブルの上に時計を見つけ，それを警察官の所へ持って行こうと考えています。

**解説**   少女が広場のテーブルの上で腕時計を見つけている。そして，吹き出しの中のイラストは，少女がそれを警察官に届けていることを表している。よって，解答例のように，「彼女はテーブルの上に時計を見つけた (**She found a watch on a table**)」と，少女が考えていること「それを警察官の所へ持って行く (**taking it to a police officer**)」を **and** で結ぶと良い。

## *No.4* 解答例   （Yes.の場合）  Yes. → Why?──More and more people are interested in cooking.  Also, people can learn to cook many types of dishes.
（No.の場合）  No. → Why not?──There are many free cooking videos on the Internet.  People can watch these videos anytime they want.

**解答例の訳**   はい。→それはなぜですか。──料理に興味を持つ人が増えています。また，人々は様々な種類の料理の作り方を学ぶことができます。／いいえ。→それはなぜですか。──インターネット上には無料の料理動画がたくさんあります。人々はこれらの動画をいつでも好きなときに見ることができます。

**解説**   Yesの場合は，料理学校に通うことのメリットを挙げる。解答例では，「料理に興味を持つ人が増えている」という現状を挙げ，料理教室では「様々な種類の料理 (**many types of dishes**) の作り方を学ぶことができる」とそのメリットを述べている。Noの場合は，料理教室以外の方法を挙げると良いだろう。解答例では，「インターネット上には無料の料理動画 (**free cooking video**) がたくさんある」ことを挙げ，これについて，「人々はこれらの動画をいつでも好きなときに (**anytime they want**) 見ることができる」というメリットを述べている。

## *No.5* 解答例   （Yes.の場合）  Yes. → Please tell me more.──It's healthy to drink green tea every day.  I drink it with my family after dinner.
（No.の場合）  No. → Why not?──I love drinking coffee more than

tea. Drinking coffee in the morning makes me feel better.

**解答例の訳** はい。→詳しく話してください。——毎日緑茶を飲むのは健康的です。私は夕食後に家族と一緒にそれを飲んでいます。／いいえ。→それはなぜですか。——私はお茶よりもコーヒーを飲むのが大好きです。朝、コーヒーを飲むと、気分が良くなります。

**解説** Yesの場合は、どのような時にお茶を飲むかなど、自分の習慣などを具体的に説明すると良い。解答例では、「毎日緑茶を飲むのは健康的（**healthy**）である」というメリットをまず挙げ、自分がふだんいつだれと緑茶を飲むかを説明している。Noの場合は、お茶を飲まない理由を具体的に説明すると良い。解答例では、最初に、「お茶よりもコーヒーを飲むのが大好きである」と自分の好みを述べ、コーヒーの良さについて、「気分が良くなる（**makes me feel better**）」ことを挙げている。

## カードB 二次試験・面接
### (問題編pp.78〜79)

**訳** より良いビーチ

今日、ビーチはあらゆる年齢層の人々に人気がある。しかし、ビーチを良好な状態に保つのは大変な仕事である。今、技術が重要な役割を果たしている。一部の町では、ビーチを掃除するロボットを使っており、このようにして、ビーチの環境をより良くしようとしている。このようなロボットはますます一般的になりつつある。

**質問の訳** No.1　この文によると、一部の町はどのようにビーチの環境をより良くしようとしていますか。

No.2　さて、Aの絵に描かれている人々を見てください。彼らは色々なことをしています。彼らがしていることをできるだけたくさん説明してください。

No.3　さて、Bの絵に描かれている少女を見てください。その状況を説明してください。では、〜さん（受験者の氏名）、カードを裏返しにして置いてください。

No.4　あなたは、将来より多くの人々がロボットをペットとして飼いたがると思いますか。

No.5　最近、友人と買い物に行くのが若者の間で人気です。あなたはよく友人と買い物に行きますか。

## *No.1* 解答例　By using robots that clean beaches.

**解答例の訳** ビーチを掃除するロボットを使うことによって。

**解説** 第4文後半に関する質問。in this wayのthis wayは同じ文の前半の動詞以下を指すので、このuse robots that clean beaches「ビーチを掃除するロボットを使う」を〈By + doing形［動名詞］〉の形に直して答える。

## *No.2* 解答例　A boy is drinking water. / A woman is picking up her hat. / A girl is chasing a dog. / A man is cutting bread. / A man is carrying a box.　（順不同）

**解答例の訳** 少年が水を飲んでいます。／女性が帽子を拾っています。／少女がイヌを追いかけています。／男性がパンを切っています。／男性が箱を運んでいます。

**解説** イラストの中の人物の動作はすべて現在進行形で表す。「拾う」は**pick up**、「追いかける」は**chase**で表す。

## No.3 解答例 She wants to send the letter, but she forgot to put a stamp on it.

**解答例の訳** 彼女は手紙を送りたいと思っていますが，切手を貼るのを忘れてしまいました。

**解説** 場面は郵便ポストの前。少女が手紙をポストに入れようとしているが，吹き出し内のイラストより，切手を貼っていないことが分かる。よって解答例のように，「彼女は手紙を送りたいと思っている（**She wants to send the letter**）」と「彼女はそれ（＝手紙）に切手を貼るのを忘れた（**she forgot to put a stamp on it**）」を**but**で結ぶと良い。

## No.4 解答例 （Yes.の場合） Yes. →Why?——It's easier to take care of robot pets. People don't need to give them food or water. （No.の場合） No. →Why not?——It's more fun to play with real animals. They can understand how people are feeling.

**解答例の訳** はい。→それはなぜですか。——ロボットのペットは世話をするのがより簡単です。人々は彼らに食べ物や水を与える必要はありません。／いいえ。→それはなぜですか。——本物の動物と遊ぶ方がより楽しいです。彼らは人々がどのように感じているかを理解することができます。

**解説** Yesの場合は，ペットロボットのメリットを挙げると良い。解答例では，「世話をする（**take care of**）のがより簡単である」と述べ，「食べ物や水を与える必要がない」と具体例を挙げている。Noの場合は，本物の動物の良さなどを挙げると良い。解答例では，「本物の動物と遊ぶ方がより楽しい（**more fun**）」と述べ，さらに本物の動物は「人々がどのように感じているか（**how people are feeling**）を理解することができる」と補足している。

## No.5 解答例 （Yes.の場合） Yes. →Please tell me more.——We often go to the shopping mall in my town. I like looking at clothes with my friends. （No.の場合） No. →Why not?——I'd rather go shopping by myself. I can look around stores more quickly alone.

**解答例の訳** はい。→詳しく話してください。——私たちは町のショッピングモールによく行きます。私は友達と一緒に服を見るのが好きです。／いいえ。→それはなぜですか。——私はむしろ1人で買い物に行きたいです。1人の方がより早く店内を見て回れます。

**解説** Yesの場合は，友人とよく買い物に行く場所や買うものなどについて具体的に説明すると良い。解答例では，「町のショッピングモール（**shopping mall**）によく行く」，「友達と一緒に服を見るのが好き」だと言っている。Noの場合は，1人で買い物をすることのメリットなどを挙げると良い。解答例では，「1人の方がより早く店内を見て回れる（**look around stores more quickly alone**）」と言っている。I'd[I would] rather ～. は「私は～する方が良い，むしろ～したい」の意味。

# 2022年度 第❸回

| 解　答　欄 | | | | |
|---|---|---|---|---|
| 問題番号 | 1 | 2 | 3 | 4 |
| (1) | ① | ② | ❸ | ④ |
| (2) | ❶ | ② | ③ | ④ |
| (3) | ① | ② | ❸ | ④ |
| (4) | ❶ | ② | ③ | ④ |
| (5) | ① | ② | ❸ | ④ |
| (6) | ① | ② | ❸ | ④ |
| (7) | ① | ② | ❸ | ④ |
| (8) | ① | ❷ | ③ | ④ |
| (9) | ① | ❷ | ③ | ④ |
| (10) | ❶ | ② | ③ | ④ |
| 1 (11) | ① | ❷ | ③ | ④ |
| (12) | ① | ❷ | ③ | ④ |
| (13) | ① | ② | ❸ | ④ |
| (14) | ① | ② | ③ | ❹ |
| (15) | ① | ② | ❸ | ④ |
| (16) | ① | ② | ❸ | ④ |
| (17) | ① | ② | ❸ | ④ |
| (18) | ① | ❷ | ③ | ④ |
| (19) | ① | ❷ | ③ | ④ |
| (20) | ① | ❷ | ③ | ④ |

| 解　答　欄 | | | | |
|---|---|---|---|---|
| 問題番号 | 1 | 2 | 3 | 4 |
| (21) | ① | ② | ③ | ❹ |
| (22) | ❶ | ② | ③ | ④ |
| 2 (23) | ① | ② | ❸ | ④ |
| (24) | ① | ❷ | ③ | ④ |
| (25) | ❶ | ② | ③ | ④ |
| (26) | ① | ② | ❸ | ④ |
| (27) | ① | ② | ❸ | ④ |
| 3 (28) | ① | ② | ❸ | ④ |
| (29) | ❶ | ② | ③ | ④ |
| (30) | ① | ❷ | ③ | ④ |
| (31) | ① | ❷ | ③ | ④ |
| (32) | ① | ❷ | ③ | ④ |
| (33) | ① | ② | ❸ | ④ |
| 4 (34) | ① | ❷ | ③ | ④ |
| (35) | ❶ | ② | ③ | ④ |
| (36) | ① | ❷ | ③ | ④ |
| (37) | ① | ② | ❸ | ④ |

5 の解答例は
p.70をご覧く
ださい。

| リスニング解答欄 | | | | |
|---|---|---|---|---|
| 問題番号 | 1 | 2 | 3 | 4 |
| 例題 | ① | ② | ❸ | |
| 第1部 No. 1 | ❶ | ② | ③ | |
| No. 2 | ① | ❷ | ③ | |
| No. 3 | ① | ❷ | ③ | |
| No. 4 | ① | ② | ❸ | |
| No. 5 | ① | ② | ❸ | |
| No. 6 | ❶ | ② | ③ | |
| No. 7 | ① | ❷ | ③ | |
| No. 8 | ① | ② | ❸ | |
| No. 9 | ① | ❷ | ③ | |
| No. 10 | ① | ② | ❸ | |
| 第2部 No. 11 | ① | ② | ❸ | ④ |
| No. 12 | ① | ② | ③ | ❹ |
| No. 13 | ① | ② | ❸ | ④ |
| No. 14 | ① | ❷ | ③ | ④ |
| No. 15 | ① | ❷ | ③ | ④ |
| No. 16 | ❶ | ② | ③ | ④ |
| No. 17 | ① | ❷ | ③ | ④ |
| No. 18 | ① | ② | ③ | ❹ |
| No. 19 | ① | ② | ❸ | ④ |
| No. 20 | ① | ❷ | ③ | ④ |
| 第3部 No. 21 | ① | ❷ | ③ | ④ |
| No. 22 | ❶ | ② | ③ | ④ |
| No. 23 | ① | ② | ③ | ❹ |
| No. 24 | ❶ | ② | ③ | ④ |
| No. 25 | ① | ② | ❸ | ④ |
| No. 26 | ① | ❷ | ③ | ④ |
| No. 27 | ① | ② | ③ | ❹ |
| No. 28 | ❶ | ② | ③ | ④ |
| No. 29 | ① | ② | ③ | ❹ |
| No. 30 | ① | ❷ | ③ | ④ |

## (1)　正解　**3**

**訳**　ホテルのプールの監視員は泳いでいる人たちに，プールの深さが十分ではないため，そこに飛び込まないように言った。

**解説**　because以下より，プールはあまり深くないと分かる。よって**3**のdive「飛び込む」を入れると文意が通る。flow「流れる」，melt「溶ける」，announce「公表する」。

## (2)　正解　**1**

**訳**　グレッグは来週末テニストーナメントに出場する予定である。彼はまだ3か月しかプレーしていないので，勝つ可能性は非常に低い。

**解説**　2文目の前半より，グレッグはテニスの経験が浅いと分かる。つまり，テニストーナメントに勝てる可能性は低いと推測できることから，**1**のunlikelyを入れると文意が通る。unlikely to *do*で「〜しそうもない」という意味。traditional「伝統的な」，similar「同様の」，honest「正直な」。similar to 〜は「〜と似ている」という意味。

## (3)　正解　**3**

**訳**　ジェニーの夢は有名な作家になることである。彼女は，10冊以上のベストセラー小説を書いている，彼女の大好きな作家のようになりたいと考えている。

**解説**　1文目より，ジェニーは作家を目指していると分かることから，writerとほぼ同じ意味である**3**のauthor「作家，著者」を入れると文意が通る。astronaut「宇宙飛行士」，accountant「会計士」，athlete「運動選手」。

## (4)　正解　**1**

**訳**　イヌがリンダの帽子を奪ったとき，リンダはそれを取り戻すために公園中追いかけ回さなければならなかった。

**解説**　文の前半より，リンダの帽子はイヌに奪われたと分かることから，リンダはそれを取り戻そうとしたと推測できる。よって，**1**のchase「追いかける」を入れると文意が通る。greet「あいさつする」，hire「雇う」，share「共有する」。

## (5)　正解　**3**

**訳**　大阪や福岡などの大都市は電車やバスのネットワークがあるため，動き回るのが簡単である。

**解説**　It is easy to get around「動き回るのが簡単である」ことの理由を述べているので，**3**のnetworks＜network「ネットワーク，道路網」を入れると文意が通る。struggle「奮闘」，recording「記録」，purpose「目的」。

## (6)　正解　**3**

**訳**　教師はクラスを小さなグループに分けて，自分たちのプロジェクトのアイデアについて話し合えるようにした。

※2024年度第1回から，試験形式の変更に伴い大問1の問題数は15問になります。

**解説** 空所のあとのinto small groupsに注目。divide 〜 into …で「〜を…に分ける」という意味なので，**3**の**divided**＜divide「分ける」を入れると「クラスを小さなグループに分けた」となり，文意が通る。accept「受け取る」，warm「暖める」，injure「けがをする」。

## (7) 正解 **4**

**訳** サヤカと父親は税金や環境などの問題に関して，全く異なる意見を持っている。

**解説** tax「税金」やenvironment「環境」が例として挙げられていることから，**4**の**issues**＜issue「問題」を入れると文意が通る。degree「程度」，partner「仲間」，response「反応」。

## (8) 正解 **2**

**訳** オースティンはガールフレンドが去ってしまって，悲しかった。しかし，彼は彼女のことをすぐに忘れ，今はまた元気である。

**解説** 2文目がHowever「しかし」で始まることから，オースティンは，今は悲しくないと推測できる。in good spiritsで「元気な，上機嫌な」という意味なので，**2**の**sprits**＜spirit「精神，（複数形で）気分」を入れると文意が通る。contest「競技会」，argument「議論」，decision「決断」。

## (9) 正解 **2**

**訳** Ａ：この花を育てるのは難しいですか？
Ｂ：全く。ただ種を地面に植えて，十分な水を忘れずに与えるだけです。

**解説** 花を育てるのが難しいかとたずねるＡに対し，ＢはNot at all.「全く（難しくない）」と言っていることから，**2**の**simply**「ただ（〜だけ）」を入れ，栽培の簡単さを説明する文にすると会話が成り立つ。loudly「大声で」，shortly「間もなく」，finally「ついに」。

## (10) 正解 **1**

**訳** カールは野球ボールで隣人の窓を割ってしまったことをとても申し訳なく思った。彼は隣人の家に謝りに行った。彼はまた，もっと注意することを約束した。

**解説** 1文目よりカールは隣人の窓を割ってしまったことが分かる。また，2文目と3文目より隣人の家を訪れて注意することを約束していることから，**1**の**apologize**「謝る」を入れると文意が通る。export「輸出する」，limit「制限する」，nod「うなずく」。

## (11) 正解 **2**

**訳** Ａ：アシュリー，どっちのドレスを買えばいいかな？
Ｂ：分からない。そっくりに見えるもの。同じボタンがついていて，両方とも青色だわ。

**解説** Ａの見ている2着のドレスについて，ＢはThey have the same buttons and they're both blue.「同じボタンがついていて，両方とも青色だ」と，あまり違いがないことを示唆していることから，**2**の**look alike**「よく似た」を入れると文意が通る。look ahead「将来を見越す」，catch on「流行する」，catch up「追いつく」。

## (12)　正解　**2**

**訳**　マイケルはテントで寝る前に，たき火を消さなければならなかった。彼は川へ水を汲みに行き，火にかけた。

**解説**　2 文目より，マイケルは川の水をたき火にかけたと分かることから，**2 put out**「（火を）消す」を入れると文意が通る。come out「姿を現す」，fill up「いっぱいに入れる」，back up「逆流させる」。

## (13)　正解　**3**

**訳**　困っている人を助けるには様々な方法がある。例えば，お金，衣服，食べ物が十分にない人々に，それらを与えることができる。

**解説**　people who do not have enough (money, clothes, or food) を別の言い方で表す。**3の in need**「困っている」が適切。people in need で「困っている人々」。on end「直立して」，by heart「暗記して」，of use「役に立って」。

## (14)　正解　**4**

**訳**　トニーは高校を卒業した後，電車の運転士の仕事に就いた。彼は鉄道会社に50年近く勤務した。彼は65歳になったときに退職した。

**解説**　トニーは高校を卒業してから65歳で退職するまで鉄道会社に勤務したと分かる。よって**4のworked for＜work for**「〜に勤めている」を入れると文意が通る。come over「立ち寄る」，take after「〜に似ている」，bring up「〜を育てる」。

## (15)　正解　**2**

**訳**　A：どのくらいダイエットをしているの？
B：2か月前に始めたんだ。今までのところ，5キロほどやせたよ。

**解説**　Bが，So far, I've lost about 5 kilograms.「今までのところ，5キロほどやせた」と答えていることから，**2のon a diet**「ダイエット中で」を入れると会話が成り立つ。for a change「気分転換に」，in place「定位置に」，with time「やがて」。

## (16)　正解　**3**

**訳**　いくつかの種類の鳥は長距離を移動することが知られている。例えば，キョクアジサシは毎年約9万キロを旅する。

**解説**　選択肢の中で空所に入れて文意が通るのは，**3のknown to** のみ。be known to 〜で「〜であると知られている」。jealous of「〜をねたんで」，belong to「〜に属する」，true of「〜に当てはまる」。

## (17)　正解　**3**

**訳**　ケリーは海が大好きだが，いつもそれから遠く離れて暮らしてきた。彼女の夢は，退職したら海の近くの家に引っ越すことである。

**解説**　海が大好きなケリーの夢は，海の近くで暮らすことだと推測できることから，**3のclose to**「〜に近い」を入れると文意が通る。certain of「〜を確信している」，fit for「〜に適する」，poor at「〜が下手である」。

## (18)　正解　**2**

**訳**　クーパーズビルでは3か月ごとに大きなマーケットが開催される。前回は12月に開催されたので，次回は3月に開催予定である。

**解説**　2文目より，マーケットは，12月の次は3月に開催される。つまり3か月ごとの開催だと推測できることから，**2**のEveryを入れ，Every three months「3か月ごと」とすると文意が通る。

## (19)　正解　**2**

**訳**　ビリーは最新の音楽を聞きたいので，ソニックFM というラジオチャンネルをよく聞く。ソニックFMではふつう，過去2～3か月間の曲のみが流される。

**解説**　2文目のsongs from the past two or three months「過去2～3か月間の曲」は比較的新しい曲であると分かることから，**2**のlatest「最新の」が適切。highest「最高の」，fastest「最速の」，earliest「最古の」。

## (20)　正解　**2**

**訳**　ケニーは両親が彼に寝るように言ったり野菜を食べるようにと言ったりすると怒る。彼は子供のように扱われるのを嫌っているのだ。

**解説**　treatは「扱う」，hate *do*ingで習慣的なことに関して，「～することを嫌う」の意味。この文では「扱われる」という受け身の意味にすると意味が通るので，**2**のbeing treatedの形が適切。

---

**2**　一次試験・筆記
(問題編pp.85～86)

## (21)　正解　**4**

**訳**　A：こんばんは。ご注文はお決まりですか？
B：シーフードパスタはまだありますか？
A：以前はお出ししておりましたが，最近メニューを変更いたしました。
B：それは残念。私はその料理がとても気に入っていたんです。

**選択肢の訳**　**1**　開店を遅らせた　**2**　新しいスタッフを雇った　**3**　新しいいすを購入した　**4**　メニューを変更した

**解説**　2巡目のやりとりより，シーフードパスタが今はメニューにないと分かることから，**4**のchanged our menuを入れると会話が成り立つ。

## (22)　正解　**1**

**訳**　A：お父さん，理科の宿題を手伝ってくれない？
B：いいよ，クレア。何をしなければならないんだい？
A：植物の絵を描かなければならないの。それから，色を塗って各部の名称を書かなければならないの。
B：それは面白そうだね。庭に行って1つ選ぼう。

**選択肢の訳　1**　植物の絵を描く　**2**　教科書の問題に答える　**3**　宇宙に関する情報を入手する　**4**　自分の頭のサイズを測る

**解説**　2巡目でAがI have to color it「色を塗らなければならない」と言っていること，次にBがLet's go and choose one from the garden.「庭に行って1つ選ぼう」と言っていることから，理科の宿題の内容として適切なのは，**1**のdraw a picture of a plant。

## (23)　正解　**3**

**訳**　Ａ：どのような服をお探しですか？
Ｂ：セールのことを聞きました。古いスーツを持って行くと，新しいスーツを半額で買えるのですか？
Ａ：ええ。ですが，今日がその割引を受ける最後のチャンスです。
Ｂ：分かりました。すぐに戻りますね！

**選択肢の訳　1**　新車を25％割引にする　**2**　新しい領収書を印刷する　**3**　新しいスーツを半額で買う　**4**　新しいテレビをより安く買う

**解説**　Ａ（＝店員）の最初の発言より，衣料品店での会話であると分かる。また，空所を含むＢの質問にＡがHowever, today is the last chance to get that discount「ですが，今日がその割引を受ける最後のチャンスです」と答えていることから，Ｂは割引に関する質問をしたと推測できる。衣料品店でのやりとりとして考えられるのは，**3**のI buy a new suit for half priceのみ。

## (24)　正解　**2**

**選択肢の訳　1**　行かなければならない会議　**2**　しなければならない宿題　**3**　クラブ活動　**4**　医者の予約

**解説**　空所を含む発言の直後で，ＡはＢ（＝母親）に，Our teacher said that … we wouldn't have to study this weekend.「先生は，…今週末は勉強しなくてもいいと言った」と言っていることから，Ｂは学校の勉強に関する質問をしたと推測できる。よって，**2**のhomework to doを入れ，宿題の有無をたずねる文にすると，会話が成り立つ。

## (25)　正解　**1**

**選択肢の訳　1**　彼女の母親の電話番号　**2**　彼女のおばあちゃんのクッキーのレシピ　**3**　テストのための本　**4**　彼女の家族の写真

**解説**　空所を含む発言の直前で，ＢがI'd better speak to Jan's mother first「まずジャンの母親に話した方がいい」と言っていることから，**1**のher mom's phone numberを入れ，ジャンの母親の連絡先（＝電話番号）をジャンに送ってもらうように頼むという内容の文にすると，会話が成り立つ。

(24)(25)　**訳**
Ａ：お母さん，友達のジャンが今週末，うちに来て泊まってもいい？
Ｂ：うーん。どうでしょう。2人とも宿題があるんじゃないの？
Ａ：先生は，今週のテストが終わったら，今週末は勉強しなくてもいいと言ったわ。
Ｂ：なるほど。あなたの部屋はどう？　掃除したの？
Ａ：まだだけど，木曜の夜に必ずするわ。
Ｂ：それならいいわ。まずジャンの母親に話して，ジャンがうちに泊まってもいいかどう

か確認した方がいいわね。

A：ありがとう，お母さん。ジャンにお母さんの電話番号を送ってもらうように頼むね。

B：実は，もう知っていると思うわ。アドレス帳を確認させて。

# 3[A] 一次試験・筆記
(問題編p.87)

**Key to Reading** 仮装パーティーに誘われたヘザーがどのようにして衣装や小物をそろえたかを読み取りながら，空所に入る語句を特定しよう。

**訳** 仮装パーティー

　先日，ライアンはヘザーを誕生日パーティーに招待した。ライアンは仮装パーティーだと言った。彼はヘザーに，お気に入りのマンガのキャラクターの格好をするよう頼んだ。ヘザーのお気に入りのキャラクターは，ほうきに乗って郵便配達をする魔女である。彼女は青いワンピースを着ており，髪に赤いリボンを付けている。ヘザーは青いワンピースを持っていなかったが，母親が青い布を持っていた。彼女はヘザーに，代わりに作ることができると言った。ヘザーは母親を手伝い，すぐに彼女は魔女が着ているものと全く同じドレスを手に入れた。

　ライアンのパーティーの日，ヘザーはほうきも必要だったことを思い出した。彼女は母親にたずねたが，母親は持っていないと言った。そのとき，ヘザーは隣人のジョーンズさんが庭の掃除にほうきを使っているのを見かけたことを思い出した。ヘザーはジョーンズさんの家に走り，借りられるかどうかたずねた。幸いなことに，ジョーンズさんはいいですよと言ってくれた。ヘザーは衣装が完成したのでとてもうれしかった。

## (26) 正解 **2**

**選択肢の訳 1** 家にいるべきだ　**2** 作ることができる　**3** 緑色のものを着る　**4** 別のキャラクターを選ぶ

**解説** 第1段落は，仮装パーティーのための衣装作りの過程が書かれている。空所を含む文の直前より，青いワンピースはないが，青い布はあると分かる。また空所を含む文の直後にHeather helped her mother, and soon, she had a dress exactly like the one the witch wears.「ヘザーは母親を手伝い，すぐに彼女は魔女が着ているものと全く同じドレスを手に入れた」とあることから，ヘザーと母親は，青い布を使ってドレスを作ったと推測できる。よって**2**のthat they could make oneが適切。

## (27) 正解 **1**

**選択肢の訳 1** 借りる　**2** そこに隠れる　**3** 彼を手伝う　**4** ボールを取る

**解説** 第2段落は，仮装パーティー当日の出来事について書かれている。前半より，ヘザーにはほうきが必要だったと分かる。また，空所を含む文の直前にHeather remembered seeing her neighbor, Mr. Jones, using one to sweep his yard.「ヘザーは隣人のジョーンズさんが庭の掃除にほうきを使っているのを見かけたことを思い出した」とあり，その後ヘザーはジョーンズさんの家に行っていることから，ヘザーは彼にほうきを借りようとしたと推測できる。よって**1**のborrow itが適切。

**Key to Reading** 第1段落：導入（アーティスト，エッシャーが生まれるまで）→第2段落：本論①（転機となったイタリア，スペイン訪問）→第3段落：本論②（エッシャーのアートの世界での評価）の3段落構成の説明文。

**訳** エッシャーの素晴らしいアート

マウリッツ・コルネリス・エッシャーは1898年にオランダで生まれた。高校を卒業した後，建物の設計方法を学ぶために大学に進学した。しかし，彼はすぐに自分が建築に興味がないことに気づいた。実際，彼は建てられないものをデザインするのが好きだった。彼は代わりにグラフィックアートを学ぶことにした。グラフィックアーティストは，想像力，数学，定規などのツールを用いて絵を制作するアーティストである。

エッシャーは卒業後，イタリアを長期間旅行した。彼は田舎とそこにある古い建物をとても気に入った。彼はそこで見た場所をよく絵に描いた。彼はスペインも訪問した。そこで彼は，壁が興味深い模様で覆われている城に行った。それらは彼に独自の模様のアイディアを与え，彼はこれらのデザインに動物の姿を用いることもあった。これら2国での経験は，彼のアートに非常に大きな影響を与えた。

エッシャーの絵には，現実ではありえないことがよく描かれている。『上昇と下降』という絵では，人々は登り始めた場所に戻る階段を登っている。『描く手』では，2本の手が鉛筆を持ち，お互いを描いている。エッシャーの独特のアートは，世界中で人気がある。例えば，2018年に東京で開催された彼の作品展には，約20万人の来場者が訪れた。彼の絵は美しく，人々に考えさせるため，多くの国の人々に好まれている。

## (28) 正解 3

**選択肢の訳** **1** 創造的な人間 **2** 利口な教師 **3** 建築に興味がある **4** 絵を描くのが得意な

**解説** エッシャーがグラフィックアートに目覚めるまでを説明している段落。建物の設計を学んでいたエッシャーだが，空所を含む文の直後に In fact, he liked designing things that could not be built.「実際，彼は建てられないものをデザインするのが好きだった」とあることから，**3**の interested in construction を入れて，建築には興味がなかったという文にすると文脈に合う。

## (29) 正解 1

**選択肢の訳** **1** これら2国で **2** 幼少のころからずっと **3** 父親と働くこと **4** 新しい言語を学習しながら

**解説** エッシャーの独自の画法が生まれるきっかけになった，イタリア，スペイン訪問について説明している段落。空所を含む文の直前に They gave him ideas for his own patterns「それら（＝イタリアとスペインで見たもの）は彼に独自の模様のアイディアを与えた」とあることから，**1**の in these two countries を入れ，「これら2国での経験は，彼のアートに非常に大きな影響を与えた」という文にすると，文脈が通る。

※2024年度第1回から，試験形式の変更に伴い大問3の [B](28) 〜(30) が削除されます。

## (30)　正解　**2**

**選択肢の訳**　**1**　すべて１か所に保管して　**2**　世界中で人気がある　**3**　もう売られていない　**4**　見た目がよくない

**解説**　エッシャーのアートの世界での評価について説明している段落。空所を含む文の直後の２文より，日本をはじめ世界中で人気があると分かることから，**2**の popular around the world が適切。

# 4[A]　一次試験・筆記
(問題編pp.90〜91)

**Key to Reading**　料理クラブのメンバーのアリアナがジェーンに送ったメール。①料理クラブの活動内容（→第１段落），②デイビッドの提案（→第２段落），③レシピ本の内容（→第３段落）が読み取りのポイント。

**訳**　差出人：アリアナ・スミス＜arianaariana@peacemail.com＞
宛先：ジェーン・ジョーンズ＜jane_j30101@thismail.com＞
日付：１月22日
件名：料理クラブのレシピ
ジェーンへ，
私は，毎週コミュニティセンターで開かれる料理クラブの集まりをとても楽しんでいるわ。メンバー全員がとてもフレンドリーなの。メンバーが順番にレシピを教え合うのもいいわね。自分が教える番が来ると緊張するけれど，終わったあとはいつも楽しいわ。それに，この方法で本当に色々な料理の作り方を学べた。料理の先生が１人しかいないのよりもずっといいわね。
友人のデイビッドに，私たちの集まりについて話していたの。デイビッドは，書籍を出版している会社で，写真家兼デザイナーとして働いているの。彼は，料理クラブのメンバーが，お気に入りのレシピを集めた本を作ることを提案してくれたの。私たちがそうするのを手伝ってくれると，彼は言っていたわ。私たちの集まりの思い出に残る何かを作ることができるかも。レシピ本は友人や家族へのすてきな贈り物にもなるしね。
私は彼のアイデアがとても気に入っているの。あなたはどう思う？　各メンバーに，おやつ，サラダ，スープ，メインディッシュ，デザートのレシピを用意するよう頼めるわね。それから，一番良さそうなものを選んで，集まりのときに作るの。デイビッドは，喜んで私たちの食べ物の写真を撮りに行きたいと言ってくれていたわ。彼も食べてみたいって！
あなたの友達，
アリアナ

## (31)　正解　**2**

**質問の訳**　アリアナは料理クラブの集まりについて何と言っていますか。
**選択肢の訳**　**1**　彼女は料理の先生がとてもフレンドリーだと思っている。　**2**　彼女はメンバーがお互いに教え合うやり方を気に入っている。　**3**　彼女は新しいメンバーが加わると緊張する。　**4**　彼女は場所をコミュニティセンターに移してほしいと思っている。

**解説** メール文第1段落に関する問題。3文目にIt's nice that the members take turns teaching each other recipes.「メンバーが順番にレシピを教え合うのもいい」とあることから，**2**のShe likes the way that members teach each other. が正解。

## (32) 正解 **3**

**質問の訳** アリアナの友人のデイビッドは何を提案しましたか。

**選択肢の訳** **1** 料理クラブの集まりで作った食べ物を売れるかもしれない。 **2** 友人が料理クラブの集まりを見ることを許可されるべきである。 **3** 料理クラブのメンバーは本を出すべきである。 **4** アリアナは彼の出版社に就職できるかもしれない。

**解説** メール文第2段落に関する問題。デイビッドについて，3文目にHe suggested that the cooking club members make a book of our favorite recipes.「彼は，料理クラブのメンバーが，お気に入りのレシピを集めた本を作ることを提案してくれた」とあることから，**3**のThe members of the cooking club should produce a book. が正解。

## (33) 正解 **4**

**文の訳** デイビッドは～することを申し出ました。

**選択肢の訳** **1** 料理クラブのために新しいレシピを考える **2** 料理コンテストで最高の料理を選ぶ **3** アリアナとジェーンに色々な料理の作り方を教える **4** 料理クラブのために食べ物の写真を撮る

**解説** メール文第3段落に関する問題。5文目でDavid said that he would be happy to come and take pictures of our food.「デイビッドは，喜んで私たちの食べ物の写真を撮りに行きたいと言ってくれていた」とあることから，**4**のtake photos of food for the cooking club. が正解。

# 4[B] 一次試験・筆記
(問題編pp.92〜93)

**Key to Reading** 第1段落：導入（ナマケモノのライフスタイル）→第2段落：本論①（ナマケモノのカロリー摂取法）→第3段落：本論②（ナマケモノの動きと毛皮）→第4段落：本論③（ナマケモノの爪）の4段落構成の説明文。

**訳** 木の中でのスローライフ

　ナマケモノは中南米のジャングルに生息する動物の一種である。ナマケモノはサルに似ていて，ほとんどの時間を木の枝の上で過ごす。しかし，サルとは異なり，ナマケモノは単独で生活し，非常にゆっくりと動き，ほとんど音を出さない。彼らは毎日最大20時間眠り，夜中にのみ目覚める。

　ナマケモノの怠惰なライフスタイルは，彼らが生き残るのに役立っている。ほとんどの時間眠り，ゆっくりと動くため，ナマケモノは多くのエネルギーを消費する必要がない。食べ物を得るために長距離を移動したり，速く走ったりする必要がない。木の高いところには，おいしい葉っぱがいつもほんの数センチのところにあるのだ。葉は高カロリーではないが，ナマケモノは起きている短い時間に常に食べることで，必要なものをすべて摂取

している。

　驚くべきことに，ゆっくりと動くことは，お腹を空かせた肉食動物からナマケモノを守ることにもなる。ワシや大型のネコ科動物はナマケモノと同じジャングルで暮らしている。しかし，これらのハンターは動きを探るため，ナマケモノに気づかないことが多い。また，ナマケモノは毛皮を完全にきれいにはしない。その結果，小さな植物がその中で成長し，それらが毛皮を緑色に見せる。地面や空から見ると，木の枝にいるナマケモノは，ワシや大型のネコ科動物が食べたがるようなものではなく，植物のように見えるのだ。

　ナマケモノの足の指には長くて硬い爪がある。通常，彼らは爪を使って枝にしがみついている。しかし，ナマケモノは攻撃されると，爪を使って身を守ることができる。ナマケモノの爪は非常に長いため，ナマケモノにとって地面を歩くのは難しい。このため，ナマケモノはふつう，週に1回程度しか枝から降りてこない。

## (34)　正解　3

**質問の訳**　ナマケモノとサルの違いの1つは何ですか。

**選択肢の訳**　**1**　ナマケモノは北アメリカで見られる。　**2**　ナマケモノはよく音を立てる。　**3**　ナマケモノは通常，単独で生活する。　**4**　ナマケモノは日中しか起きていない。

**解説**　第1段落に関する問題。3文目にHowever, unlike monkeys, sloths live alone, move very slowly, and make almost no noise.「しかし，サルとは異なり，ナマケモノは単独で生活し，非常にゆっくりと動き，ほとんど音を出さない」とあることから，**3**のSloths usually live by themselves.が正解。

## (35)　正解　1

**質問の訳**　ナマケモノがゆっくりと動く理由の1つは何ですか。

**選択肢の訳**　**1**　使用するエネルギーの量を減らすため。　**2**　非常に長い距離を移動できるようにするため。　**3**　食べたいものを捕まえるため。　**4**　他の動物が作った穴に落ちないようにするため。

**解説**　第2段落に関する問題。2文目にBy sleeping most of the time and moving slowly, sloths do not have to use much energy.「ほとんどの時間眠り，ゆっくりと動くため，ナマケモノは多くのエネルギーを消費する必要がない」とあることから，**1**のTo reduce the amount of energy that they use.が正解。

## (36)　正解　3

**文の訳**　ワシや大型のネコ科動物は

**選択肢の訳**　**1**　ナマケモノの毛皮はおいしくないので食べない。　**2**　肉が見つからない場合は植物を食べる。　**3**　動物の動きを追って狩りをする。　**4**　ナマケモノが生息するジャングルには近づかない。

**解説**　第3段落に関する問題。3文目にワシや大型のネコ科動物について，However, these hunters search for movement, so they often do not notice sloths.「しかし，これらのハンターは動きを探るため，ナマケモノに気づかないことが多い」とあることから，**3**のhunt by looking for the movement of animals.が正解。

## (37) 正解 **4**

**文の訳** ナマケモノは長い爪を使って

**選択肢の訳** **1** 木に生えている果実を切って開く。 **2** 木の中に住んでいる虫を捕まえる。 **3** 木から木へ飛び移る。 **4** 枝につかまれるようにする。

**解説** 第4段落に関する問題。2文目に Usually, they use their claws to hang on to branches.「通常，彼らは爪を使って枝にしがみついている」とあることから，**4**の help it to hold on to branches. が正解。

---

# 5 一次試験・筆記
(問題編p.94)

**QUESTIONの訳** あなたは，図書館は子供向けの本のイベントをもっと開催すべきだと思いますか。

**解答例** I think libraries should have more book events for children. I have two reasons. First, children can get more chances to find different kinds of books. They can enjoy reading books that they do not know. Second, book events help children make new friends. They can talk about the books that they are interested in.

**解答例の訳** 私は，図書館は子供向けの本のイベントをもっと開催すべきだと思います。理由は2つあります。まず，子供たちが様々な種類の本に出会う機会が増えます。彼らは知らない本を読むのを楽しむことができます。第二に，本のイベントは子供たちが新しい友達を作るのに役立ちます。彼らは興味のある本について話すことができます。

**解説** 解答例では I think libraries should have more book events for children. と述べて最初に自分が賛成の立場であることを明らかにし，その理由を2つの視点から述べている。まず，First として，①子供たちが様々な種類の本に出会う機会が増えることを挙げ，さらに Second と続けて，②子供たちが新しい友達を作るのに役立つことを挙げている。

---

# 第1部 一次試験・リスニング
(問題編p.95)

〔例題〕 *A:* Would you like to play tennis with me after school, Peter? *B:* I can't, Jane. I have to go straight home. *A:* How about tomorrow, then?
**1** We can go today after school. **2** I don't have time today.
**3** That will be fine. 〔正解 **3**〕

## No.1 正解 **1**

**放送文** *A:* June, have you finished writing your sales presentation yet? *B:* No, I haven't, Mr. Begley. *A:* Well, please finish it today. I want to check it before

---

※2024年度第1回から，大問5にEメールへの返信を書く問題が加わります。

the meeting tomorrow.

**1**　OK. I'll finish it this afternoon.　**2**　Hmm, I don't like presentations.

**3**　Well, I showed it to you yesterday.

> **訳**　A：ジューン，セールスプレゼンテーションはもう書き終えましたか？　B：いいえ，まだです，ベグリーさん。　A：では，今日終わらせてください。明日の会議の前に確認したいので。

> **選択肢の訳**　**1**　分かりました。今日の午後には終わらせます。　**2**　うーん，私はプレゼンテーションが好きではありません。　**3**　ええと，昨日お見せしましたが。

> **解説**　仕事中の会話。プレゼンテーションについて，A（＝Mr. Begley）がWell, please finish it today.「では，今日終わらせてください」と言っていることから，**1**を入れると会話が成り立つ。

## No.2　正解　**2**

> **放送文**　*A:* Excuse me, ma'am. Could you tell me where I can find the library's history section?　*B:* It's just over there, behind the magazines.　*A:* OK, thanks. Are there any books about Egypt?

**1**　No, the library is closed today.　**2**　Yes, there are a lot of them.　**3**　Well, I used to live there.

> **訳**　A：すみません。この図書館の歴史セクションはどこにあるのか教えていただけますか？　B：あちらです，雑誌の後ろにありますよ。　A：分かりました，ありがとう。エジプトに関する本はありますか？

> **選択肢の訳**　**1**　いいえ，今日は図書館が休みです。　**2**　はい，たくさんありますよ。　**3**　ええと，私はそこに住んでいたことがあります。

> **解説**　図書館での会話。歴史セクションの場所を聞いたAが，Are there any books about Egypt?「エジプトに関する本はありますか？」とたずねていることから，その有無を答える**2**を入れると会話が成り立つ。

## No.3　正解　**2**

> **放送文**　*A:* Arnold, would you like to go to the new Italian restaurant tonight?　*B:* That would be wonderful, Janine. Can you reserve a table for us?　*A:* Sure. I'll make a reservation for 7 p.m.

**1**　I'm sorry, but I'm really busy.　**2**　Great. I'll see you this evening.　**3**　I think I'll bring some food.

> **訳**　A：アーノルド，今夜新しいイタリア料理店に行かない？　B：それは素晴らしいね，ジャニーン。ぼくたちのためのテーブルを予約してもらえるかい？　A：もちろん。午後7時に予約するわね。

> **選択肢の訳**　**1**　申し訳ないけれど，ぼくはとても忙しいんだ。　**2**　よかった。今晩会おう。　**3**　ぼくは食べ物を持って行こうと思っているよ。

> **解説**　B（＝Arnold）にレストランの予約を頼まれたA（＝Janine）が，I'll make a reservation for 7 p.m.「午後7時に予約するわね」と言っていることから，**2**を入れると会話が成り立つ。

## No.4 正解 **3**

**放送文** *A:* Are you going to the grocery store today, honey? *B:* Yes. We need milk and cheese. *A:* Can you buy a few bananas and apples?
**1** OK. I'll be back next week. **2** Maybe. I'll have to join first. **3** Sure. I'll get some for you.

**訳** A：今日はスーパーに行くの？　B：うん。牛乳とチーズがいるんだ。　A：バナナとリンゴをいくつか買ってきてくれる？

**選択肢の訳** **1** 分かった。来週戻るよ。　**2** かもね。まずは参加しなければならないね。　**3** もちろん。いくつか買ってくるよ。

**解説** BはAに，バナナとリンゴを買ってきてくれるかと頼まれていることから，それに応じる**3**を入れると会話が成り立つ。

## No.5 正解 **3**

**放送文** *A:* Hey, Gina. Do you know the name of the new girl in our science class? *B:* It's Dorothy Farmer. Why? *A:* She introduced herself to me, but I forgot her name. She seems nice.
**1** I can't remember, either. **2** That's a good idea. **3** Yeah. She's really friendly.

**訳** A：やあ，ジーナ。ぼくらの理科のクラスに新しく来た女の子の名前を知っているかい？　B：ドロシー・ファーマーよ。なぜ？　A：彼女はぼくに自己紹介をしてくれたんだけど，名前を忘れてしまったんだ。彼女はいい子そうだね。

**選択肢の訳** **1** 私も思い出せないわ。　**2** それはいい考えね。　**3** ええ。彼女は本当にフレンドリーよ。

**解説** 新入生のドロシーについて，AはShe seems nice.「彼女はいい子そうだね」と好印象を持っていることから，それを肯定する**3**を入れると会話が成り立つ。

## No.6 正解 **1**

**放送文** *A:* Good afternoon, sir. Can I help you find something? *B:* I hope so. Do you sell used musical instruments here? *A:* Yes, we do. What instrument are you looking for?
**1** I want to get a violin. **2** I need to buy it today. **3** I learned to play the piano.

**訳** A：いらっしゃいませ。何かお探ししましょうか？　B：お願いします。こちらでは中古楽器を販売していますか？　A：はい，しております。どのような楽器をお探しですか？

**選択肢の訳** **1** バイオリンを買いたいです。　**2** 今日買わなければなりません。　**3** 私はピアノを弾くのを習いました。

**解説** 楽器店での会話。中古楽器を探していると言うB（＝客）に，A（＝店員）がWhat instrument are you looking for?「どのような楽器をお探しですか？」とたずねていることから，具体的な楽器名を答える**1**を入れると会話が成り立つ。

## *No.7*　正解　**2**

**放送文**　*A:* Hello.　*B:* Hi, Dad, it's me.　I'm at the mall, but I lost my bicycle key. Could you come pick me up?　*A:* Sure.　Where will you be?

**1**　I've been here since early afternoon.　**2**　I'll wait at the North Entrance.
**3**　I looked everywhere for the key.

**訳**　A：もしもし。　B：もしもし，お父さん，私よ。ショッピングモールにいるんだけど，自転車の鍵をなくしてしまったの。迎えに来てもらえない？　A：いいよ。どこにいるんだい？

**選択肢の訳**　**1**　私は昼過ぎからここにいるの。　**2**　北エントランスで待っているわ。
**3**　私は鍵をあちこち探したの。

**解説**　自転車の鍵をなくしたので迎えに来てほしいと頼むB（＝娘）にA（＝父親）が，Where will you be?「どこにいるんだい？（＝どこに行けばいい？）」とたずねていることから，具体的な待ち合わせ場所を伝える**2**を入れると会話が成り立つ。

## *No.8*　正解　**3**

**放送文**　*A:* Dr. Smith's office.　How may I help you?　*B:* I'd like to make an appointment for Thursday.　*A:* The doctor can see you at 9 a.m.

**1**　Sure.　I'll see you later today.　**2**　OK.　I'll tell her to call.　**3**　That's fine.　I'll come then.

**訳**　A：スミス診療所です。どうされましたか？　B：木曜日に予約を取りたいのですが。A：医師は午前9時に診察できます。

**選択肢の訳**　**1**　分かりました。今日またあとで会いましょう。　**2**　分かりました。彼女に電話するように言います。　**3**　それでいいですよ。それでは行きますね。

**解説**　病院の電話の会話。木曜の診察を予約したいと言うB（＝患者）にA（＝受付）が，The doctor can see you at 9 a.m.「医師は午前9時に診察できます」と言っていることから，それに応じる**3**を入れると会話が成り立つ。

## *No.9*　正解　**2**

**放送文**　*A:* Did you get a good score on the exam?　*B:* It was OK, but it could have been better.　*A:* You'll just have to study more next time.

**1**　Well, it was in the morning.　**2**　You're right.　I will.　**3**　Yes.　The test is next week.

**訳**　A：試験で良い点を取れた？　B：まあまあだったけど，もっと良い点が取れたかもしれないな。　A：次回はもっと勉強するしかないわね。

**選択肢の訳**　**1**　ええと，それは朝にあったよ。　**2**　その通りだね。そうするよ。
**3**　うん。テストは来週だよ。

**解説**　テストでもっと良い点が取れたかもしれないと言うBに，AがYou'll just have to study more next time.「次回はもっと勉強するしかないわね」と言っていることから，それを認める**2**を入れると会話が成り立つ。could have been ～は，過去の出来事について「～したかもしれない」と可能性を表す表現。

## No.10 正解 3

**放送文** *A:* Would you like to see our dessert menu, sir?  *B:* No, thanks. I'm full. Everything was great.  *A:* How about something to drink, then?
**1** By credit card, please.  **2** Just some cake, please.  **3** I'll have a cup of tea, please.

**訳** A：デザートメニューをご覧になりますか？　B：いいえ，結構です。満腹なので。すべてが素晴らしかったです。　A：では何か飲み物はいかがですか？

**選択肢の訳** **1** クレジットカードでお願いします。　**2** ケーキだけください。　**3** 紅茶を一杯お願いします。

**解説** レストランでの会話。満腹なのでデザートはいらないと言うB（＝客）にA（＝店員）が，How about something to drink, then?「では何か飲み物はいかがですか？」とたずねていることから，紅茶を頼む**3**を入れると会話が成り立つ。

---

## 第2部 一次試験・リスニング
（問題編pp.95〜97）

---

## No.11 正解 3

**放送文** *A:* Dad, can we go to the zoo next week?  *B:* Sure, Lisa, I love the zoo. What animals do you want to see?  *A:* Well, there's going to be a special show at the dolphin exhibit. That's what I want to see the most.  *B:* Oh, great. That sounds like fun.
*Question:* What is one thing the girl says about the zoo?

**訳** A：お父さん，来週動物園に行ける？　B：いいよ，リサ，私は動物園が大好きだ。どの動物を見たいんだい？　A：そうね，イルカの展示で特別なショーがある予定なの。それが，私が一番見たいものよ。　B：ああ，いいね。それは楽しそうだ。

**質問の訳** 少女が動物園について言っていることの1つは何ですか。

**選択肢の訳** **1** 新しいイルカがいる。　**2** 動物があまりいない。　**3** 特別なショーがある。　**4** 来週は閉園する。

**解説** 2巡目でA（＝娘）が，there's going to be a special show at the dolphin exhibit「イルカの展示で特別なショーがある予定なの」と言っていることから，**3**が正解。

---

## No.12 正解 4

**放送文** *A:* Here, I can take your plate for you, ma'am. How was your meal?
*B:* It was fantastic, thank you. I especially liked the pasta.  *A:* I'm glad you enjoyed it. Can I get you anything else?  *B:* No, I'll just take the check, please.
*Question:* What does the customer ask the waiter to do?

**訳** A：では，お皿をお下げしますね。お食事はいかがでしたか？　B：素晴らしかったです，ありがとう。特にパスタが気に入りました。　A：楽しんでいただけてうれしいです。他に何かご注文されますか？　B：いいえ，お会計をお願いします。

**質問の訳** 客はウェイターに何をするように頼んでいますか。

選択肢の訳 **1** お皿を温める。 **2** もうすこしパスタを出す。 **3** 新しい料理について説明する。 **4** 勘定を持ってくる。

解説 レストランでの会話。2巡目でA（＝ウェイター）にCan I get you anything else?「他に何かご注文されますか？」とたずねられたB（＝客）が，No，I'll just take the check, please.「いいえ，お会計をお願いします」と言っていることから，**4**が正解。

## No.13 正解 **3**

放送文 *A:* Hi, Emily. How was your trip to New York? *B:* It was great! We stayed at a nice hotel and did a lot of sightseeing. *A:* That sounds nice. What kind of things did you go to see? *B:* We took a tour of the city and visited some museums.

*Question:* What is one thing Emily says about her trip to New York?

訳 A：やあ，エミリー。ニューヨーク旅行はどうだった？ B：素晴らしかったわ！素敵なホテルに泊まって，たくさん観光をしたの。 A：それはいいね。どんなものを見に行ったの？ B：市内のツアーに参加して，いくつかの美術館を訪れたわ。

質問の訳 エミリーがニューヨークへの旅行について言っていることの1つは何ですか。

選択肢の訳 **1** ホテルを出ることができなかった。 **2** 美術館には1か所も行かなかった。 **3** 観光ツアーに出かけた。 **4** 市外に滞在した。

解説 2巡目でB（＝Emily）がWe took a tour of the city and visited some museums.「市内のツアーに参加して，いくつかの美術館を訪れたわ」と言っていることから，**3**が正解。

## No.14 正解 **2**

放送文 *A:* Hello, I'm Erin, and I'll be your server this afternoon. Would you like anything to drink? *B:* Actually, I'm ready to order my meal. Can I get a grilled cheese sandwich and potato chips? *A:* Sure. Anything else? *B:* No, thank you. I have to be at a meeting in about 20 minutes, so please bring it as soon as you can.

*Question:* What do we learn about the man?

訳 A：こんにちは，私はエリンです。本日の午後は私が給仕係をさせていただきます。何か飲みものはいかがですか？ B：実は，注文は決まっています。グリルドチーズサンドイッチとポテトチップスをもらえますか？ A：かしこまりました。他に何か？ B：いいえ，結構です。20分ほどで会議に出なければならないので，できるだけ早く持ってきてください。

質問の訳 その男性について分かることは何ですか。

選択肢の訳 **1** サンドイッチと一緒にサラダがほしい。 **2** すぐにレストランを出なければならない。 **3** 友人のために注文している。 **4** 今日とてもお腹がすいている。

解説 レストランでの会話。2巡目でB（＝客）がI have to be at a meeting in about 20 minutes, so please bring it as soon as you can.「20分ほどで会議に出なければならないので，できるだけ早く持ってきてください」と言っていることから，**2**が正解。as soon as one can「できるだけ早く」。

## No.15 正解 **2**

**放送文** *A:* What are your plans this weekend?　*B:* I'm going to a wedding at a church in the mountains.　My aunt is getting married.　*A:* Wow!　That sounds nice.　Make sure to say hello to her for me.　*B:* I will.　She still remembers you from when we played table tennis at my grandma's house.
*Question:* What will the girl do this weekend?

**訳**　A：今週末の君の予定は？　B：山の中の教会での結婚式に行くの。私のおばが結婚することになってね。　A：わあ！　それはすてきだね。必ず彼女によろしく伝えてね。B：そうするわ。彼女は祖母の家で卓球をした時のあなたのことを今でも覚えているわ。

**質問の訳**　少女は今週末何をしますか。

**選択肢の訳**　**1**　祖母の家を訪ねる。　**2**　山の中の結婚式に行く。　**3**　少年と一緒に湖への旅行の計画を立てる。　**4**　おばと一緒に卓球をする。

**解説**　1巡目でB（＝少女）がI'm going to a wedding at a church in the mountains.「山の中の教会での結婚式に行くの」と言っていることから，**2**が正解。

## No.16 正解 **1**

**放送文**　*A:* Dad, did you eat all the chicken soup?　It was in the refrigerator. *B:* I threw it out.　It looked pretty old.　*A:* But I just made it yesterday!　I was going to have soup for lunch.　*B:* Well, I have to drive your brother to his music lesson, but I'll buy you something to eat afterwards.
*Question:* What will the man do next?

**訳**　A：お父さん，チキンスープを全部食べたの？　冷蔵庫の中にあったのに。　B：捨てたよ。かなり古そうだったから。　A：でも，昨日作ったばかりだったよ！　お昼にスープを飲むつもりだったのに。　B：ええと，お兄ちゃん[弟]を車で音楽教室へ送っていかないといけないんだけど，その後で何か食べるものを買ってきてあげるよ。

**質問の訳**　男性は次に何をしますか。

**選択肢の訳**　**1**　息子をレッスンに連れて行く。　**2**　チキンスープを作る。　**3**　冷蔵庫のそうじをする。　**4**　ゴミ出しをする。

**解説**　2巡目でB（＝父親）がI have to drive your brother to his music lesson「お兄ちゃん[弟]を車で音楽教室へ送っていかないといけない」と言っていることから，**1**が正解。

## No.17 正解 **2**

**放送文**　*A:* Welcome to Lee's Department Store, sir.　Can I help you find anything?　*B:* Yes.　I'm looking for a new pair of sneakers.　*A:* The shoe department is on the second floor.　Take the elevator upstairs, and you'll see it on your left.　*B:* OK.　Thank you for your help.
*Question:* Why is the man at the department store?

**訳**　A：リーズデパートへようこそ。何かお探ししましょうか？　B：はい。新しいスニーカーを探しています。　A：靴売り場は2階にございます。エレベーターで上の階に行っていただくと，左手にあります。　B：分かりました。どうもありがとう。

質問の訳　男性はなぜデパートにいますか。

選択肢の訳　**1**　服を返品しなければならない。　**2**　新しい靴が必要である。　**3**　プレゼントを買わなければならない。　**4**　セールについて聞いた。

解説　デパートでの会話。1巡目でA（＝店員）に出迎えられたB（＝客）が，I'm looking for a new pair of sneakers.「新しいスニーカーを探しています」と言っていることから，2が正解。

## No.18　正解　**4**

放送文　*A:* What do you want to do for your birthday this year, Greg? Should we go to another restaurant?　*B:* Hmm. I think it would be fun to go to a concert. *A:* What type of concert would you like to go to?　*B:* Well, I borrowed a rock music CD from Danny, and I really liked it, so going to a rock concert would be great!

*Question:* What does Greg want to do for his birthday?

訳　A：グレッグ，今年の誕生日には何がしたい？　別のレストランに行くのがいい？　B：うーん。コンサートに行ったら楽しいだろうな。　A：どんなコンサートに行きたいの？　B：そうだなあ，ダニーからロックのCDを借りて，とても気に入ったから，ロックコンサートに行くのがいいな！

質問の訳　グレッグは誕生日に何をしたいと思っていますか。

選択肢の訳　**1**　新しい音楽CDを手に入れる。　**2**　家でパーティーを開く。　**3**　コンサートで演奏する。　**4**　ロックコンサートへ行く。

解説　誕生日にしたいことをたずねられたB（＝Greg）が2巡目で，going to a rock concert would be great!「ロックコンサートに行くのがいいな！」と言っていることから，4が正解。

## No.19　正解　**3**

放送文　*A:* The coffee shop up the street has closed.　*B:* Really? I go there all the time!　*A:* Yeah, there was an advertisement in the newspaper that said the space is for rent.　*B:* Oh no! That was one of my favorite places to study.

*Question:* Why is the woman upset?

訳　A：通りの先にあるコーヒーショップが閉店したんだ。　B：本当に？　私はいつもそこへ行くのに！　A：ああ，新聞にスペースを貸し出しているという広告があったよ。B：まあ，そんな！　あそこは私のお気に入りの勉強場所の1つだったのに。

質問の訳　女性はなぜうろたえているのですか。

選択肢の訳　**1**　その場所を借りたかった。　**2**　コーヒーを買う時間がなかった。　**3**　そのコーヒーショップで勉強をするのが好きだった。　**4**　新聞が見つからなかった。

解説　Aからコーヒーショップが閉店したことを聞いたB（＝女性）が2巡目で，That was one of my favorite places to study.「あそこは私のお気に入りの勉強場所の1つだったのに」と残念がっていることから，3が正解。

## No. 20　正解　**1**

放送文　*A:* Napoli Pizza House. Can I help you?　*B:* Hi. I have a question.

Does your restaurant only serve pizza?  *A:* No, sir.  We have a wide variety of other Italian dishes, too.  Actually, our pasta dishes are quite popular.  *B:* Oh, that's great.  Thank you so much for your time.

*Question:* Why is the man calling the restaurant?

**訳**　Ａ：ナポリピザハウスです。こんにちは。　Ｂ：あの。質問があります。こちらのレストランではピザしか出していないのですか？　Ａ：いいえ。他にもイタリア料理を豊富に取り揃えております。実は当店のパスタ料理もとても人気なんですよ。　Ｂ：ああ，それはいいですね。お忙しいところありがとう。

**質問の訳**　なぜ男性はレストランに電話をしていますか。

**選択肢の訳**　**1**　レストランのメニューについてたずねるため。　**2**　レストランへの道順を知るため。　**3**　ディナーの予約をするため。　**4**　特別な食べ物を注文するため。

**解説**　Ｂ（＝男性）が１巡目でDoes your restaurant only serve pizza?「こちらのレストランではピザしか出していないのですか？」とたずねており，その後もメニューについて２人が話していることから，**1**が正解。

# 第3部　一次試験・リスニング
（問題編pp.97〜99）

## *No.21*　正解　**2**

**放送文**　Mary's favorite subject at school is art.  Recently, one of her paintings won a prize in a contest.  Mary wants to study art at college and become a professional artist.  She also hopes to have her own art store where she can sell paper, brushes, and paints.

*Question:* What is one thing that Mary wants to do in the future?

**訳**　メアリーの学校での好きな科目は美術である。最近，彼女の絵の１枚がコンテストで賞を受賞した。メアリーは大学で美術を学び，プロの芸術家になりたいと考えている。彼女はまた，紙，筆，絵の具を販売できる自分のアートストアを持つことを願っている。

**質問の訳**　メアリーが将来やりたいことは何ですか？

**選択肢の訳**　**1**　教師になるために勉強する。　**2**　芸術家になる。　**3**　自分の筆を作る。　**4**　コンテストで受賞する。

**解説**　３文目でMary wants to study art at college and become a professional artist.「メアリーは大学で美術を学び，プロの芸術家になりたいと考えている」と言っていることから，**2**が正解。

## *No.22*　正解　**1**

**放送文**　In Amsterdam, there is a bridge called the Torensluis.  It is one of the oldest and widest bridges in the city.  Long ago, the inside of the bridge was used as a prison.  People who had been caught by the police were kept there.  However, the Torensluis is now used for special events, such as jazz concerts and fashion shows.

*Question:* How was the inside of the Torensluis Bridge used long ago?

**訳**　アムステルダムにはトレンスルイスと呼ばれる橋がある。市内で最も古く，最も幅の広い橋の１つである。昔，橋の中は監獄として使われていた。警察に捕まえられた人々はそこに留め置かれていた。しかし，トレンスルイスは現在，ジャズコンサートやファッションショーなどの特別なイベントに使用されている。

**質問の訳**　トレンスルイス橋の内部は昔，どのように使われていましたか。

**選択肢の訳**　**1**　警察に捕まえられた人々を留め置くために。　**2**　楽器を作るために。　**3**　重要なイベントを計画するために。　**4**　ファッションアイテムをデザインするために。

**解説**　昔のトレンスルイス橋について，３文目でthe inside of the bridge was used as a prison「橋の中は監獄として使われていた」，４文目でPeople who had been caught by the police were kept there.「警察に捕まえられた人々はそこに留め置かれていた」と言っていることから，**1**が正解。

## *No.23*　正解　**4**

**放送文**　Lily is a junior high school student, and she likes to cook for her family. She enjoys trying new recipes with different kinds of meat and vegetables. She often makes soups or stews, and she also likes to make desserts. Her sister's favorite is the chocolate cake that Lily makes. Lily wants to make her own cooking videos and put them on the Internet someday.

*Question:* Which of Lily's recipes does her sister like best?

**訳**　リリーは中学生で，家族のために料理をするのが好きである。彼女は，様々な種類の肉や野菜を使った新しいレシピを試して楽しんでいる。彼女はよくスープやシチューを作るが，デザートを作るのも好きである。彼女の姉[妹]のお気に入りはリリーが作るチョコレートケーキである。リリーは，いつか自分の料理動画を作成し，インターネットで公開したいと考えている。

**質問の訳**　リリーの姉[妹]は，リリーのどのレシピが好きですか。

**選択肢の訳**　**1**　アイスクリームのレシピ。　**2**　野菜スープのレシピ。　**3**　ミートシチューのレシピ。　**4**　チョコレートケーキのレシピ。

**解説**　４文目でHer sister's favorite is the chocolate cake that Lily makes.「彼女の姉[妹]のお気に入りはリリーが作るチョコレートケーキである」と言っているので，**4**が正解。

## *No.24*　正解　**1**

**放送文**　Thank you for shopping at Welldays Drugstore. Today, we have a very special offer. Get 50 percent off the cost of soap and shampoo products when you spend more than $20 at the store. Hurry, though—this offer is only available until the store closes today.

*Question:* Why are shoppers told to hurry?

**訳**　ウェルデイズドラッグストアをご利用いただきまして誠にありがとうございます。本日は実に特別なお値引きがございます。店内で20ドル以上お買い上げの場合，石けんとシャンプー製品の価格が50パーセントオフになります。ただし，お急ぎください。このお値引きは，本日閉店までの限定です。

**質問の訳**　なぜ買い物客は急ぐように言われていますか。

**1** その値引きは１日限定である。 **2** 店が間もなく閉店する。 **3** 今日は全商品がたった20ドルである。 **4** 石けんとシャンプー製品がわずかしか残っていない。

解説 ドラッグストアの店内アナウンス。２〜３文目で今日の特別な値引きの内容を説明しており，最終文でthis offer is only available until the store closes today「このお値引きは，本日閉店までの限定です」と言っていることから，**1**が正解。

## No.25 正解 **3**

放送文 All the students in Nina's class are working on science projects. Each of them has to choose an interesting topic and give a five-minute presentation. It will be the first time for Nina to speak in front of the whole class, so she is nervous. She has decided to ask her older brother for advice.

*Question:* What is Nina nervous about?

訳 ニーナのクラスの生徒は全員，科学の課題に取り組んでいる。それぞれが興味深いトピックを選び，５分間のプレゼンテーションを行わなければならない。ニーナはクラス全員の前で話すのが初めてなので，緊張している。彼女は兄にアドバイスを求めることにした。

質問の訳 ニーナは何に緊張していますか。

選択肢の訳 **1** 興味深いトピックを見つけること。 **2** 兄に科学について質問をすること。 **3** クラスに向けてプレゼンテーションをすること。 **4** １人で学校へ行くこと。

解説 科学のプレゼンテーションについて，３文目でIt will be the first time for Nina to speak in front of the whole class, so she is nervous.「ニーナはクラス全員の前で話すのが初めてなので，緊張している」と言っていることから，**3**が正解。

## No.26 正解 **2**

放送文 Sarah is good at making videos, and she shares them on the Internet. Last weekend, she used her smartphone to make a video about how to choose cool clothes. She got lots of comments from people who said that they really enjoyed watching it.

*Question:* What did Sarah make a video about last weekend?

訳 サラは動画を作成するのが得意で，それをインターネット上で共有している。先週末，彼女はスマートフォンを使って，かっこいい服の選び方についての動画を作成した。彼女は多くの人から，見るのがとても楽しかったというコメントをもらった。

質問の訳 サラは先週末，何についての動画を作成しましたか。

選択肢の訳 **1** スマートフォンの使い方。 **2** おしゃれな服の選び方。 **3** 彼女の町の面白い場所。 **4** 彼女の大好きな俳優と監督。

解説 ２文目でLast weekend, she used her smartphone to make a video about how to choose cool clothes.「先週末，彼女はスマートフォンを使って，かっこいい服の選び方についての動画を作成した」と言っていることから，**2**が正解。

## No.27 正解 **4**

放送文 Oats are a kind of grain, like rice and wheat. The ancient Romans were probably the first European people to grow oats.  They fed them to their horses and cows.  People in other places noticed that oats grew well, even in cold areas.  In countries such as Scotland and Switzerland, oats have become an important food for both animals and people.

*Question:* What is one thing that we learn about oats?

**訳** オーツ麦は米や小麦と同じ穀物の一種である。古代ローマ人は恐らく，オーツ麦を栽培した最初のヨーロッパ人である。彼らはそれらをウマやウシに与えた。他の場所の人々は，オーツ麦が寒い地域でもよく育つことに気づいた。スコットランドやスイスなどの国では，オーツ麦は動物と人間の両方にとって重要な食料となっている。

**質問の訳** オーツ麦について分かることの1つは何ですか。

**選択肢の訳** **1** 調理した場合にのみ，人々はそれを食べることができる。 **2** 最初にそれを食べたのはローマ人であった。 **3** スコットランドは他のどの国よりも多く生産している。 **4** 寒い地域でもよく育つ。

**解説** 4文目でPeople in other places noticed that oats grew well, even in cold areas.「他の場所の人々は，オーツ麦が寒い地域でもよく育つことに気づいた」と言っていることから，**4**が正解。

## *No.28*  正解  **1**

**放送文** Keita wanted to go to a rock concert at a baseball stadium with his girlfriend, Amy.  He was very excited about it.  However, when he tried to buy tickets online, he saw that they were all sold out.  He called Amy to tell her the bad news.  Keita was disappointed that they could not go.

*Question:* Why was Keita disappointed?

**訳** ケイタはガールフレンドのエイミーと野球場でのロックコンサートに行きたかった。彼はそれにとてもワクワクしていた。しかし，オンラインでチケットを買おうとしたところ，全て売り切れであることが分かった。彼はエイミーに電話してその悪い知らせを伝えた。ケイタは行けないことにがっかりした。

**質問の訳** ケイタはなぜがっかりしましたか。

**選択肢の訳** **1** チケットが売り切れた。 **2** コンサートが中止になった。 **3** エイミーが彼と一緒に行きたがらなかった。 **4** エイミーは野球が好きではなかった。

**解説** 楽しみにしていたロックコンサートについて，3文目でHowever, when he tried to buy tickets online, he saw that they were all sold out.「しかし，オンラインでチケットを買おうとしたところ，全て売り切れであることが分かった」，最終文でKeita was disappointed that they could not go.「ケイタは行けないことにがっかりした」と言っていることから，**1**が正解。

## *No.29*  正解  **4**

**放送文** This is an announcement for passengers waiting for the night bus to Silver City.  Unfortunately, the bus has been delayed due to engine trouble.  We apologize for the inconvenience.  Passengers with tickets for this bus may go to the bus station coffee shop to receive a free drink.

*Question:* Why is this announcement being made?

訳　シルバーシティ行きの夜行バスをお待ちのお客様へお知らせです。あいにく，バスはエンジントラブルのため，遅れています。ご不便をおかけして申し訳ございません。このバスのチケットをお持ちのお客様は，バス停のコーヒーショップで無料のドリンクをお受け取りいただけます。

質問の訳　なぜこのアナウンスは行われていますか。

選択肢の訳　**1** チケットの買い方を説明するために。　**2** 新しいバス停について，乗客に知らせるために。　**3** バスステーションが間もなく閉まる。　**4** バスが遅れている。

解説　バスステーションのアナウンス。待ち時間のコーヒーサービスなどについても説明があるが，2文目のUnfortunately, the bus has been delayed due to engine trouble.「あいにく，バスはエンジントラブルのため，遅れています」が，乗客に最も知らせたい情報。よって，**4**が正解。

## No.30　正解　**2**

放送文　Robert is the best player on his school's basketball team.　He is much taller than most players and can pass the ball really well.　Last week, he fell off his friend's bicycle and hurt his arm.　He will not be able to play in the basketball game this afternoon, so he will just watch his team play.

*Question:* What will Robert do this afternoon?

訳　ロバートは学校のバスケットボールチームで一番の選手である。彼はほとんどの選手よりもはるかに背が高く，ボールを非常にうまくパスすることができる。先週，彼は友人の自転車から落ちて腕をけがした。彼は今日の午後のバスケットボールの試合でプレーすることはできないので，チームのプレーを見るだけになるだろう。

質問の訳　ロバートは今日の午後何をしますか。

選択肢の訳　**1** 医者に腕を診てもらう。　**2** 彼のチームのバスケットボールの試合を見る。　**3** 友人と一緒に自転車に乗る。　**4** ボールをパスする練習をする。

解説　自転車から落ちて腕をけがしたロバートについて，最終文でHe will not be able to play in the basketball game this afternoon, so he will just watch his team play.「彼は今日の午後のバスケットボールの試合でプレーすることはできないので，チームのプレーを見るだけになるだろう」と言っていることから，**2**が正解。

## カードA　二次試験・面接
(問題編pp.100〜101)

訳　空気をきれいに保つ

現在，病院や学校などの場所で，空気清浄機が重要な役割を果たしている。しかし，空気清浄機はとても大きく，すべての部屋に置くのは困難である。現在，一部の企業はより小型の空気清浄機を製造しており，そうすることによって，より多くの場所で空気をきれいに保つ手助けをしている。

質問の訳　No.1 この文によると，一部の企業はどのようにして，より多くの場所で空気をきれいに保つ手助けをしていますか。

No.2 さて，Aの絵に描かれている人々を見てください。彼らは色々なことをしています。

彼らがしていることをできるだけたくさん説明してください。

No.3　さて，Bの絵に描かれている男性を見てください。その状況を説明してください。では，〜さん（受験者の氏名），カードを裏返しにして置いてください。

No.4　あなたは，今日の学生にはリラックスをする十分な時間があると思いますか。

No.5　近頃は，多くの人々がフリーマーケットで物を売り買いすることを楽しんでいます。あなたはものを買うためにフリーマーケットによく行きますか。

### *No.1* 解答例　By making smaller types of air cleaners.

**解答例の訳**　より小型の空気清浄機を製造することによって。

**解説**　第3文後半に関する質問。by doing soのsoは同じ文の前半の動詞以下を指すので，このare making smaller types of air cleaners「より小型の空気清浄機を製造している」を〈By + doing形［動名詞］〉の形に直して答える。

### *No.2* 解答例　A boy is watching TV. / A woman is reading a newspaper. / A man is pouring some water. / A woman is putting a bottle on[taking a bottle from] a table. / A woman is closing[opening] the door.　（順不同）

**解答例の訳**　少年がテレビを見ています。／女性が新聞を読んでいます。／男性が水をついでいます。／女性がテーブルにボトルを置いています［テーブルからボトルを取っています］。／女性がドアを閉じて［開けて］います。

**解説**　イラストの中の人物の動作はすべて現在進行形で表す。「（飲み物を）つぐ」はpour，「〜を…に置く／…から取る」はput 〜 on … / take 〜 from …，「開ける／閉じる」はopen / closeと表す。

### *No.3* 解答例　He can't go to work because he has a fever.

**解答例の訳**　熱があるので，彼は仕事に行くことができません。

**解説**　男性が具合悪そうにベッドに横になっている。そして，吹き出しの中のイラストは，男性が仕事に行くことができないことを表している。よって，解答例のように，「彼は仕事に行くことができない（He can't go to work）」と，その理由にあたる「熱がある（he has a fever）」をbecauseで結ぶと良い。

### *No.4* 解答例　（Yes. の場合）　Yes. → Why?──Many students have a lot of free time after school. Also, they spend time with their friends on weekends.
（No. の場合）　No. → Why not?──Students today are very busy with their homework. For example, they have to prepare presentations for their classes.

**解答例の訳**　はい。→それはなぜですか。──多くの学生は放課後にたくさんの自由時間があります。また，彼らは週末に友人と一緒に時間を過ごしています。／いいえ。→それはなぜですか。──今日の学生は宿題でとても忙しいです。例えば，彼らは授業のプレゼンテーションのための準備をしなければなりません。

**解説**　Yesの場合は，学生がリラックスできる時間を具体的に説明すると良い。解答例

では，学生には放課後（**after school**）や週末に（**on weekends**）たくさんの自由時間があるという点を挙げている。Noの場合は，リラックスできない理由を具体的に説明すると良い。解答例では，今日の学生は宿題に忙しいという現状を挙げ，さらに具体例として「授業のプレゼンテーションのための準備をしなければならない（**have to prepare presentations for their classes**）」ことを挙げている。

**No.5 解答例** （Yes.の場合） Yes. →Please tell me more.──The goods at flea markets are cheaper than the goods in stores. Also, flea markets sell a variety of different products.
（No.の場合） No. →Why not?──Flea markets usually only have used goods. I prefer to buy new things at the shopping mall.

**解答例の訳** はい。→詳しく話してください。──フリーマーケットの商品はお店の商品よりも安いです。また，フリーマーケットでは様々な商品が売られています。／いいえ。→それはなぜですか。──フリーマーケットにはふつう，中古品しか置いてありません。私はショッピングモールで新しいものを買うのが好きです。

**解説** Yesの場合は，フリーマーケットで売られている商品のメリットを具体的に説明すると良い。解答例では，「お店の商品よりも安い（**cheaper than the goods in stores**）」，「様々な商品（**a variety of different products**）が売られている」という2点を挙げている。Noの場合は，逆に，フリーマーケットで売られている商品のデメリットを具体的に説明すると良い。解答例では，最初に，「中古品（**used goods**）しか置いていない」という点を挙げ，自分自身のこととして，「ショッピングモールで新しいものを買うのが好きだ」と述べている。

## カードB 二次試験・面接
（問題編pp.102〜103）

**訳** 終夜営業
日本には昼も夜も営業している店がたくさんある。しかし，一部の店は24時間営業のコストを懸念し，夜間閉店を選択している。これを不便だと思う客もいるが，今後は恐らくさらに多くの店が終夜営業をやめるだろう。

**質問の訳** No.1 この文によると，一部の店はなぜ夜間閉店を選択するのですか。
No.2 さて，Aの絵に描かれている人々を見てください。彼らは色々なことをしています。彼らがしていることをできるだけたくさん説明してください。
No.3 さて，Bの絵に描かれている男性とその娘を見てください。その状況を説明してください。
では，〜さん（受験者の氏名），カードを裏返しにして置いてください。
No.4 あなたは，学校に生徒のための食堂があるのは良い考えだと思いますか。
No.5 日本では様々な季節にたくさんのお祭りが開催されています。あなたは町のお祭りによく行きますか。

*No.1*　**解答例**　Because they worry about the cost of staying open 24 hours.

**解答例の訳**　24時間営業のコストを懸念しているので。

**解説**　第2文後半に関する質問。ここでのsoは「だから」という意味で，同じ文の前半のsome stores worry about the cost of staying open 24 hours「一部の店は24時間営業のコストを懸念している」はその原因を表すので，これを〈Because they 〜〉の形に直して答える。

*No.2*　**解答例**　A girl is getting off an elevator. / A woman is pulling a cart. / A man is lifting a bag. / A man is planting a tree. / A man is writing something on a piece of paper.　**(順不同)**

**解答例の訳**　少女がエレベーターから降りています。／女性がカートを引いています。／男性がかばんを持ち上げています。／男性が木を植えています。／男性が紙に何かを書いています。

**解説**　イラストの中の人物の動作はすべて現在進行形で表す。「(乗り物などから)降りる」はget off，「カートを引く」はpull a cart，「(木など)を植える」はplant，「(1枚の)紙」はa piece of paperで表す。

*No.3*　**解答例**　He can't sleep because she's playing music loudly.

**解答例の訳**　彼女が大音量で音楽をかけているため，彼は眠れません。

**解説**　ソファーに横になる男性のとなりで娘が大音量で音楽を聞いている。男性は困った表情。吹き出し内のイラストより，男性は眠ることができないと分かる。よって解答例のように，「彼は眠れない(He can't sleep)」と「彼女は大音量で音楽をかけている(she's playing music loudly)」をbecauseで結ぶと良い。

*No.4*　**解答例**　(Yes.の場合)　Yes. → Why?——Students can buy hot food and drinks. Also, they don't need to bring their lunch from home. (No.の場合)　No. → Why not?——Students often spend a lot of money at cafeterias. It's cheaper for them to bring food from home instead.

**解答例の訳**　はい。→それはなぜですか。——学生は温かい食べ物や飲み物を買うことができます。また，家からお弁当を持ってくる必要もありません。／いいえ。→それはなぜですか。——学生は食堂でたくさんのお金を使ってしまうことがしばしばあります。代わりに家から食べ物を持ってきたほうが安いです。

**解説**　Yesの場合は，食堂を利用することのメリットを具体的に挙げると良い。解答例では，「温かい食べ物や飲み物を買うことができる(buy hot food and drinks)」，「家からお弁当を持ってくる(bring their lunch from home)必要がない」の2点を挙げている。Noの場合は，食堂を利用することのデメリットなどを挙げると良い。解答例では，「たくさんのお金を使ってしまう(spend a lot of money)」という点を挙げ，「家から食べ物を持ってきたほうが安い(cheaper)」と補足している。

***No.5***　**解答例**　（Yes. の場合）　Yes. → Please tell me more.──It's fun to go to festivals with my family.  I like to buy many different things at festivals.
（No. の場合）　No. → Why not?──There are too many people at the festival in my town.  Also, the festival is too noisy for me.

**解答例の訳**　はい。→詳しく話してください。──家族でお祭りに行くのは楽しいです。私はお祭りで色々なものを買うのが好きです。／いいえ。→それはなぜですか。──私の町のお祭りには人が多すぎます。それに，お祭りは私には騒がしすぎます。

**解説**　Yes の場合は，お祭りが好きな理由などを具体的に挙げると良い。解答例では，「家族でお祭りに行くのは楽しい（**fun**）」，「お祭りで色々なものを買うのが好きである」の2点を挙げている。No の場合は，お祭りが好きではない理由などを具体的に挙げると良い。解答例では，「人が多すぎる（**too many people**）」，「騒がしすぎる（**too noisy**）」の2点を挙げている。

# 2022年度 第2回

## 解答欄

| 問題番号 | 1 | 2 | 3 | 4 |
|---|---|---|---|---|
| (1) | ● | ② | ③ | ④ |
| (2) | ① | ● | ③ | ④ |
| (3) | ① | ● | ③ | ④ |
| (4) | ① | ● | ③ | ④ |
| (5) | ● | ② | ③ | ④ |
| (6) | ① | ② | ● | ④ |
| (7) | ① | ② | ③ | ● |
| (8) | ● | ② | ③ | ④ |
| (9) | ① | ② | ● | ④ |
| (10) | ① | ● | ③ | ④ |
| (11) | ● | ② | ③ | ④ |
| (12) | ① | ● | ③ | ④ |
| (13) | ① | ● | ③ | ④ |
| (14) | ● | ② | ③ | ④ |
| (15) | ① | ② | ● | ④ |
| (16) | ① | ● | ③ | ④ |
| (17) | ① | ● | ③ | ④ |
| (18) | ① | ② | ③ | ● |
| (19) | ① | ● | ③ | ④ |
| (20) | ● | ② | ③ | ④ |

(問題番号 1)

## 解答欄

| 問題番号 | 1 | 2 | 3 | 4 |
|---|---|---|---|---|
| (21) | ① | ● | ③ | ④ |
| (22) | ① | ② | ③ | ● |
| (23) | ① | ● | ③ | ④ |
| (24) | ● | ② | ③ | ④ |
| (25) | ① | ● | ③ | ④ |
| (26) | ① | ② | ③ | ● |
| (27) | ① | ● | ③ | ④ |
| (28) | ① | ● | ③ | ④ |
| (29) | ① | ② | ③ | ● |
| (30) | ① | ② | ● | ④ |
| (31) | ① | ● | ③ | ④ |
| (32) | ① | ● | ③ | ④ |
| (33) | ① | ② | ③ | ● |
| (34) | ① | ② | ● | ④ |
| (35) | ① | ② | ③ | ● |
| (36) | ● | ② | ③ | ④ |
| (37) | ① | ● | ③ | ④ |

(問題番号 2: (21)〜(25)、3: (26)〜(30)、4: (31)〜(37))

5 の解答例は p.98をご覧ください。

## リスニング解答欄

| 問題番号 | 1 | 2 | 3 | 4 |
|---|---|---|---|---|
| 例題 | ① | ② | ● | |
| No. 1 | ① | ② | ● | |
| No. 2 | ① | ② | ● | |
| No. 3 | ● | ② | ③ | |
| No. 4 | ① | ② | ● | |
| No. 5 | ① | ② | ● | |
| No. 6 | ① | ② | ● | |
| No. 7 | ① | ② | ③ | ● |
| No. 8 | ① | ② | ● | |
| No. 9 | ● | ② | ③ | |
| No. 10 | ① | ② | ● | |
| No. 11 | ① | ② | ● | ④ |
| No. 12 | ① | ② | ③ | ● |
| No. 13 | ① | ② | ● | ④ |
| No. 14 | ① | ● | ③ | ④ |
| No. 15 | ① | ② | ● | ④ |
| No. 16 | ● | ② | ③ | ④ |
| No. 17 | ① | ● | ③ | ④ |
| No. 18 | ● | ② | ③ | ④ |
| No. 19 | ① | ② | ● | ④ |
| No. 20 | ① | ● | ③ | ④ |
| No. 21 | ● | ② | ③ | ④ |
| No. 22 | ① | ● | ③ | ④ |
| No. 23 | ① | ② | ③ | ● |
| No. 24 | ● | ② | ③ | ④ |
| No. 25 | ① | ② | ● | ④ |
| No. 26 | ① | ② | ● | ④ |
| No. 27 | ● | ② | ③ | ④ |
| No. 28 | ① | ● | ③ | ④ |
| No. 29 | ① | ② | ● | ④ |
| No. 30 | ① | ● | ③ | ④ |

(第1部: No.1〜No.10、第2部: No.11〜No.20、第3部: No.21〜No.30)

## *(1)* 正解 **1**

**訳** 2国のリーダーは，両国間の戦争を止めることを決定した。彼らは国民に，平和が訪れることを約束した。

**解説** 2国のリーダーについて，1文目にdecided to stop the war「戦争を止めることを決定した」とあることから，**1**のpeace「平和」を入れると文意が通る。faith「信頼」，honor「名誉」，matter「事柄」。

## *(2)* 正解 **2**

**訳** 今年，トロイの足はとても大きくなったので，合う靴がなくなってしまった。彼の母親は今日，新しいものを買うために，彼を買い物に連れて行くことになっている。

**解説** 文前半にTroy's feet have grown so much「トロイの足はとても大きくなった」とあり，none of his shoes (  ) himに続くので，**2**のfit「合う」を入れると文意が通る。so 〜 that ...「とても〜なので…」。sew「縫う」，cure「治す」，gain「得る」。

## *(3)* 正解 **2**

**訳** その小さな女の子はネコと遊びたかった。しかし，彼女が近づくたびに，ネコは逃げた。

**解説** 1文目より，女の子はネコと遊びたがっていることがわかるので，**2**のapproached＜approach「近づく」を入れると，そのたびにネコに逃げられたという文後半につながる。celebrate「祝う」，separate「離す」，research「調査する」。

## *(4)* 正解 **2**

**訳** モモコは日本の東部にある，東京に住んでいる。彼女は毎年夏に，電車に乗って西部にある大阪にいる祖父を訪ねる。

**解説** 2文目で大阪について，in the west「西部にある」と表しているので，東京については，**2**のeasternを入れ，in the eastern part of Japan「日本の東部にある」とする。relative「関係のある」，smooth「なめらかな」，brave「勇敢な」。

## *(5)* 正解 **1**

**訳** シャンは重い病気のため，2週間仕事に行けなかった。彼女はたくさんの薬を飲まなければならず，何度も医者にかかった。

**解説** 2文目より，シャンは薬を飲んで医者にかかったことがわかることから，**1**のillness「病気」を入れると文意が通る。facility「設備」，decade「10年間」，immigration「移住」。

## *(6)* 正解 **3**

**訳** 東京の新しいアパートに引っ越す前に，ヤスコは家具をいくつか購入した。しかし，彼女が入居すると，テーブルとベッドのための十分なスペースがなかった。

※2024年度第1回から，試験形式の変更に伴い大問1の問題数は15問になります。

**解説** ヤスコが引っ越し前に何を買ったかを考える。引っ越し後の出来事である，2文目の there was not enough space for the table and the bed「テーブルとベッドのための十分なスペースがなかった」より，**3**の **furniture**「家具」を入れると文意が通る。atmosphere「大気」，religion「宗教」，poverty「貧困」。

## (7)　正解　**4**

**訳** 近年，人口が非常に急速に増加したため，市は多くの新しい道路や学校を建設しなければならなかった。

**解説** its population has grown so (　　)「人口が非常に(　　)増加した」ことが理由で，多くの新しい道路や学校が必要となった。選択肢の中で空所に入れて文意が通るのは，**4**の **rapidly**「急速に」。exactly「正確に」，pleasantly「楽しく」，fairly「公平に」。

## (8)　正解　**1**

**訳** 車はオートバイよりも安全だが，オートバイの利点は，ガソリンの使用量がより少ないことである。

**解説** use less gasoline「ガソリンの使用量がより少ない」ことは，オートバイの優れている点であると考えると，**1**の **advantage**「利点」を入れると，文意が通る。反対語は disadvantage。destruction「破壊」，laboratory「実験室」，concentration「集中」。

## (9)　正解　**3**

**訳** 地図上の色は，地球の様々な特徴を示すことがある。青は水を表すために使われ，緑は森林を表すためによく使われる。

**解説** 1文目より，地図における色の役割について述べているとわかる。2文目の後半に，green is often used to show forests「緑は森林を表すためによく使われる」とあることから，show とほぼ同じ意味を持つ**3**の **represent**「表す」を入れると文意が通る。develop「発達する」，exchange「交換する」，guide「案内する」。

## (10)　正解　**2**

**訳** 私の両親が若かった頃，今では郵便配達員が私たちに手紙を届けるように，牛乳配達人が毎日牛乳を家に持って来ていた。

**解説** just like「～と同様に」に注目する。文の前半に，a milkman brought milk to their homes「牛乳配達人が牛乳を家に持って来ていた」とあることから，brought＜ bring と似た意味を持つ**2**の **deliver**「届ける」を入れると文意が通る。balance「量る」，operate「操作する」，replace「取って代わる」。

## (11)　正解　**1**

**訳** *A:* ブライアン，学校に新しく入った男の子，本当にかっこいいと思うんだけど，名前がわからないの。
*B:* 彼はぼくの体育のクラスにいるよ。君のために彼の名前を調べてあげるよ。

**解説** Aは新入生の名前を知りたがっているので，**1**の **out** を入れ，find out his name for you「君のために彼の名前を調べる」とすると，会話が成り立つ。

## (12)　正解　2

**訳**　*A:* 絵画の授業を受けているのだけど，私の絵はいつもひどいものだわ！
*B:* やり続けてごらんよ。そういうスキルを身に付けるには，長い時間がかかるものだよ。

**解説**　絵を上手に描けないと嘆くAに，BはIt takes a long time to learn a skill like that.「そういうスキルを身に付けるには，長い時間がかかる」と言っていることから，**2**のkeep on「～し続ける」を入れ，やり続けるよう促す文にすると，会話が成り立つ。turn on「（スイッチを）入れる」，bring up「育てる」，sit up「起き上がる」。

## (13)　正解　2

**訳**　アンドリューは3つの仕事に応募し，今，面接を希望する企業があるかどうかの連絡を待っている。

**解説**　apply for ～で「～に応募する，申し込む」という意味なので，**2**のforを入れ，「アンドリューは3つの仕事に応募した」とすると文意が通る。

## (14)　正解　1

**訳**　リサは遠くに住んでいて両親が恋しいので，毎週電話で彼らと話す。電話を切った後，彼女はすぐにまた彼らが恋しくなってくる。

**解説**　1文目より，リサと両親は電話で連絡を取っているとわかるので，**1**のhangs up＜hang up「電話を切る」を入れると文意が通る。carry out「実行する」，put away「片付ける」，go ahead「前進する」。

## (15)　正解　3

**訳**　シャロンはクモが本当に怖い。先日，彼女の寝室に1匹いた。彼女はそれを見て飛び上がり，悲鳴を上げ，トイレに隠れた。

**解説**　1～2文目より，シャロンの寝室に，大の苦手であるクモが現れた。3文目のシャロンの行動は，クモを見たためだと推測できるので，**3**のat the sightを入れ，at the sight of「～を見て」とすると文意が通る。for the life of「～の命と引き換えで」，in the light of「～の光の中で」，on the point of「まさに～するところだ」。

## (16)　正解　2

**訳**　シモンズ氏は生徒たちにピアノの弾き方を教えるだけでなく，歴史上最も有名なピアニストたちの生涯についても詳しく教えている。

**解説**　in detailで「詳しく」という意味なので，**2**のdetailを入れ，tells them in detail about～「～について彼らに詳しく教える」とすると文意が通る。in case「念のため」，in hand「所有して」，in touch「接触して」。

## (17)　正解　2

**訳**　デイジーは大学時代，いくつかの方法でお金を稼ごうとした。彼女は大学の図書館やカフェテリアで仕事をし，美術クラスのモデルとして働いてさえもいた。

**解説**　2文目より，デイジーが様々な仕事をしていたことがわかるので，**2**のmake money「お金を稼ぐ」を入れると文意が通る。take pride「誇りを持つ」，give birth「出

産する」，lose speed「失速する」。

## (18) 正解 **4**

**訳** ジェーンの姉[妹]には4人の息子がいる。1人は高校生，残りは小学生である。

**解説** 4人の息子のうちの1人について，**one**で表しているので，「残りすべて」については，**4**の**the others**で表す。the otherは，2つのものや人について，「もう1つ［1人］」と言うときに使う。

## (19) 正解 **2**

**訳** サンドラは，飼い犬のチャーリーが新しいジャケットを着ているのがとてもかわいいと思った。彼女は彼の写真を何枚か撮り，友達とオンラインで共有した。

**解説** 空所直後に**his new jacket**「彼の新しいジャケット」とあるので，「着ている」という意味の語を入れると文意が通る。前置詞でこれに当てはまるのは，**2**の**in**。

## (20) 正解 **1**

**訳** バルセロナはスペインで2番目に大きな都市である。より大きいのはマドリッドのみである。

**解説** 大きい順から，マドリッド→バルセロナということなので，**1**の**second-largest**を入れて，Barcelona is the **second-largest** city in Spain. 「バルセロナはスペインで2番目に大きな都市である」という文にする。

---

## 2 一次試験・筆記
(問題編pp.109～110)

## (21) 正解 **2**

**訳** **A:** いつもは，サッカーの練習は午後5時で終わりだけど，スティーブンスコーチが，今日の練習は6時に終わると言っていたよ。
**B:** 本当に？ 彼がそう言ったの？ ぼくは聞いてなかったよ。お母さんに電話して，いつもより遅くに迎えに来てくれるよう頼んだほうがいいな。
**A:** ぼくの電話を使う？
**B:** ありがとう！ 1時間待たされたら，お母さんは怒っちゃうだろうしね。

**選択肢の訳** **1** ぼくのサッカーシューズを持ってくる **2** いつもより遅くに迎えに来る **3** スティーブンスコーチと話をする **4** 夕食を温めておく

**解説** 1巡目のAの発言より，今日の練習はいつもより1時間遅く終わるとわかる。Bが2巡目で，My mom will be angry if she has to wait for an hour. 「1時間待たされたら，お母さんは怒っちゃうだろうしね」と言っていることから，**2**の**pick me up later than usual**を入れると会話が成り立つ。

## (22) 正解 **4**

**訳** **A:** すみません。庭づくりに関する本を探すのを手伝っていただけませんか？
**B:** もちろんです。お役に立つ本が何冊かございます。花か野菜を育てるご予定ですか？

*A:* うーん。ジャガイモやニンジンのような，食べられるものから始めたら楽しそうだな。
*B:* では，こちらの本がぴったりです。

**選択肢の訳** **1** だれか他の人とそれをする **2** 2冊以上の本を買う **3** しょっちゅう図書館に来る **4** 花か野菜を育てる

**解説** 2巡目でAが育てたいものについて，potatoes and carrots「ジャガイモとニンジン」と具体例を挙げているので，**4**の grow flowers or vegetables を入れ，花か野菜を育てる予定かどうかをたずねると，会話の流れに合う。

## (23) 正解 **4**

**訳** *A:* 明日の会議の後のランチに，ソーセージピザを注文しましょう。4つで十分なはずね。
*B:* 待って。ピートとサラは肉を食べないよ。
*A:* そうだった。彼らのために何か取った方がいいわね。
*B:* ソーセージピザを3枚とベジタリアンピザを1枚取ろう。

**選択肢の訳** **1** ソーセージピザを2枚とチキンピザを2枚 **2** XLのチキンピザを4枚 **3** ソーセージピザを1枚とベジタリアンピザを1枚 **4** ソーセージピザを3枚とベジタリアンピザを1枚

**解説** 1巡目のやりとりより，必要なピザの枚数は4枚で，ベジタリアンが2人いるとわかる。2巡目でAが We'd better get something for them, too.「彼ら（＝ベジタリアンの2人）のために何か取った方がいいわね」と言っていることから，**4**の three sausage pizzas and one vegetarian pizza を入れると会話の流れに合う。

## (24) 正解 **1**

**選択肢の訳** **1** 海の生き物 **2** 有名な旅行者 **3** 金属のリサイクル **4** 星と惑星

**解説** 空所を含む発言の後で，B（＝先生）が例として，you could talk about the strange fish that live deep in the sea「深海に住む奇妙な魚について話すことができる」と言っていることから，**1**の life in the ocean を入れると会話が成り立つ。

## (25) 正解 **2**

**選択肢の訳** **1** パートナーと作業をする **2** 他の情報を探す **3** プレゼンテーションの練習をする **4** 両親に話す

**解説** 空所を含む発言の直後で，A（＝生徒）が I'll see what I can find at the library. Also, I can take a look on the Internet.「図書館で何が見つけられるか調べてみます。それから，インターネットで見ることもできますね」と言っている。いずれも情報を得るための方法なので，**2**の look for other information を入れると会話が成り立つ。

(24)(25) **訳**
*A:* テイラー先生，授業でのプレゼンテーションでどのトピックを選べばよいかわかりません。手を貸して頂けますか？
*B:* いいですよ。今年授業で学んだことについて考えてみなさい。気に入ったものはあったかい？
*A:* ええと，海の生き物について学ぶのはとても楽しかったです。
*B:* それはいいトピックだね。例えば，深海に住む奇妙な魚について話すことができるんじゃ

ないかな。

*A:* それはいい考えですね！　教科書に，それらについて何かあるかと思います。

*B:* いいけれど，他の情報も探すべきだよ。

*A:* 図書館で何が見つけられるか調べてみます。それから，インターネットで見ることもできますね。

*B:* もっと助けが必要だったら，いつでも私の所に来て言ってくれたらいいよ。

# 3[A] 一次試験・筆記
(問題編p.111)

**Key to Reading** ジョンと父親が，メッセージが入った瓶を浜辺で見つけた時の様子や，返事を書くまでの過程を読み取りながら，空所に入る語句を特定しよう。

**訳** 過去からの声

　毎年，オーストラリアのブリスベンでは，ボランティアがビーチ清掃のために集まる。今年，ジョンと彼の父親はそのグループに加わった。彼らは午前中ずっと，一生懸命ゴミ拾いをした。昼休み近くに，ジョンは浜辺にあるガラスの瓶に気づいた。瓶は古くて汚れていた。中に何か入っているようだった。ジョンは瓶を手に取り，父親に渡した。父親はそれを開け，1枚の紙を取り出した。彼はジョンに，それはメッセージだと言った。

　ジョンの父親はそのメッセージをジョンに見せた。そこには，「ぼくの名前はポールで，10歳です。カナダ出身です。ぼくはフェアスターという船で，オーストラリアに向けて旅行をしています。この住所宛に，ぼくに手紙を書いてください。」と書いてあった。家に帰る途中，ジョンと父親はポールに送るためのハガキを買った。数週間後，彼らは返事を受け取った。ポールは，自分は現在50歳で，ジョンがこれほど長い時間を経て彼のメッセージを見つけたのは驚きだ，と書いていた。

## (26) 正解 **4**

**選択肢の訳** **1** それは最近作られた　**2** それには赤ワインがいっぱい入っていた
**3** 近くにもっと瓶があるかもしれない　**4** その中には何か入っていた

**解説** 第1段落は，ジョンと父親が，メッセージが入った瓶を浜辺で見つけた時の様子について書かれている。空所を含む文の後で，ジョンの父親は瓶の中から1枚の紙を取り出しているので，**4**の there was something inside it が適切。

## (27) 正解 **1**

**選択肢の訳** **1** この住所宛に，ぼくに手紙を書く　**2** 休暇を楽しむ　**3** ぼくの家族にこの瓶を持って行く　**4** ぼくが家に戻る手助けをする

**解説** 第2段落は，瓶に入っていたメッセージを読んでからのジョンと父親の様子について書かれている。空所を含む文の後に John and his father bought a postcard to send to Paul.「ジョンと父親はポールに送るためのハガキを買った」とあることから，ポールは返事を求めていたと推測できる。よって**1**の write to me at this address が適切。

**Key to Reading** 第1段落：導入（雲南省のゾウの現状）→第2段落：本論①（ゾウの大移動）→第3段落：本論②（フードコートの建設）の3段落構成の説明文。

**訳** 空腹のハイカー

　人間が野生動物に及ぼす影響は，ますます大きくなっている。その結果，自然を保護するために，新しい法律や特別な公園が作られている。いくつかの変化は大きな成功を収めている。例えば，1980年，中国の雲南省には約170頭の野生のゾウがいた。最近では，約300頭のゾウがそこにはいると，専門家は考えている。しかし，ゾウが暮らせる場所はより少なくなっている。都市が大きくなり，人々が食べていくのにより多くの農場が必要になっているため，ゾウのような動物のための場所は，それほど多くないのだ。

　大きな動物は，人々に大きな問題を引き起こすことがある。保護地域には十分な食料がないため，ゾウはしばしば農場から食べ物を得るために，これらの地域を離れる。実際，2020年から2021年にかけて，雲南省の約14頭のゾウの集団が，食べ物を探すために500キロメートルの散歩に出かけた。ゾウたちはときどき食べ物を見つけようとして，町を通り抜けた。彼らはテレビのニュースやインターネットで取り上げられた。その結果，彼らは中国で多くの注目を集めた。人々は，彼らに次に何が起こるかを知りたがっていた。

　最終的に，ゾウは雲南省の保護地域に戻った。しかし，将来同様の冒険をさせないように，専門家はゾウのための特別な「フードコート」を設計した。フードコートの建設には1,500万ドルかかり，面積は約67万平方メートル。ゾウが水を飲める池が5つあり，ゾウが健康を維持するために食べる必要のある植物がすべてそろっている。専門家は，それがゾウをその地域に留めておくのに十分であることを願っている。

## (28)　正解　**2**

**選択肢の訳** **1** 人に会う機会がより少ない　**2** 暮らせる場所がより少ない　**3** 以前より寿命が短い　**4** 赤ちゃんの数がより少ない

**解説** 雲南省のゾウについて説明している段落。空所を含む文の後に there are not as many places for animals like elephants「ゾウのような動物のための場所は，それほど多くない」とあることから，これとほぼ同じ意味を表す**2**の less space to live in が適切。

## (29)　正解　**4**

**選択肢の訳** **1** 〜の食べ物を試した　**2** 〜国外の動物園で飼われた　**3** 〜へ旅することに決めた　**4** 〜で多くの注目を集めた

**解説** 雲南省のゾウが食べ物を求めて移動をする様子について説明している段落。空所を含む文が As a result「その結果」で始まることから，直前の文に注目する。They appeared on the TV news and the Internet.「彼らはテレビのニュースやインターネットで取り上げられた」より，**4**の got a lot of attention in が適切。

※2024年度第1回から，試験形式の変更に伴い大問3の[B](28)〜(30)が削除されます。

## (30)　正解　**3**

**選択肢の訳**　**1**　より多くの人間の訪問者を惹きつける　**2**　人々が動物を殺すのを止めさせる　**3**　ゾウをその地域に留めておく　**4**　ゾウを眠くさせる

**解説**　フードコートについて説明している段落。2文目に to prevent similar adventures in the future「将来同様の冒険をさせないように」とあるので，ゾウを市街地に来させないためのものであるとわかる。よって**3**の keep the elephants in the area が適切。

---

# 4[A]　一次試験・筆記
### (問題編pp.114〜115)

**Key to Reading**　アランが友達のジェフに送ったメール。①「バーニングフィスト」の感想（→第1段落），②アクション映画祭の詳細（→第2段落），③アクション映画祭の詳細とチケット（→第3段落）が読み取りのポイント。

**訳**　差出人：アラン・レズニック <alanreznick@bmail.com>
宛先：ジェフ・ティーナウェイ <jeff.t@wmail.com>
日付：10月9日
件名：映画祭
やあ，ジェフ，
「バーニングフィスト」のDVDを貸してくれてありがとう。とてもワクワクする映画だね。主人公がかっこいいバイクに乗って悪者に追われるシーンがとても気に入ったよ。先週の土曜日にそれを見た後，母がぼくを本屋に連れて行ってくれたんだ。「バーニングフィスト」についての本を見つけて買ったよ。本当に面白いんだ。読み終わったら君に貸すよ。
本屋にいる間，アクション映画祭のポスターを見たよ。来月，地下鉄のエルム・ストリート駅近くにある，オールド・ローレンス・シアターで開催される。去年君の誕生日に行ったメキシコ料理店の近くだよ。ポスターには，「バーニングフィスト」の監督が映画祭に来るとあった。彼女は自分の映画に関するファンの質問に答えたり，次の映画について話したりするよ。
映画祭では2日間にわたって8本の映画が上映される。それらはすべて，「バーニングフィスト」の監督によって選ばれたものだよ。そのいくつかは，1980年代と1990年代の古いアクション映画だ。新しい映画もいくつかあるよ。すごく良さそうだから，ぼくは絶対に映画祭のチケットを買うつもりだよ。君の分も買おうか？
じゃあね，
アラン

## (31)　正解　**2**

**質問の訳**　アランは先週の土曜日に何をしましたか。

**選択肢の訳**　**1**　ジェフと本屋へ行った。　**2**　映画についての本を買った。　**3**　友達のかっこいいバイクに乗った。　**4**　自分のDVDのうちの1枚をジェフに貸した。

**解説**　メール文第1段落に関する問題。4文目より先週の土曜日は母親と本屋へ行ったと

わかる。続く5文目にI found a book about *Burning Fist* and bought it.「『バーニン
グフィスト』についての本を見つけて買った」とあることから，**2**の**He bought a
book about a movie.**が正解。*Burning Fist*は映画のタイトル。

## *(32)* 正解 **4**

**文の訳** 去年，ジェフとアランは
**選択肢の訳** **1** 初めてメキシコ料理を食べてみた。 **2** オールド・ローレンス・シア
ターで映画を見た。 **3** 「バーニングフィスト」の監督に会った。 **4** ジェフの誕生日
にレストランへ行った。
**解説** メール文第2段落に関する問題。オールド・ローレンス・シアターについて，3文
目でIt's close to the Mexican restaurant that we went to on your birthday last
year.「去年君の誕生日に行ったメキシコ料理店の近くだよ」と説明していることから，**4**
の**went to a restaurant for Jeff's birthday.**が正解。

## *(33)* 正解 **4**

**質問の訳** アランが映画祭について言っていることの1つは何ですか。
**選択肢の訳** **1** 彼はすでにそのチケットを買った。 **2** すべての映画が古いアクショ
ン映画である。 **3** 映画は地元の映画ファンによって選ばれた。 **4** 2日以上開催され
る。
**解説** メール文第3段落に関する問題。1文目にEight movies are going to be shown
over two days at the festival.「映画祭では2日間にわたって8本の映画が上映される」
とあることから，**4**の**It will be held on more than one day.**が正解。

# 4[B] 一次試験・筆記
(問題編pp.116〜117)

**Key to Reading** 第1段落：導入（ジョン・マクラフリンの青年時代）→第2段落：本論
①（マクラフリンの起業と成功）→第3段落：本論②（引退後のマクラフリン）→第4段
落：結論（カナダドライペールジンジャーエールの現在）の4段落構成の説明文。
**訳** スパイシーソーダ
　ジンジャーエールはスパイシーなソフトドリンクである。それは，1850年代にアイル
ランドで生み出された。しかし，今日最も人気のあるタイプは，カナダのトロント在住の
ジョン・マクラフリンという男によって生み出された。カナダの大学を卒業後，彼はニュー
ヨークへ留学に行った。在学中，彼はドラッグストアでアルバイトをした。彼は，多くの
人が店でソーダ水を買い，様々なフルーツフレーバーと混ぜていることに気付いた。
　マクラフリンは1890年にトロントに戻り，ソーダ水の会社を始めた。それは大きな成
功を収めた。理由の1つは，彼の広告に，市が提供する水は危険であり，病気を引き起こ
すと書かれていたことであった。彼は，代わりに彼の会社のフルーツ風味のソーダ水を飲
むよう勧めた。彼はまた，ソーダファウンテンと呼ばれる機械も作った。人々はそれらを
使ってマクラフリンの飲み物を買うことができた。この機械は，特に夏の暑い日に，賑や
かな百貨店の買い物客の間で人気となった。

マクラフリンは健康状態が悪く，会社の経営から退かなければならなかった。しかし，彼は新しい飲み物を考案し続けた。彼はアイルランドのジンジャーエールについて知っていたが，客の多くはその甘い味を好まなかった。マクラフリンは，完璧なタイプのジンジャーエールを作ろうとして，3年を費やした。遂に，1904年までには，彼はより軽くてよりスパイシーな飲み物を生み出した。マクラフリンの妻はそれをとても気に入ったので，彼女はそれを「ジンジャーエールのシャンパン」だと言った。

マクラフリンの「カナダドライペールジンジャーエール」は大成功を収めた。そのままでもおいしいのはもちろん，他の飲み物と混ぜることもできる。ビールや他のアルコール飲料よりも好んで飲む人もいる。さらに，ショウガは胃痛や喉の痛みを和らげる。カナダドライペールジンジャーエールが発明されてから100年以上。その間，その人気はカナダからアメリカ，そして世界中に広がった。

## *(34)* 正解 **3**

**質問の訳** ジョン・マクラフリンはニューヨークにいる間に何に気付きましたか。
**選択肢の訳** **1** アイルランド人はジンジャーエールを好んで飲んだ。 **2** カナダより仕事を見つけやすかった。 **3** ソーダ水に様々なフレーバーを加えることが人気だった。 **4** そこのドラッグストアは，トロントのドラッグストアよりも多くの商品を売っていた。
**解説** 第1段落に関する問題。ニューヨーク時代の出来事として，最終文にHe noticed that many people were buying soda water from the store and mixing it with different fruit flavors.「彼は，多くの人が店でソーダ水を買い，様々なフルーツフレーバーと混ぜていることに気付いた」とあることから，**3**のAdding different flavors to soda water was popular.が正解。

## *(35)* 正解 **3**

**質問の訳** 人々がマクラフリンの飲み物を買った1つの理由は何ですか。
**選択肢の訳** **1** 彼らはソーダ水が時々，病気を引き起こす可能性があると聞いた。 **2** 1890年の夏は異常に暑かった。 **3** マクラフリンが，トロントの水が安全ではないと彼らに話した。 **4** マクラフリンは，賑やかなデパートの外で飲み物を売っていた。
**解説** 第2段落に関する問題。マクラフリンのソーダ水会社が成功した理由について，3文目にhis advertisements said the water provided by the city was dangerous and caused diseases「彼の広告に，市が提供する水は危険であり，病気を引き起こすと書かれていた」とあることから，**3**のMcLaughlin told them that the water in Toronto was not safe.が正解。

## *(36)* 正解 **1**

**質問の訳** マクラフリンの体調不良の1つの結果は何ですか。
**選択肢の訳** **1** 彼は経営者としての職を辞めた。 **2** 彼はアイルランドへ旅行に行った。 **3** 彼はショウガをもっと食べるようになった。 **4** 彼はシャンパンを飲むのをやめた。
**解説** 第3段落に関する問題。1文目にMcLaughlin had poor health, and he had to stop being the manager of his company「マクラフリンは健康状態が悪く，会社の経営から退かなければならなかった」とあることから，**1**のHe quit his job as manager.が正解。

## (37)　正解　**2**

**文の訳**　「カナダドライペールジンジャーエール」を飲むのが好きな人もいる

**選択肢の訳**　**1** 他の飲み物だと胃が痛くなるから。　**2** ビールやワインなどの飲み物の代わりに。　**3** 他の国へ旅行に行く時。　**4** 仕事や勉強をしなければならない時に，起きているために。

**解説**　第4段落に関する問題。3文目に Some people like to drink it rather than beer or other alcoholic drinks.「ビールや他のアルコール飲料よりも好んで飲む人もいる」とあることから，**2** の instead of drinks such as beer or wine. が正解

---

## 5　一次試験・筆記
(問題編p.118)

**QUESTIONの訳**　あなたは，勉強中にスマートフォンを使うことは，人々にとって良いと思いますか。

**解答例**　I think it is good for people to use smartphones while studying. First, people can look for things on the Internet quickly. For example, it takes only a few seconds to look up English words. Second, they can watch videos that explain the things they learn. It helps them understand what they are studying clearly.

**解答例の訳**　私は勉強中にスマートフォンを使うことは，人々にとって良いと思います。第一に，人々はインターネット上で素早く物事を探すことができます。例えば，英単語を調べるのに数秒しかかかりません。第二に，学習していることを説明する動画を見ることができます。それは，自分の勉強していることを良く理解するのに役立ちます。

**解説**　解答例では I think (that) 〜. の形で，勉強中にスマートフォンを使うことは，人々にとって良い考えだと思っていることを明らかにし，その理由を2つの視点から述べている。まず，First として，①素早く調べ事をすることができることを挙げ，さらに Second と続けて，②学習内容をより理解することに役立つことを挙げている。

---

## 第1部　一次試験・リスニング
(問題編p.119)

〔例題〕　*A:* Would you like to play tennis with me after school, Peter?　*B:* I can't, Jane. I have to go straight home.　*A:* How about tomorrow, then?
　**1** We can go today after school.　**2** I don't have time today.
　**3** That will be fine.　　　　　　　　　　　　　　　〔正解　**3**〕

## No. 1　正解　**3**

**放送文**　*A:* Hi, Mom. I'm at the mall looking for a Father's Day present for Dad.　*B:* What are you going to get him?　*A:* I don't know yet. I thought you

---

※2024年度第1回から，大問5にEメールへの返信を書く問題が加わります。

could give me some ideas.

**1** I don't need a present.　**2** It's his birthday tomorrow.　**3** He might like a necktie.

訳　A：ねえ, お母さん。お父さんへの父の日のプレゼントを探してショッピング・モールにいるんだ。　B：何をあげるつもりなの？　A：まだわからない。お母さんならぼくに何かアイデアをくれるんじゃないかと思って。

選択肢の訳　**1**　私はプレゼントはいらないわ。　**2**　明日は彼の誕生日よ。　**3**　ネクタイがいいかもしれないわね。

解説　電話での話。B（＝母親）に，父に何をあげるかたずねられたA（＝息子）が，I thought you could give me some ideas.「お母さんならぼくに何かアイデアをくれるんじゃないかと思って」と言っていることから，ネクタイを提案する**3**を入れると会話が成り立つ。

## *No. 2*　正解　**2**

放送文　*A:* Here you are, ma'am, one large coffee. Would you like anything to eat?　*B:* No, thanks. Just the coffee, please.　*A:* Are you sure? Our blueberry muffins are half price today.

**1** Oh really? I'll have a cup of coffee, then.　**2** Oh really? I'll take one, then.　**3** Oh really? I'll hurry home, then.

訳　A：こちらLサイズのコーヒーでございます。何かお召し上がりになりますか？　B：いいえ, 結構です。コーヒーだけください。　A：よろしいですか？　当店のブルーベリーマフィンが本日は半額です。

選択肢の訳　**1**　まあ本当に？　ではコーヒーをいただきます。　**2**　まあ本当に？　では1ついただきます。　**3**　まあ本当に？　では急いで帰ります。

解説　店での会話。コーヒーだけでよいと言うB（＝客）に対してA（＝店員）が，Our blueberry muffins are half price today.「当店のブルーベリーマフィンが本日は半額です」と言っていることから，マフィンを追加注文する**2**を入れると会話が成り立つ。

## *No. 3*　正解　**1**

放送文　*A:* Sir, you dropped your wallet!　*B:* Thank you for telling me.
*A:* Sure! I'm glad I was here to see it.

**1** It was very kind of you to help me.　**2** I work very near here.　**3** You're a little taller than me.

訳　A：あの, 財布を落としましたよ！　B：教えてくださってありがとう。　A：はい！ここにいて見つけられてよかったです。

選択肢の訳　**1**　ご親切に助けてくださってありがとう。　**2**　私はこのすぐ近くで働いています。　**3**　あなたは私より少し背が高いですね。

解説　BはAに財布を落としたことを教えてもらったので，「私を助けてくれるとはあなたはとても親切ですね」→「ご親切に助けてくださってありがとう」と気持ちを伝える**1**を入れると会話が成り立つ。

22年度第2回

筆記(37)／英作文／リスニング

No. 1 ～ No. 3

CD・青

## No. 4 正解 3

**放送文** *A:* Carlton's Computer Repair. *B:* Hello. My computer has stopped working. I'd like to know how much it will cost to fix. *A:* Well, that depends. Can you bring it in?
**1** Well, it stopped working this morning. **2** Hmm. That's more than I'd like to pay. **3** Sure. I'll stop by this afternoon.

**訳** A：カールトン・コンピュータ・リペアでございます。 B：もしもし。パソコンが動かなくなりました。直すのにいくらかかるか知りたいのですが。 A：ええと，それは場合によります。持ち込めますか？

**選択肢の訳** **1** ええと，今朝動かなくなりました。 **2** うーん。それは私が払える額を上回りますね。 **3** はい。今日の午後に寄ります。

**解説** コンピュータ修理店への電話での問い合わせ。パソコンが動かないと言うBに，A（＝店員）がCan you bring it in?「持ち込めますか？」とたずねているので，**3**を入れると会話が成り立つ。

## No. 5 正解 3

**放送文** *A:* Do you want to watch a movie this weekend? *B:* That sounds fun. What do you want to see? *A:* How about a horror film?
**1** No, weekends are usually more fun. **2** Well, movies cost a lot of money. **3** Sure, I love to watch scary movies.

**訳** A：今週末，映画を見ないかい？ B：楽しそう。あなたは何が見たい？ A：ホラー映画はどう？

**選択肢の訳** **1** いいえ，たいてい週末の方が楽しいわ。 **2** ええと，映画にはたくさんお金がかかるわ。 **3** ええ，怖い映画を見るのが大好きなの。

**解説** AはHow about a horror film?「ホラー映画はどう？」と提案している。選択肢の中で会話が成り立つ応答は，怖い映画が好きだと言って同意する**3**のみ。

## No. 6 正解 1

**放送文** *A:* Hi, Janice. How was the hockey game you went to? *B:* It was great. Oh, and I saw your friend Adam there. *A:* Really? Was he sitting near you?
**1** Yes, he was two seats behind me. **2** Yes, he watched the game on TV. **3** Yes, he wished he could have come.

**訳** A：ねえ，ジャニス。君が行ったホッケーの試合，どうだった？ B：素晴らしかったわよ。ああ，そこであなたの友達のアダムに会ったわよ。 A：本当に？ 彼は君の近くに座っていたの？

**選択肢の訳** **1** ええ，私の2席後ろにいたわよ。 **2** ええ，彼はテレビで試合を見たわよ。 **3** ええ，彼は，来られたらよかったなあって思っていたわ。

**解説** ホッケーの試合会場でAの友達を見たと言うBに，AがWas he sitting near you?「彼は君の近くに座っていたの？」とたずねていることから，席の位置を説明する**1**を入れると会話が成り立つ。

## *No. 7*　正解　**2**

**放送文**　*A:* You had one phone call while you were out, Ms. Johnson.　*B:* Did you take a message?　*A:* Yes. Mr. Smith called to ask you some things about the new software.

**1**　Well, we should try again sometime.　**2**　Oh. I just talked to him on my smartphone.　**3**　Sure, I'll call you back this afternoon.

**訳**　A：ジョンソンさん，外出中に1件電話がありました。　B：伝言はありましたか？ A：はい。スミスさんからのお電話で，新しいソフトウェアについていくつか質問されたいとのことでした。

**選択肢の訳**　**1**　ええと，いつかやり直しましょう。　**2**　ああ。スマートフォンでちょうど彼と話しました。　**3**　了解です。今日の午後，あなたに折り返しお電話いたします。

**解説**　留守中の電話について，AがBにスミスさんからの伝言を伝えている。選択肢の中で会話が成り立つ応答は，すでにスミスさんとその話をしたと言う**2**のみ。

## *No. 8*　正解　**3**

**放送文**　*A:* Hawthorne Lake Campground. How can we help you?　*B:* Hello. I was wondering if you'll be open next month.　*A:* Sorry, ma'am, but we close this weekend. We won't open again until after the winter.

**1**　OK. See you tomorrow.　**2**　OK. We'll go fishing, too.　**3**　OK. Maybe we'll come then.

**訳**　A：ホーソン湖キャンプ場です。どうされましたか？　B：もしもし。そちらは来月，開いているのかと思ったのですが？　A：申し訳ありませんが，今週末で閉場いたします。冬が終わるまでは，営業を再開いたしません。

**選択肢の訳**　**1**　わかりました。また明日。　**2**　わかりました。私たちも釣りに行きます。　**3**　わかりました。その時にうかがうと思います。

**解説**　A（＝キャンプ場のスタッフ）はBに，We won't open again until after the winter.「冬が終わるまでは，営業を再開いたしません」と言っている。選択肢の中で会話が成り立つ応答は，営業再開後に行くと伝える**3**のみ。

## *No. 9*　正解　**1**

**放送文**　*A:* I like your jacket, Adam. Did you buy it at the big sale at Huntsville Mall?　*B:* Sale? I bought it online.　*A:* That's too bad. You could have saved some money.

**1**　Oh no. I would have gone to it.　**2**　Oh no. I worry about online shopping.　**3**　Oh no. I forgot to get a jacket.

**訳**　A：あなたのジャケットが好きだわ，アダム。ハンツビルモールの大セールで買ったの？　B：セール？　オンラインで買ったよ。　A：それは残念。お金をいくらか節約できたかもしれないのに。

**選択肢の訳**　**1**　ああ，しまった。それに行っただろうに。　**2**　ああ，だめだよ。ネットショッピングは心配なんだ。　**3**　ああ，しまった。ジャケットを買い忘れた。

**解説**　Bのジャケットについて，Aはセールで買えばYou could have saved some

money「お金をいくらか節約できたかもしれないのに」と言っていることから，セールを知らなかったことを後悔する**1**を入れると会話が成り立つ。

## No. 10　正解　**3**

**放送文**　*A:* Thomas, it's Kate's birthday on Saturday.　*B:* That's right! I forgot to get her a gift. What should I get her?　*A:* She likes flowers and chocolate.
**1**　You may have to go by yourself.　**2**　She might have a party.　**3**　I'll get her some roses.

**訳**　A：トーマス，土曜日はケイトの誕生日よ。　B：そうだった！　彼女にプレゼントを買うのを忘れていた。何を買うべきかな？　A：彼女は花とチョコレートが好きよ。

**選択肢の訳**　**1**　1人で行かなければならないかもしれないね。　**2**　彼女はパーティーを開くかもしれないな。　**3**　彼女にバラをあげよう。

**解説**　Aはケイトの誕生日プレゼントについて，Bに助言を求められ，She likes flowers and chocolate.「彼女は花とチョコレートが好きよ」と答えている。選択肢の中でケイトの好み合うのは，**3**のバラのみ。

| 第**2**部 | 一次試験・リスニング |
|---|---|
| | (問題編pp.119〜121) |

## No. 11　正解　**3**

**放送文**　*A:* Alison, I want to invite my girlfriend out for dinner.　Can you recommend a good restaurant? *B:* Sure.　What kind of place are you looking for?　*A:* Well, something a little different would be good.　I want our meal to be special.　*B:* There's a great new Italian restaurant downtown on Third Street. You could go there.
*Question:* What is the man asking the woman about?

**訳**　A：アリソン，ガールフレンドを夕食に招待したいんだ。良いレストランを紹介してくれないかい？　B：いいわ。どんな所を探しているの？　A：うーん，一味違う所がいいな。ぼくたちの食事を特別なものにしたいんだ。　B：ダウンタウンの3番街にとても素敵な新しいイタリアンレストランがあるわ。そこへ行くといいんじゃないかしら。

**質問の訳**　男性は女性に何をたずねていますか。

**選択肢の訳**　**1**　買うべきパスタの種類。　**2**　3番街のパン屋。　**3**　夕食に行く場所。　**4**　ダウンタウンのスーパーマーケット。

**解説**　1巡目でA（＝男性）がI want to invite my girlfriend out for dinner.　Can you recommend a good restaurant?「ガールフレンドを夕食に招待したいんだ。良いレストランを紹介してくれないかい？」と言っていることから，**3**が正解。

## No. 12　正解　**4**

**放送文**　*A:* Hello? *B:* Hi, Erica.　This is your neighbor, Frank.　I'm going away this weekend.　Could you feed my cat for me?　*A:* Sorry, but I'm going camping this weekend.　*B:* Oh.　Could you ask your sister if she can do it?　*A:* Sure.

She's not home now, but I'll ask her later.

*Question:* What will Erica do this weekend?

**訳**　A：もしもし？　B：もしもし，エリカ。お隣のフランクです。今週末に出かける予定があるんですが。ぼくのネコに餌をあげてくれませんか？　A：すみませんが，今週末，私はキャンプに行きます。　B：ああ。お姉さん[妹さん]にやってもらえるか，聞いてもらえますか？　A：わかりました。彼女は今家にいませんが，後で聞いてみますね。

**質問の訳**　エリカは今週末何をする予定ですか。

**選択肢の訳**　**1**　姉[妹]を訪ねる。　**2**　隣人のネコの餌やりをする。　**3**　家にいる。　**4**　キャンプに行く。

**解説**　電話での会話。B（＝Frank）に留守中のネコの餌やりを頼まれたA（＝Erica）は，2巡目でI'm going camping this weekend「今週末，私はキャンプに行きます」と言って断っていることから，**4**が正解。

## No. 13　正解　**3**

**放送文**　*A:* Hello, sir. How can I help you today?　*B:* Hi. I'd like to mail this letter to my friend in Italy.　*A:* OK. That will be three dollars and fifty cents. Do you need any stamps?　*B:* Yes. I'll take a sheet of the regular 50-cent stamps, too, please.

*Question:* What is the man doing?

**訳**　A：こんにちは。今日はどうされましたか？　B：こんにちは。この手紙をイタリアの友人に送りたいんです。　A：かしこまりました。3ドル50セントになります。切手は必要ですか？　B：はい。普通の50セント切手も1シートお願いします。

**質問の訳**　男性は何をしていますか。

**選択肢の訳**　**1**　銀行でお金を下ろしている。　**2**　衣料品店で買い物をしている。　**3**　郵便局で職員と話をしている。　**4**　旅行代理店で旅の予約をしている。

**解説**　1巡目でBがI'd like to mail this letter to my friend in Italy.「この手紙をイタリアの友人に送りたいんです」，2巡目でAがDo you need any stamps?「切手は必要ですか？」とたずね，Bが切手シートを購入していることから，郵便局での会話とわかる。よって**3**が正解。

## No. 14　正解　**2**

**放送文**　*A:* Excuse me. I'm a new student at this school. Can you tell me where the cafeteria is?　*B:* Sure. I'll take you, but we have to hurry. It's Wednesday—that's pizza day! It's the only day we get to eat pizza.　*A:* That's great! My old school never served that. It always served burgers, pasta, and salads.　*B:* We get those, too, but Wednesday is definitely my favorite day of the week.

*Question:* Why does the girl like Wednesdays?

**訳**　A：すみません。ぼくはこの学校の新入生です。カフェテリアがどこにあるか教えてもらえますか？　B：ええ。連れて行ってあげるけれど，急がなければならないわ。今日は水曜日，ピザの日なの！　ピザを食べられるのはこの日だけなのよ。　A：それはいいですね！　前の学校では出してくれませんでした。いつもハンバーガー，パスタ，サラ

ダが出ていました。 B：それらもあるけれど，水曜日は間違いなく，1週間で私の一番のお気に入りの曜日なの。

**質問の訳** 少女はなぜ水曜日が好きですか。

**選択肢の訳** **1** 学校の給食でサラダが出る。 **2** カフェテリアでピザが出される。 **3** 彼女の母親が夕食にハンバーガーを作る。 **4** 料理の授業がある。

**解説** 1巡目でB（＝少女）がカフェテリアについて，It's Wednesday—that's pizza day!「今日は水曜日，ピザの日なの！」と言っており，さらに2巡目でWednesday is definitely my favorite day of the week「水曜日は間違いなく，1週間で私の一番のお気に入りの曜日なの」と言っていることから，**2**が正解。

## No. 15 正解 **3**

**放送文** *A:* Hello. *B:* Hello, Mrs. Harris. Is Karen home from school yet? *A:* No, she's not. She's at her piano lesson. Is this Bryan? *B:* Yes. I wanted to tell her that I found her math book at my house. *A:* I'll let her know where it is. Thank you.

*Question:* What is one thing the boy says?

**訳** Ａ：もしもし。 Ｂ：もしもし，ハリスさん。カレンはもう学校から帰ってきましたか？ Ａ：いいえ。彼女はピアノのレッスンに行っています。あなたはブライアンかしら？ Ｂ：はい。彼女に，ぼくの家で彼女の数学の本を見つけたことを伝えたかったんです。 Ａ：彼女にどこにあるか知らせるわね。ありがとう。

**質問の訳** 少年が言っていることの1つは何ですか。

**選択肢の訳** **1** 数学の試験がうまく行った。 **2** ピアノのレッスンを受けたい。 **3** カレンの数学の本を見つけた。 **4** カレンを家に招くつもりである。

**解説** 電話での会話。2巡目でB（＝少年）がA（＝カレンの母親）にI wanted to tell her that I found her math book at my house.「彼女に，ぼくの家で彼女の数学の本を見つけたことを伝えたかったんです」と言っていることから，**3**が正解。

## No. 16 正解 **1**

**放送文** *A:* This chicken is delicious, Joe! Where did you learn how to make it? *B:* I found the recipe in a cookbook this morning. *A:* My grandmother used to make a similar dish. I saw a television show called *Best Chefs* where they made a dish like this, too. *B:* I love that cooking show!

*Question:* How did the man learn to make the meal?

**訳** Ａ：このチキンはとてもおいしいわね，ジョー！ どこで作り方を習ったの？ Ｂ：今朝，料理本でレシピを見つけたんだ。 Ａ：祖母がよく似た料理を作っていたわ。「ベスト・シェフス」というテレビ番組でも，こんな感じの料理を作っていたわ。 Ｂ：ぼくはあの料理番組が大好きなんだ！

**質問の訳** 男性はどのようにしてその料理の作り方を知りましたか。

**選択肢の訳** **1** 料理本を読むことによって。 **2** 何年も練習することによって。 **3** 「ベスト・シェフス」を見ることによって。 **4** 祖母から習うことによって。

**解説** 1巡目でA（＝女性）にどこでチキン料理の作り方を習ったかをたずねられ，B（＝Joe）はI found the recipe in a cookbook this morning.「今朝，料理本でレシピを

見つけたんだ」と答えていることから，**1**が正解。

## No. 17　正解　**2**

放送文　*A:* Mr. Franklin, I really enjoyed today's lesson on space travel.
*B:* Thank you, Carol. I try to make each lesson interesting by telling stories.
*A:* Well, I'm interested in any story that is about space. *B:* Really? I have a very good book about space. You can borrow it if you want to.
*Question:* Why does Mr. Franklin include stories in his lessons?

訳　A：フランクリン先生，今日の宇宙旅行の授業はとても楽しかったです。　B：ありがとう，キャロル。物語を話すことで，毎回の授業を面白くするようにしているんだ。A：そうですね，私は宇宙に関する話なら何でも興味があります。　B：本当かい？　私は宇宙についてのとても良い本を持っているよ。よかったら借りてもいいよ。

質問の訳　フランクリン先生はなぜ授業の中に物語を取り入れていますか。

選択肢の訳　**1**　生徒がおしゃべりをしないように。　**2**　授業を面白くするために。**3**　生徒が宿題をするのを手助けするために。　**4**　生徒に旅行の準備をさせるために。

解説　1巡目でA（＝Carol）に授業が楽しかったと言われたB（＝Mr. Franklin）が，I try to make each lesson interesting by telling stories.「物語を話すことで，毎回の授業を面白くするようにしているんだ」と言っていることから，**2**が正解。keep ～ from *doing*は「～に…させないようにする」という意味。

## No. 18　正解　**1**

放送文　*A:* Mom, do we have any more lemons? I found three in the refrigerator. *B:* There are some in the bowl on the dining table, too. What do you need them for? *A:* I'm making lemonade for the barbecue this afternoon. *B:* Oh, that sounds good. I can go to the grocery store if you need more.
*Question:* What is the boy doing?

訳　A：お母さん，もっとレモンはない？　冷蔵庫に3つあったんだけど。　B：食卓の上のボウルにもいくつかあるわよ。何に必要なの？　A：今日の午後のバーベキュー用に，レモネードを作っているんだ。　B：まあ，それはいいわね。もっと必要だったら，食糧雑貨店へ行ってもいいわよ。

質問の訳　少年は何をしていますか。

選択肢の訳　**1**　レモンを使った飲み物を作っている。　**2**　バーベキューで料理をしている。　**3**　昼食のために食卓の準備をしている。　**4**　スーパーへ行くためのリストを作っている。

解説　1巡目でB（＝母親）にレモンが必要な理由をたずねられたA（＝少年）が2巡目で，I'm making lemonade for the barbecue this afternoon.「今日の午後のバーベキュー用に，レモネードを作っているんだ」と言っている。レモネードとは，レモン果汁を使った飲み物なので，**1**が正解。

## No. 19　正解　**2**

放送文　*A:* Hello. How is your stomach feeling today? Is it still painful?
*B:* Well, Dr. Schneider, it feels much better than last week. But it still hurts a

little bit.　*A:* I see.　Well, I'll give you some more medicine.　You should feel better in no time.　*B:* Thank you, Doctor.

*Question:* What is the man's problem?

　**訳**　Ａ：こんにちは。今日はお腹の調子はどうですか。まだ痛いですか。　Ｂ：ええと，シュナイダー先生，先週よりずっと良くなりました。でもまだ少し痛いです。　Ａ：なるほど。では，もう少し薬をお出ししましょう。すぐに良くなるはずです。　Ｂ：ありがとうございます，先生。

　**質問の訳**　男性の問題は何ですか。

　**選択肢の訳**　**1**　良い医者を見つけることができない。　**2**　腹痛がする。　**3**　薬がまずい。　**4**　仕事のストレスがとても大きい。

　**解説**　医師と患者の会話。1巡目でＡ（＝医師）がHow is your stomach feeling today? Is it still painful?「今日はお腹の調子はどうですか。まだ痛いですか。」とＢ（＝男性）にたずねたところ，Ｂはit still hurts a little bit「まだ少し痛いです」と答えているので，**2**が正解。2巡目のin no timeは「すぐに，直ちに」という意味。

## No. 20　正解　**3**

　**放送文**　*A:* Hello.　Brenda's Bakery.　*B:* Hi.　Do you have any chocolate cakes? *A:* I'm sorry, but we're sold out.　We have other cakes, though.　If you want to order a chocolate cake, we could make one for you by tomorrow.　*B:* No, that's OK.　I'll come by your shop and take a look at your other cakes.

*Question:* What does the man decide to do?

　**訳**　Ａ：もしもし。ブレンダズ・ベーカリーでございます。　Ｂ：こんにちは。チョコレートケーキはありますか？　Ａ：申し訳ありませんが，売り切れです。他のケーキならございますが。もしチョコレートケーキを注文されたいのでしたら，明日までにお作りすることならできます。　Ｂ：いいえ，大丈夫です。お店に立ち寄って，他のケーキを見てみることにします。

　**質問の訳**　男性は何をすることにしますか。

　**選択肢の訳**　**1**　チョコレートケーキを注文する。　**2**　ブレンダにケーキを売る。
**3**　ベーカリーに行く。　**4**　自分でケーキを作る。

　**解説**　電話での会話。2巡目でＡ（＝店員）にチョコレートケーキが売り切れたことを告げられたＢがチョコレートケーキの注文を断り，I'll come by your shop and take a look at your other cakes.「お店に立ち寄って，他のケーキを見てみることにします」と言っていることから，**3**が正解。

| 第**3**部 | 一次試験・リスニング |
|---|---|
| | (問題編pp.121〜123) |

CD 青-23 〜 CD 青-33

## No. 21　正解　**1**

　**放送文**　After working until late last night, Sophia fell asleep on the train and missed her stop.　She woke up when the train arrived at the last station.　There were no more trains, so she had to walk home with her heavy bag.　It took more

than one hour.  Her co-workers could see that she was tired this morning.
*Question:* What is one reason Sophia was tired this morning?

訳　昨夜遅くまで働いた後，ソフィアは電車の中で寝てしまい，乗り過ごしてしまった。彼女は電車が終点に到着した時に目を覚ました。もう電車がなかったので，彼女は重いバッグを持って家まで歩かなければならなかった。1時間以上かかってしまった。彼女の同僚は，今朝，彼女が疲れているのを目にした。

質問の訳　今朝，ソフィアが疲れていた1つの理由は何ですか。

選択肢の訳　**1**　彼女は長い間歩かなければならなかった。　**2**　彼女はテレビを見て夜更かしした。　**3**　彼女が乗った電車がとても混雑していた。　**4**　彼女のオフィスが家から遠い。

解説　電車で寝過ごしてしまったソフィアについて，3文目後半でshe had to walk home with her heavy bag「彼女は重いバッグを持って家まで歩かなければならなかった」，4文目でIt took more than one hour.「1時間以上かかってしまった」と言っていることから，**1**が正解。

## *No. 22*　正解　**2**

放送文　Veronika Dichka and Archie became friends in 2021.  Archie is a brown bear who used to live in a safari park.  The park could not keep Archie anymore, so Veronika offered to take care of him.  On weekends, she took the bear to a lake to go fishing.  Pictures of Veronika and Archie became well-known on the Internet.
*Question:* How did Veronika Dichka spend her weekends with Archie?

訳　ヴェロニカ・ディチカとアーチーは2021年に友達になった。アーチーはかつてサファリパークで暮らしていたヒグマである。パークがこれ以上アーチーを飼うことができなくなったので，ヴェロニカは彼の世話をすることを申し出た。週末になると，彼女はクマを湖へ，釣りのために連れて行った。ヴェロニカとアーチーの写真は，インターネット上で有名になった。

質問の訳　ヴェロニカ・ディチカはどのようにしてアーチーと週末を過ごしましたか。

選択肢の訳　**1**　一緒に自然の絵を描いた。　**2**　一緒に魚を釣りに行った。　**3**　彼女の家族に会いに連れて行った。　**4**　サファリパークに彼を訪ねた。

解説　4文目でOn weekends, she took the bear to a lake to go fishing.「週末になると，彼女はクマを湖へ，釣りのために連れて行った」と言っていることから，**2**が正解。アーチーはヒグマの名前。

## *No. 23*　正解　**4**

放送文　Rachel and her friends had to do a lot of math homework.  Rachel finished it on time, but her teacher wanted to speak to her about it.  The reason was that Rachel had answered the questions from the wrong page of her textbook.  The teacher gave Rachel some more time to answer the correct questions.
*Question:* What was the problem with Rachel's homework?

訳　レイチェルと彼女の友達は，たくさんの数学の宿題をしなければならなかった。

レイチェルは時間通りにそれを終えたが，彼女の先生はそれについて彼女に話したいと思っていた。その理由は，レイチェルが教科書の間違ったページからの問題に答えたためだった。先生はレイチェルに正しい問題に答える時間をいくらか与えた。

**質問の訳** レイチェルの宿題の問題は何でしたか。

**選択肢の訳** **1** 彼女は古い教科書を使った。 **2** 彼女はそれを終わらせるのが遅れた。 **3** 彼女は友達の答えを写した。 **4** 彼女は間違った問題を解いてしまった。

**解説** 3文目でRachel had answered the questions from the wrong page of her textbook「レイチェルが教科書の間違ったページからの問題に答えた」と言っているので，**4**が正解。

## No. 24 正解 **1**

**放送文** We will return to this afternoon's sports program, *Golf Plus*, after this emergency weather warning. This is a safety announcement. Heavy rain and strong winds are expected to hit the city this evening. Everyone is advised to stay indoors and keep away from windows until the storm is over.

*Question:* Why is this announcement being made?

**訳** この緊急気象警報の後，本日午後のスポーツ番組，「ゴルフ・プラス」に戻ります。これは安全に関するお知らせです。今晩は大雨と強風が市内を襲う見込みです。嵐が収まるまで，皆さんには屋内に留まり，窓から離れることをお勧めします。

**質問の訳** この放送はなぜ行われましたか。

**選択肢の訳** **1** 嵐がその日のうちにやって来る。 **2** スポーツ番組が中止になる。 **3** 午前中強風だった。 **4** 夜，面白い映画がある。

**解説** ラジオの放送。1文目でemergency weather warning「緊急気象警報」と言っており，さらに3文目でHeavy rain and strong winds are expected to hit the city this evening.「今晩は大雨と強風が市内を襲う見込みです」と詳しい情報を提供していることから，**1**が正解。

## No. 25 正解 **3**

**放送文** At school yesterday, Maki's friend Larry told her that he got a new pet dog. He also said that he ran with it in the park last weekend. Maki is excited because Larry invited her to come to the park to see it this weekend.

*Question:* Why will Maki go to the park this weekend?

**訳** 昨日学校で，マキの友達のラリーは，新しいペットのイヌを飼ったと彼女に言った。彼はまた，先週末，公園でイヌと一緒に走ったとも言った。ラリーが，今週末公園にイヌを見に来るように誘ってくれたので，マキはワクワクしている。

**質問の訳** マキはなぜ今週末公園へ行きますか。

**選択肢の訳** **1** 友達と昼食を食べるため。 **2** 走って運動をするため。 **3** 友達のイヌを見るため。 **4** 彼女の新しいペットと遊ぶため。

**解説** 2文目より，飼い始めたイヌについてラリーは，ran with it in the park last weekend「公園でそれ（＝イヌ）と一緒に走った」とマキに話した。続く3文目でMaki is excited because Larry invited her to come to the park to see it this weekend.「ラリーが，今週末公園にイヌを見に来るように誘ってくれたので，マキはワクワクして

いる」と言っていることから，マキは公園でラリーのイヌを見ると推測できる。よって**3**が正解。

## No. 26　正解　**3**

**放送文**　Nana has been on skiing trips with her family since she was little. Last weekend, her friends invited her to go to the mountains. Nana took her skis, ski boots, and poles, but when she got there, all her friends had snowboards. They said snowboarding was cool. Nana decided to rent a snowboard and boots so that she could try it.

*Question:* Why did Nana start snowboarding?

**訳**　ナナは幼い頃から家族と一緒にスキー旅行に行っている。先週末，彼女の友達は彼女を山に誘った。ナナはスキー板，スキーブーツ，ストックを持って行ったが，彼女がそこへ着くと，友達は皆スノーボードを持っていた。彼らは，スノーボードがかっこいいのだと言った。ナナはスノーボードとブーツをレンタルし，試してみることにした。

**質問の訳**　ナナはなぜスノーボードを始めましたか。

**選択肢の訳**　**1**　スキーのストックが1本折れた。　**2**　家にスキー板を忘れた。**3**　それがかっこいいと友達が言った。　**4**　家族が彼女にレッスンを購入した。

**解説**　スキー板ではなくスノーボードを持って山に来ていた友達について，4文目でThey said snowboarding was cool.「彼らは，スノーボードがかっこいいのだと言った」と言っていることから，**3**が正解。

## No. 27　正解　**1**

**放送文**　In the Middle East, there is a sweet dessert called baklava. It is made with a lot of sugar, butter, flour, and nuts. In the past, baklava was eaten at important events. Even today, people in Turkey sometimes say, "I'm not rich enough to eat baklava every day." This saying tells us that baklava was a special treat.

*Question:* When was baklava eaten in the past?

**訳**　中東には，バクラヴァと呼ばれる甘いデザートがある。たっぷりの砂糖，バター，小麦粉，ナッツを使って作られている。昔は，バクラヴァは重要な行事で食べられていた。今日でも，トルコの人々は「私は毎日バクラヴァを食べるほど裕福ではない」と言うことがある。この言い習わしは，バクラヴァが特別なご馳走だったことを示している。

**質問の訳**　昔，バクラヴァはいつ食べられていましたか。

**選択肢の訳**　**1**　特別な行事で。　**2**　人々の体調が悪い時に。　**3**　午前中に。　**4**　人々がお金をほしいと思う時に。

**解説**　バクラヴァは中東で食べられるデザートの一種。3文目でIn the past, baklava was eaten at important events.「昔は，バクラヴァは重要な行事で食べられていた」と言っていることから，**1**が正解。

## No. 28　正解　**2**

**放送文**　For Jack's third birthday, his parents took him to a toy store to choose a present. Jack's favorite color is yellow, so they thought that he would choose a yellow toy car or airplane. However, he chose a toy tea set with cups and plates because it was in a yellow box. His parents enjoy watching Jack playing with his new toys.

*Question:* Why did Jack choose the tea set?

**訳** ジャックの3歳の誕生日に，両親は彼をおもちゃ屋へ連れて行き，プレゼントを選んだ。ジャックの好きな色は黄色なので，黄色のおもちゃの車か飛行機を選ぶだろうと彼らは思っていた。しかし，黄色い箱に入っているからと，彼はカップと皿が付いたおもちゃのティーセットを選んだ。両親は，ジャックが新しいおもちゃで遊んでいるのを見て楽しんでいる。

**質問の訳** ジャックはなぜティーセットを選びましたか。

**選択肢の訳** **1** 他のおもちゃよりも値段が安かった。　**2** その箱が，彼の好きな色だった。　**3** 彼の両親が似たようなものを持っていた。　**4** 車の絵が付いていた。

**解説** 2文目より，ジャックの好きな色は黄色。続く3文目でhe chose a toy tea set with cups and plates because it was in a yellow box.「黄色い箱に入っているからと，彼はカップと皿が付いたおもちゃのティーセットを選んだ」と言っていることから，箱の色で選んだとわかる。よって**2**が正解。

## No. 29　正解　**3**

**放送文** Steve's sister practices breakdancing every day. Last Saturday, she was in a performance at a nearby park. Steve and his parents went to watch. At first, Steve was bored. He was glad he brought his pet dog with him. However, when he saw his sister dancing, he started to enjoy it. He thought she was great after practicing so hard.

*Question:* Why did Steve go to the park on Saturday?

**訳** スティーブの姉[妹]は毎日ブレイクダンスを練習している。先週の土曜日，彼女は近くの公園でのパフォーマンスに参加した。スティーブと彼の両親は見に行った。最初，スティーブは退屈だった。彼は愛犬を連れて来てよかったと思った。しかし，姉[妹]が踊っているのを見ると，彼はそれを楽しみ始めた。彼は，一生懸命練習した後の彼女は素晴らしいと思った。

**質問の訳** スティーブはなぜ土曜日に公園へ行きましたか。

**選択肢の訳** **1** ペットの散歩をするために。　**2** ブレイクダンスをやってみるために。　**3** パフォーマンスを見るために。　**4** 姉[妹]の練習を手伝うために。

**解説** 2文目〜3文目でLast Saturday, she was in a performance at a nearby park. Steve and his parents went to watch.「先週の土曜日，彼女（＝スティーブの姉[妹]）は近くの公園でのパフォーマンスに参加した。スティーブと彼の両親は見に行った」と言っていることから，**3**が正解。

## No. 30　正解　**2**

**放送文** Attention, passengers. This train has just made an emergency stop between Basinville Station and Coltswood Station. A tree has fallen on the tracks. Our engineers are working on the problem. The doors will remain closed, and we will continue to Coltswood Station as soon as we get a message

that it is safe to move forward. We are sorry for the inconvenience.
***Question:*** Why did the train make an emergency stop?

**訳** お客様にお知らせです。当列車はたった今，バゼンヴィル駅とコルツウッド駅の間で非常停止いたしました。木が線路に倒れています。当社のエンジニアが問題に取り組んでいます。ドアは閉まったままで，安全に運行できるという連絡が入り次第，コルツウッド駅に向かいます。ご不便をおかけしてしまい申し訳ございません。

**質問の訳** 列車はなぜ非常停止しましたか。

**選択肢の訳** **1** 駅で事故があった。 **2** 線路に問題があった。 **3** ドアが閉まらなかった。 **4** 無線がうまく機能していなかった。

**解説** 列車内の放送。列車が非常停止をした理由について，3文目でA tree has fallen on the tracks.「木が線路に倒れています」と言っていることから，これを「線路に問題があった」と言い換えた**2**が正解。

---

## カードA 二次試験・面接
(問題編pp.124〜125)

**訳** 新しいリサイクル方法
今日，スーパーマーケットは環境を救おうとしている。それらは，客がプラスチックをより簡単にリサイクルできるようにするサービスを開始した。一部の客はスーパーマーケットへペットボトルを持って行き，そうすることによってそこでの買い物の割引を受ける。そのようなスーパーマーケットは，環境をより良くすることと客を引き付けることを同時にしようとしている。

**質問の訳** No. 1 この文によると，一部の客はどのようにして，スーパーマーケットでの買い物の割引を受けていますか。
No. 2 さて，Aの絵に描かれている人々を見てください。彼らはいろいろなことをしています。彼らがしていることをできるだけたくさん説明してください。
No. 3 さて，Bの絵に描かれている男性を見てください。その状況を説明してください。では，〜さん（受験者の氏名），カードを裏返しにして置いてください。
No. 4 あなたは，学生は学校でコンピュータを使う時間をもっと持つべきだと思いますか。
No. 5 日本では，多くの人々が自由な時間にハイキングを楽しんでいます。あなたはハイキングへ行くことが好きですか。

### *No. 1* 解答例 By taking plastic bottles to supermarkets.

**解答例の訳** スーパーマーケットへペットボトルを持って行くことによって。

**解説** 第3文後半に関する質問。by doing soのdoing soは同じ文の前半の動詞以下を指すので，このtake plastic bottles to supermarkets「スーパーマーケットへペットボトルを持って行く」を〈By + *do*ing〔動名詞〕〉の形に直して答える。

### *No. 2* 解答例 Two men are shaking hands. / A woman is counting money. / A girl is listening to music. / A boy is talking on the phone. / A man is trying on a hat. （順不同）

**解答例の訳** 2人の男性が握手をしています。／女性がお金を数えています。／少女が音楽を聞いています。／少年が電話で話をしています。／男性が帽子をかぶってみています。

**解説** イラストの中の人物の動作はすべて**現在進行形**で表す。「握手をする」はshake hands，「数える」はcount，「〜を聞く」はlisten to 〜，「電話で話す」はtalk on the phone，「〜を試着する［着てみる，はいてみる，かぶってみる］」はtry on 〜と表す。

## *No. 3* 解答例 He's buying strawberries because he wants to make a cake with them.

**解答例の訳** 彼はイチゴを使ってケーキを作りたいので，それらを買っています。

**解説** 男性はイチゴの箱とお金をレジの女性に渡していることから，これを買うところであるとわかる。そして，吹き出しの中のイラストは，男性がイチゴを使ってケーキを作っていることを表している。よって，解答例のように，「彼はイチゴを買っている（He's buying strawberries）」と，その理由にあたる「それらを使ってケーキを作りたい」(wants to make a cake with them）」をbecauseで結ぶと良い。

## *No.4* 解答例 （Yes. の場合） Yes. → Why? —— Students can look for information by using computers. Also, it's important for students to learn how to use computers.
（No. の場合） No. → Why not? —— Students should use textbooks at school to learn things. Also, most students already use computers a lot at home.

**解答例の訳** はい。→それはなぜですか。—— 学生はコンピュータを使って情報を探すことができます。また，学生にとってコンピュータの使い方を学ぶことは大切です。／いいえ。→それはなぜですか。—— 学生は物事を学ぶために，学校では教科書を使うべきです。また，ほとんどの学生はすでに家でコンピュータをたくさん使っています。

**解説** Yesの場合は，コンピュータを使うことのメリットを挙げると良い。解答例では，「情報を探す（look for information）ことができる」と述べたあとで，「コンピュータの使い方（how to use computers）を学ぶことは大切である」と補足している。Noの場合は，代替となるものを挙げたり，なぜコンピュータが不要であるかを説明したりすると良い。解答例では，「学校では教科書（textbooks at school）を使うべき」と述べたあとで，「ほとんどの学生はすでに家でコンピュータをたくさん使っている」と補足している。

## *No.5* 解答例 （Yes. の場合） Yes. → Please tell me more. —— I enjoy being in nature with my friends. Also, it's healthy to walk around in the fresh air.
（No. の場合） No. → Why not? —— I don't really like walking for a long time. I'd rather stay at home and read books.

**解答例の訳** はい。→詳しく話してください。—— 私は友達と自然の中にいることを楽しみます。また，新鮮な空気の中を歩くことは健康的です。／いいえ。→それはなぜですか。—— 私は長時間歩くことがあまり好きではありません。私はどちらかと言えば家に

いて，本を読みたいです。

**解説**　Yesの場合は，自分の体験や，ハイキングをすることのメリットを挙げると良い。解答例では自分のこととして，「自然の中にいることを楽しむ（enjoy being in nature）」と述べたあとで，「新鮮な空気の中を歩くことは健康的（healthy）である」と，ハイキングのメリットを挙げている。Noの場合は，なぜハイキングを好まないか説明すると良い。解答例では，「長時間歩くことがあまり好きではない」，「家にいて，本を読みたい」という2点を挙げている。

## カードB　二次試験・面接
（問題編pp.126～127）

**訳**　オーディオブック
今日，プロの俳優によって読まれ，録音された多くの本がインターネット上で販売されている。これらの本はオーディオブックと呼ばれている。人々は，他のことをしながらオーディオブックを聞いて楽しむことができるので，オーディオブックはとても便利だと思っている。オーディオブックは，恐らく将来さらに人気となるだろう。

**質問の訳**　No. 1　この文によると，なぜ人々は，オーディオブックはとても便利だと思っていますか。
No. 2　さて，Aの絵に描かれている人々を見てください。彼らはいろいろなことをしています。彼らがしていることをできるだけたくさん説明してください。
No. 3　さて，Bの絵に描かれている男性と女性を見てください。その状況を説明してください。
では，～さん（受験者の氏名），カードを裏返しにして置いてください。
No. 4　あなたは，テレビのニュースを見ることは，新聞を読むことよりも良いと思いますか。
No. 5　最近，料理についての本や雑誌がたくさんあります。あなたは家でよく料理をしますか。

### *No. 1*　**解答例**　Because they can enjoy listening to audio books while doing other things.

**解答例の訳**　他のことをしながらオーディオブックを聞いて楽しむことができるので。
**解説**　第3文後半に関する質問。ここでのsoは「だから」という意味で，同じ文の前半のPeople can enjoy listening to audio books while doing other things「人々は，他のことをしながらオーディオブックを聞いて楽しむことができる」はその理由を表すので，これを〈Because they ～〉の形に直して答える。

### *No. 2*　**解答例**　A woman is cleaning a window. / A man is using a copy machine. / A woman is fixing a door. / A man is pushing a cart. / A girl is drawing a picture.　**(順不同)**

**解答例の訳**　女性が窓をきれいにしています。／男性がコピー機を使っています。／女性がドアを直しています。／男性がカートを押しています。／少女が絵を描いています。

イラストの中の人物の動作はすべて現在進行形で表す。「コピー機」はcopy machine，「修理する」はfix，「押す」はpush，「絵を描く」はdraw a pictureで表す。

## *No. 3* 解答例 He ordered a hamburger, but she brought him spaghetti.

**解答例の訳** 彼はハンバーガーを注文しましたが，彼女は彼にスパゲッティを持ってきました。

**解説** 女性が運んできたスパゲッティを見て，男性は困った表情をし，手を横に振っている。そして，吹き出しの中のイラストは，男性がハンバーガーを注文したことを表している。よって解答例のように，「彼はハンバーガーを注文した（He ordered a hamburger）」と「彼女は彼にスパゲッティを持ってきた」（she brought him spaghetti）」をbutで結ぶと良い。

## *No.4* 解答例 （Yes.の場合） Yes. → Why? —— TV news is easier for people to understand. There are a lot of videos and pictures.
（No.の場合） No. → Why not? —— People can read newspapers at any time. Also, newspapers have more information than the news on TV.

**解答例の訳** はい。→それはなぜですか。—— テレビのニュースは人々がより理解しやすいです。映像や写真がたくさんあります。／いいえ。→それはなぜですか。—— 人々は新聞をいつでも読むことができます。また，新聞にはテレビのニュースよりも多くの情報があります。

**解説** Yesの場合は，テレビのニュースのメリットを挙げると良い。解答例では，「人々がより理解しやすい（easier for people to understand）」，「映像や写真（videos and pictures）がたくさんある」という2点を挙げている。Noの場合は，新聞のメリットを挙げると良い。解答例では，「いつでも（at any time）読むことができる」，「テレビのニュースよりも多くの情報（information）がある」という2点を挙げている。

## *No.5* 解答例 （Yes.の場合） Yes. → Please tell me more. —— I usually cook dinner with my mother. I like to help her as much as I can.
（No.の場合） No. → Why not? —— I think it's difficult to cook well. Also, I don't usually have time to cook.

**解答例の訳** はい。→詳しく話してください。—— 私は普段，母と夕食を作ります。私はできる限り彼女を手伝いたいです。／いいえ。→それはなぜですか。—— 上手に料理をすることは難しいと思います。また，私には普段，料理をする時間がありません。

**解説** Yesの場合は，いつ，何を料理するかなどを具体的に答えると良い。解答例では，「できる限り（as much as I can）彼女（＝母親）を手伝いたい」という自分の気持ちも述べている。Noの場合は，料理をしない理由などを具体的に挙げると良い。解答例では，「上手に料理をすることは難しい（difficult to cook well）」，「料理をする時間（time to cook）がない」という2つの理由を挙げている。

# 2022年度 第①回

## 解答欄

| 問題番号 | | 1 | 2 | 3 | 4 |
|---|---|---|---|---|---|
| 1 | (1) | ● | ② | ③ | ④ |
| | (2) | ① | ② | ● | ④ |
| | (3) | ① | ② | ● | ④ |
| | (4) | ① | ② | ● | ④ |
| | (5) | ① | ② | ● | ④ |
| | (6) | ● | ② | ③ | ④ |
| | (7) | ① | ② | ③ | ● |
| | (8) | ● | ② | ③ | ④ |
| | (9) | ① | ② | ③ | ● |
| | (10) | ① | ② | ● | ④ |
| | (11) | ① | ② | ● | ④ |
| | (12) | ① | ● | ③ | ④ |
| | (13) | ● | ② | ③ | ④ |
| | (14) | ● | ② | ③ | ④ |
| | (15) | ① | ② | ● | ④ |
| | (16) | ① | ● | ③ | ④ |
| | (17) | ① | ② | ③ | ● |
| | (18) | ● | ② | ③ | ④ |
| | (19) | ① | ● | ③ | ④ |
| | (20) | ① | ● | ③ | ④ |

## 解答欄

| 問題番号 | | 1 | 2 | 3 | 4 |
|---|---|---|---|---|---|
| 2 | (21) | ● | ② | ③ | ④ |
| | (22) | ① | ② | ● | ④ |
| | (23) | ① | ② | ③ | ● |
| | (24) | ● | ② | ③ | ④ |
| | (25) | ① | ② | ● | ④ |
| 3 | (26) | ● | ② | ③ | ④ |
| | (27) | ① | ● | ③ | ④ |
| | (28) | ① | ② | ③ | ● |
| | (29) | ① | ② | ● | ④ |
| | (30) | ① | ● | ③ | ④ |
| 4 | (31) | ① | ● | ③ | ④ |
| | (32) | ① | ● | ③ | ④ |
| | (33) | ① | ● | ③ | ④ |
| | (34) | ● | ② | ③ | ④ |
| | (35) | ① | ● | ③ | ④ |
| | (36) | ① | ● | ③ | ④ |
| | (37) | ① | ② | ③ | ● |

5 の解答例は
p.126をご覧
ください。

## リスニング解答欄

| 問題番号 | | 1 | 2 | 3 | 4 |
|---|---|---|---|---|---|
| | 例題 | ① | ② | ● | |
| 第1部 | No. 1 | ① | ② | ● | |
| | No. 2 | ① | ● | ③ | |
| | No. 3 | ① | ● | ③ | |
| | No. 4 | ● | ② | ③ | |
| | No. 5 | ① | ● | ③ | |
| | No. 6 | ① | ● | ③ | |
| | No. 7 | ① | ● | ③ | |
| | No. 8 | ① | ● | ③ | |
| | No. 9 | ● | ② | ③ | |
| | No. 10 | ① | ② | ● | |
| 第2部 | No. 11 | ① | ② | ● | ④ |
| | No. 12 | ① | ● | ③ | ④ |
| | No. 13 | ① | ② | ● | ④ |
| | No. 14 | ● | ② | ③ | ④ |
| | No. 15 | ● | ② | ③ | ④ |
| | No. 16 | ① | ② | ③ | ● |
| | No. 17 | ① | ● | ③ | ④ |
| | No. 18 | ① | ② | ● | ④ |
| | No. 19 | ● | ② | ③ | ④ |
| | No. 20 | ① | ② | ③ | ● |
| 第3部 | No. 21 | ① | ● | ③ | ④ |
| | No. 22 | ① | ② | ● | ④ |
| | No. 23 | ● | ② | ③ | ④ |
| | No. 24 | ① | ● | ③ | ④ |
| | No. 25 | ① | ② | ● | ④ |
| | No. 26 | ① | ② | ③ | ● |
| | No. 27 | ① | ② | ③ | ● |
| | No. 28 | ① | ② | ● | ④ |
| | No. 29 | ● | ② | ③ | ④ |
| | No. 30 | ① | ② | ● | ④ |

## (1)　正解　**1**

**訳**　リサは道端で，ある注意書きを目にした。それには，落石に気を付けるようにと書いてあった。

**解説**　2文目にwatch out for falling rocks. 「落石に気を付ける」とあることから，**1** のwarning「注意書き，警告」を入れると文意が通る。watch outは「気を付ける」という意味。channel「チャンネル」，shade「陰」，variety「種類」。

## (2)　正解　**3**

**訳**　トモコは来年，別々の中学校へ行ってからも，ユウジとの友情が続いてほしいと思っている。

**解説**　文後半より，トモコとユウジは来年，離れ離れになってしまうとわかる。Tomoko wants her (　　) with Yuji to continue「トモコはユウジとの (　　) が続いてほしいと思っている」の空所に入れて文意が通るのは，**3**のfriendship「友情」のみ。knowledge「知識」，supply「供給」，license「認可」。

## (3)　正解　**3**

**訳**　アンドリューはスペイン語の授業で苦労をしているので，先生は彼に追加の宿題を与えた。彼は，スペイン語で文章を作ることにより時間を費やすことで，多くのことを学んだ。

**解説**　スペイン語が苦手なアンドリューに，先生がどのような宿題を与えたかを考える。2文目にby spending more time making sentences in Spanish「スペイン語で文章を作ることにより時間を費やすことで」とあることから，**3**のadditional「追加の」を入れると文意が通る。peaceful「静かな」，talented「才能のある」，negative「否定の」。

## (4)　正解　**3**

**訳**　マイケルの両親は彼に教師になることを強要したが，マイケルは芸術家になりたいと思っていた。結局，彼は美術教師になった。

**解説**　1文目の後半に，but Michael wanted to be an artist「しかしマイケルは芸術家になりたいと思っていた」とあることから，マイケルの希望は両親の希望と異なっていたと推測できる。〈push＋人＋to *do*〉で「(人) に〜するよう強要する」という意味なので，**3**のpushed＜pushが適切。celebrate「祝う」，fill「満たす」，escape「逃げる」。

## (5)　正解　**3**

**訳**　A：長い間ドライブをしているわ，お父さん。いつになったらおばあちゃんの家に着くの？
B：もう遠くはないよ，ベス。10分くらいで家に着くよ。

**解説**　祖母の家までの距離について，B（＝父親）がIt's not far now, Beth.「もう遠くはないよ，ベス」と言っていることから**3**のreach「到着する」を入れると会話が成り

※2024年度第1回から，試験形式の変更に伴い大問1の問題数は15問になります。

立つ。measure「測る」，count「数える」，promise「約束する」。

## (6) 正解 **1**

**訳** Ａ：ナオミ・ジョーンズが今年のテニス選手権で優勝しただなんて，信じられない！ Ｂ：うん，とりわけ今シーズンの最初の2戦で負けただけに，偉業だね。

**解説** 2人はナオミ・ジョーンズの優勝を讃えているので，**1**のachievement「成果，功績」を入れ，a great achievement「偉業」とすると会話が成り立つ。retirement「退職」，treatment「治療」，equipment「設備」。

## (7) 正解 **4**

**訳** ビクトリアが初めてコンピュータでタイピングを始めたとき，彼女はとても遅かった。しかし，彼女は毎日練習をし，ついにとても速く打つことができるようになった。

**解説** 1文目と2文目の文末より，毎日の練習の結果，タイプの速さがvery slow→very fastと向上したので，**4**のeventually「ついに，最終的に」を入れると文意が通る。rarely「まれに」，heavily「激しく，重く」，brightly「明るく」。

## (8) 正解 **1**

**訳** 最初，ボブは学校のコンサートでギターをソロで演奏することを不安に思っていた。しかし彼はギターの先生と話したあと，勇気を出してやってみることにした。

**解説** 2文目がButで始まっていることから，ボブがギターのソロ演奏をする気になったと推測できるので，**1**のcourage「勇気」を入れ，he found the courage to do it「勇気を出してやってみることにした」とすると，文意が通る。find the courage to *do*で「勇気を出して〜する」という意味。fashion「流行」，education「教育」，average「平均」。

## (9) 正解 **4**

**訳** メリッサは台所の床でネズミを見つけ，叫び声をあげた。彼女の夫は，なぜ彼女が大騒ぎをしているのか確かめるため，台所に駆け寄った。

**解説** 1文目のshe saw a mouse on the kitchen floor「彼女は台所の床でネズミを見つけた」と2文目のshe had made so much noise「彼女は大騒ぎをしていた」より，**4**のscreamed＜scream「叫び声をあげる」を入れると文意が通る。decorate「飾る」，harvest「収穫する」，graduate「卒業する」。

## (10) 正解 **3**

**訳** クラークの幼い弟は黒い衣装をまとい，忍者のふりをすることが好きだ。

**解説** 黒い衣装をまとうことが好きであるということと，空所の後のninja「忍者」から，**3**のpretend「ふりをする」を入れると文意が成り立つ。expect「期待する」，explode「爆発する」，protest「抗議する」。

## (11) 正解 **4**

**訳** ジェーンは夏のマラソン大会のために，毎日トレーニングをした。ついに，彼女は4時間以内で完走することに成功した。

**解説** 毎日の練習の結果，4時間以内で完走することができたので，**4**のsucceeded in

<succeed in「〜に成功する」を入れると文意が通る。complain of「〜を訴える」，come into「〜に入ってくる」，stand by「〜の力になる」。

## (12)　正解　**3**

**訳**　ツアーガイドが指を差し，遠くにゾウがいると言った時，マイクは目を向けた。しかし，遠すぎたので彼には見えなかった。

**解説**　2文目に they were too far away「それら（＝ゾウ）は遠すぎた」とあることから，**3**の in the distance「遠くに」を入れると文意が通る。on air「放送中」，as a rule「一般に」，at most「多くても」。

## (13)　正解　**1**

**訳**　A：どうしてモールへデートに行きたいんだい，ジェニー？　買い物に加えて他にそこで何ができるの？
B：あのね，モールにはすてきな食事場所がいくつかあるの。映画館もあるわ。

**解説**　空所の後に what else can we do there?「他にそこ（＝モール）で何ができるの？」とあることから，**1**の Aside from「〜に加えて，〜の他に」を入れると会話が成り立つ。Compared with「〜と比較して」，Based on「〜に基づいて」，Close to「〜に近い」。

## (14)　正解　**1**

**訳**　エマは浜辺に座り，日が沈み，星が出るのを見て楽しんだ。しばらくすると寒くなったので，彼女はホテルに戻ることにした。

**解説**　エマは夜空を楽しんでいたが，寒くなってホテルに戻った。選択肢の中で空所に入れて意味が通るのは，**1**の After a while「しばらくすると」のみ。In a word「一言でいえば」，For the best「最終的に一番よいことになるように」，By the way「ところで」。

## (15)　正解　**4**

**訳**　スペンサーは自転車を使う時に危険を冒すことを好まない。彼はいつでもヘルメットをかぶり，慎重に乗る。

**解説**　2文目より，スペンサーは安全運転に努めているとわかることから，**4**の take risks「危険を冒す」を入れると文意が通る。make efforts「努力をする」，make progress「進展する」，take place「起こる」。

## (16)　正解　**2**

**訳**　ボビーは隣人の台所の窓から煙が出てくるのを目にした。彼は隣人宅が火事だと気付いたので，すぐに母親に言いに行った。

**解説**　smoke coming out of his neighbor's kitchen window「隣人の台所の窓から煙が出てくる」より，**2**の on fire「火事になって」を入れると文意が通る。with luck「幸運にも」，at sea「途方に暮れて」，for sale「売り出し中で」。

## (17)　正解　**4**

**訳**　A：ランディが携帯電話を川に落としたと聞いたよ。
B：うん。彼は偶然だと言っていたけれど，両親に新しいものを買ってもらいたがってい

たので，私はわざとやったと思う。

**解説** Bはランディが携帯電話を川に落としたことについて，he wanted his parents to buy him a new one「彼は両親に新しいものを買ってもらいたがっていた」と言っていることから，**4**の on purpose「わざと」と入れると会話が成り立つ。with help「助けを借りて」，for free「無料で」，in place「定位置に」。

## (18) 正解 **1**

**訳** ジェイソンの両親は高校で演劇部に共に入っていた。こうして，彼らは初めて知り合ったのだ。

**解説** 選択肢に並ぶのは疑問詞。1文目で，両親が知り合ったきっかけを述べているので，**1**の how を入れると文意が通る。

## (19) 正解 **2**

**訳** 昨夜，リックの母親は彼が部屋の掃除を終えるまで，彼にテレビを見させなかった。

**解説** 選択肢に並ぶのは watch の様々な形。〈let＋人＋do〉で「(人)に〜させる」という意味なので，**2**の watch が適切。

## (20) 正解 **2**

**訳** A：バリ旅行を楽しんだ？
B：ええ，とても。実に美しい場所で，そこの人々はとても親切なの。訪れる価値があるよ。

**解説** 選択肢に並ぶのは visit の様々な形。〈worth＋doing〉で「〜する価値がある」という意味なので，**2**の visiting が適切。

## 2 一次試験・筆記
(問題編pp.133〜134)

## (21) 正解 **1**

**訳** A：こんにちは。私はピーター・メイソンです。2泊の予約をしているのですが。
B：確認させていただきます，メイソン様。はい，さようでございますね。禁煙のダブルルームをご用意しております。よろしいでしょうか？
A：はい。大丈夫です。
B：ありがとうございます。こちらは鍵でございます。お部屋は404号室で，4階にございます。

**選択肢の訳** **1** 2泊の予約 **2** 医師に診察の予約 **3** グラントさんと4時に打ち合わせ **4** ピックアップする荷物

**解説** Bが部屋の種類や番号を伝えていることから，ホテルのフロントでチェックインをしている時の会話であるとわかる。よって，**1**の a reservation for two nights を入れて予約をしていることを伝えると会話が成り立つ。

## (22) 正解 **3**

**訳** A：こんにちは，エリック。マンディはどこ？ 彼女はあなたと一緒だと思ってた。

Ｂ：さっき彼女が電話をくれて，今夜は来られないって言ってたよ。

Ａ：あら。なぜだか言ってた？

Ｂ：うん。同僚の１人が病気なので，上司が彼女に出社してほしいって頼んできたんだって。

**選択肢の訳** **1** 満月だろう **2** 雨がふるかもしれない **3** 彼女は来られない **4** 車が動かない

**解説** ２巡目でＢがHer boss asked her to come to work「上司が彼女に出社してほしいって頼んできたんだって」と言っているので，マンディは２人のいる場所には来られないとわかる。よって**3**のshe can't comeを入れると会話が成り立つ。

## (23) 正解 **4**

**訳** Ａ：ドローリッシュ観光案内所へようこそ。どうされましたか？

Ｂ：ドローリッシュに水族館はありますか？

Ａ：申し訳ございません。以前はあったのですが，数年前に閉館しました。

Ｂ：ああ，残念。魚が泳ぐのを見るととてもリラックスできると思うのになあ。

**選択肢の訳** **1** 川はありますか **2** 美術館はいくつありますか **3** 一番良い土産品店はどこですか **4** 水族館はありますか

**解説** 観光案内所での会話。Ｂ（＝旅行者）がwatching fish swim can be very relaxing「魚が泳ぐのを見るととてもリラックスできる」と言っていること，Ａが「閉館した」と言っていることから，水族館の有無をたずねる**4**のIs there an aquariumを入れると会話が成り立つ。

## (24) 正解 **1**

**選択肢の訳** **1** ツナとマヨネーズが入っている **2** サンドイッチ店で買う **3** 作るのに長い時間がかかる **4** イチゴジャムのような味がする

**解説** 空所を含む発言の後で，ＡがThey're my favorite things to put in a sandwich.「私がサンドイッチに入れるのが好きなものよ」と言っていることから，サンドイッチの中身を示す**1**のhave tuna and mayonnaise in itを入れると会話が成り立つ。

## (25) 正解 **3**

**選択肢の訳** **1** 一日中家にいる **2** スーパーマーケットに行く **3** 私の車で連れて行く **4** レストランで食べる

**解説** サンドイッチをもう１つ作ると言うＢ（＝父親）に対し，ＡはBut the school bus will be here in three minutes.「でもあと３分でスクールバスがここに来るのよ」と時間がないことを告げるが，Ｂは大丈夫だと答えている。よって，**3**のtake you in my carを入れると会話が成り立つ。

(24)(25) **訳**

Ａ：お父さん，さっきサンドイッチを作ったんだけど，どこにもないの。どこにあるか知ってる？

Ｂ：ツナとマヨネーズが入っているものかい？

Ａ：ええ。私がサンドイッチに入れるのが好きなものよ。

Ｂ：ごめん！ 私のためにお母さんが作ったんだと思ったんだ。たった今朝食に食べてしまったよ。

A：何ですって？　ああ，なんて事！　今日のお昼に食べるものがないわ。
B：心配ないよ。私が君のためにもう１つ作るから。
A：でもあと３分でスクールバスがここに来るのよ。
B：大丈夫だよ。今日は私の車で連れて行くよ。

# 3[A]　一次試験・筆記
（問題編p.135）

**Key to Reading**　ヒロコが友達とプレゼンテーションの準備をする様子や，ケガで入院したヒロコのために，友達や先生がどのような気遣いをしたかを読み取りながら，空所に入る語句を特定しよう。

**訳**　良い友達

ヒロコと３人の友達は，学校のある課題に取り組んでいる。彼らは自分たちの町の歴史について調べていて，来週の授業でそれについてプレゼンテーションをしなければならない。毎日放課後，彼らは学校の図書室に集まっている。彼らは，どの情報を使用するか，どのように優れたプレゼンテーションをするかについて話し合っている。彼らには良いアイデアがいくつかあり，クラスメートの前で話すのを楽しみにしていた。

しかし，ヒロコは昨日，バレーボールの練習中に足を骨折した。今，彼女は５日間入院しなければならない。彼女は友達に電話をして，彼らのプレゼンテーションの手伝いを，これ以上何もできなくて申し訳ないと言った。彼らは彼女に心配しないようにと伝えた。彼らは，先生がプレゼンテーションの動画を撮影するつもりだと言った。そうすれば，ヒロコはあとでそれを見ることができる。ヒロコは友達に感謝し，うまく行くことを祈った。

## (26)　正解　**1**

**選択肢の訳**　**1**　クラスメートの前で話す　**2**　先生のために食べ物を作る　**3**　人前でミュージカルをする　**4**　自分たちの本を本屋で目にする

**解説**　第１段落は，ヒロコたちがプレゼンテーションに向けて，熱心に準備をする様子について書かれている。よって，授業でプレゼンテーションをすることを言い換えた，**1**のtalking in front of their classmatesが適切。

## (27)　正解　**2**

**選択肢の訳**　**1**　すぐに良くなる　**2**　あとでそれを見る　**3**　同じく参加する　**4**　他のスポーツをする

**解説**　第２段落は，ヒロコが入院したことにより，友達や先生が彼女のために何をしたかについて書かれている。空所を含む文の直前にThey said that their teacher is going to make a video of their presentation.「彼ら（＝一緒にプレゼンテーションをする友達）は，先生がプレゼンテーションの動画を撮影するつもりだと言った」とあることから，**2**のwatch it afterwardsが適切。

**Key to Reading** 第1段落：導入（ニューオーリンズの文化の独自性）→第2段落：本論
①（ニューオーリンズ独自のケーキ，ベニエ）→第3段落：本論②（ニューオーリンズ独
自のコーヒー）の3段落構成の説明文。

**訳** ニューオーリンズを知る

ニューオーリンズはアメリカ南部の都市である。かつては，フランス，スペイン，アフリ
カ，カリブ海からの人々がやって来て住んでいた。その結果，独自の文化を持っている。
これは，町の建物のデザインに見られ，町の音楽で聞かれる。訪問者は，ニューオーリン
ズとその周辺地域の料理を味わうことで，この文化を体験することもできる。例えば，訪
問者はジャンバラヤのような食べ物を食べて町を知ることができる。これは，肉，魚介類，
野菜，米，香辛料から作られている。

ニューオーリンズはベニエと呼ばれるケーキでも有名である。ベニエとは，穴の開いてい
ないドーナツのようなものである。ベニエは通常，朝食に食べられる。ただし，市内のフ
レンチ・クォーターと呼ばれる地区のカフェでは，終日提供される。中でもカフェ・デュ・
モンドが最も有名である。メニューはシンプルである。実際，ベニエと飲み物のみを売っ
ている。

ニューオーリンズの人々は通常，ベニエと一緒にカフェオレと呼ばれる一種のコーヒーを
飲む。彼らはこれを作るために，温かい牛乳と特別な種類のコーヒーを使う。昔，コーヒー
豆はとても高価だった。人々はコーヒーのような味の安価なものを探して，チコリという
植物を発見した。この植物の根には，コーヒーに似た風味があるのだ。時間が経つにつれ
て，ニューオーリンズの人々は，コーヒー豆と乾燥チコリの根を混ぜて作るコーヒーの味
を愛するようになった。

## (28) 正解 **4**

**選択肢の訳** **1** 話を聞く **2** 人々に会う **3** 車を運転する **4** 料理を味わう

**解説** ニューオーリンズの文化の独自性について説明している段落。空所を含む文の直
後2文で，For example（例えば）として，ジャンバラヤという料理について述べてい
るので，**4**のtasting the dishesが適切。

## (29) 正解 **3**

**選択肢の訳** **1** 最も高い値段 **2** 特別なテーブルと椅子 **3** シンプルなメニュー **4**
たった1人のウェイター

**解説** ニューオーリンズ名物のケーキ，ベニエについて説明している段落。ベニエを出
すカフェについて，空所を含む文の直後に In fact, it only sells beignets and drinks.「実
際，ベニエと飲み物のみを売っている」とあることから，**3**のa simple menuが適切。

## (30) 正解 **2**

**選択肢の訳** **1** 〜よりも多くのビタミンを含む **2** 〜に似た風味がある **3** 〜の袋
の中でよく育つ **4** 〜用のカップとして使うことができる

※2024年度第1回から，試験形式の変更に伴い大問3の[B](28)〜(30)が削除されます。

**解説** ベニエと一緒に楽しむニューオーリンズ独自のコーヒーについて説明している段落。空所を含む文の直前に People looked for cheaper things that tasted like coffee「人々はコーヒーのような味の安価なものを探していた」とあるので，**2**の have a similar flavor to が適切。

# 4[A] 一次試験・筆記
(問題編pp.138〜139)

**Key to Reading** ジェニーがペンパル（手紙やEメールなどでやりとりし合う友人）のアイに送ったメール。①ペンシルバニアでの休暇（→第1段落），②自然史博物館の訪問（→第2段落），③アイのアメリカ訪問（→第3段落）が読み取りのポイント。

**訳** 差出人：ジェニー・スミス＜jennysmith_060529@ezmail.com＞
宛先：タナカアイ＜atanaka-1102@tomomail.co.jp＞
日付：6月5日
件名：博物館への訪問
こんにちは，アイ。
日本はどう？　先月は海辺で楽しんだかしら。あなたが，泳いだり，友達と砂遊びをしたりするのがどれだけ好きかわかるわ。私も素晴らしい休暇を過ごしたの。先週，私はペンシルバニアのおばとおじの家に泊まったの。彼らは，ピッツバーグと呼ばれる都市から約50キロ離れた農場で暮らしているの。兄[弟]と私は表に出て自然の中で遊んで楽しんだわ。ある日，雨が降ったので，町に出てそこで自然史博物館を見ることにしたの。博物館には恐竜の骨がたくさんあって，素晴らしかったわ。色とりどりの岩の見事なコレクションもあった。でも，私のお気に入りの所は「PaleoLab」だったの。そこでは，科学者たちが博物館のために，恐竜や他の動物の古い骨を用意しているの。科学者たちは大きな窓のある特別な部屋で働いているので，博物館の訪問者は彼らを見ることができるのよ。
私の母は，ここシカゴにも自然史博物館があると言っているわ。彼女は，あなたが来月アメリカを訪問するとき，あなたと私と私の兄[弟]をそこに連れて行くと言っていたわ。早く行けば，一日中博物館で過ごすことができるわね。興味があれば教えてね。あなたに会うのが待ちきれないわ！
あなたのペンパル，
ジェニー

## (31) 正解 1

**文の訳** 先月，アイは
**選択肢の訳** **1** 浜辺で時間を過ごした。　**2** 水泳のレッスンを受け始めた。　**3** ピッツバーグにいる家族を訪ねた。　**4** 兄[弟]と外で遊んだ。
**解説** メール文第1段落に関する問題。2文目に I hope that you had fun by the ocean last month.「先月は海辺で楽しんだかしら」，3文目に you love swimming and playing in the sand with your friends「あなたは泳いだり，友達と砂遊びをしたりするのが好き」とあることから，**1**の spent some time at a beach. が正解。

## (32) 正解 **1**

**質問の訳** ジェニーは博物館で何を一番気に入りましたか。

**選択肢の訳** **1** 科学者が博物館のために，骨を用意するのを見ること。 **2** 恐竜の骨について，素晴らしい話を聞くこと。 **3** 色とりどりの岩の見事なコレクション。 **4** 窓が大きく，光がたくさん入る。

**解説** メール文第2段落に関する問題。ジェニーが博物館で一番気に入ったのは，4文目にある「PaleoLab」。次の2文で，そこでどのようなことが行われているかを述べている。scientists prepare old bones from dinosaurs and other animals「科学者たちが恐竜や他の動物の古い骨を用意している」，museum visitors can watch them「博物館の訪問者は彼らを見ることができる」とあることから，**1**のWatching scientists get bones ready for the museum.が正解。

## (33) 正解 **2**

**質問の訳** アイは来月何をする予定ですか。

**選択肢の訳** **1** 家族とシカゴに引っ越す。 **2** ジェニーに会いに海外旅行をする。 **3** イベントに参加するために早起きをする。 **4** 歴史博物館で働き始める。

**解説** メール文第3段落に関する問題。2文目にwhen you come to visit the United States next month「あなたが来月アメリカを訪問するとき」とあることから，**2**のTake a trip abroad to see Jenny.が正解。

# 4[B] 一次試験・筆記
(問題編pp.140〜141)

**Key to Reading** 第1段落：導入（消えたドイツのオオカミ）→第2段落：本論①（帰ってきたドイツのオオカミ）→第3段落：本論②（陸軍訓練所とオオカミ）→第4段落：結論（ドイツ政府と野生動物の保護）の4段落構成の説明文。

**訳** 帰ってきたオオカミ

オオカミは，パックと呼ばれる群れで生活する知能の高い動物である。昔，ドイツを含む多くのヨーロッパ諸国では，オオカミの群れが見られた。しかし，オオカミは農民のヒツジを殺すこともあったため，農民たちはオオカミを狩った。他の人々は娯楽のためにオオカミを狩った。19世紀までに，ドイツにはオオカミがいなくなってしまった。しかし，過去20年間，オオカミが国に戻り始めている。

1980年代と1990年代に，ヨーロッパ諸国は野生生物を保護する法律を制定し，野生動物のための特別地区を設けた。同時に，多くの人々が海外で仕事をするために，東ヨーロッパの農場を離れた。その結果，人が減り，オオカミが好んで食べるシカや他の動物にとってより安全な場所が増えた。これらの動物の数が増えるにつれ，オオカミの数も増えた。オオカミは西に広がり，2001年には，再びドイツに生息している姿が発見された。

現在，ドイツには120を超えるオオカミの群れがいるが，その全てが野生動物のための特別地区で暮らしているわけではない。多くのオオカミは，陸軍が訓練に使用する場所を好む。専門家は，これらの場所がオオカミにとって安全だからだと考えている。ドイツで

は，禁止されているにもかかわらず，オオカミ狩りをしている人もいるようだ。しかし，こうした人々は捕まるかもしれないので，陸軍訓練所に立ち入ることを恐れている。

珍しい鳥を含む他の動物も，陸軍訓練所によって守られている。ヨーロッパにはかつて多くの陸軍訓練所があった。しかし，それらの一部はもはや必要なくなっている。2015年，ドイツ政府は62の古い陸軍訓練所から野生生物のための公園を整備した。これにより，国内のこうした公園の全体の規模は，25%増加した。現在，ウマ，バイソン，その他の野生動物もこれらの公園に戻す計画がある。

## (34)　正解　1

**質問の訳**　ドイツからオオカミがいなくなった理由の1つは何ですか。

**選択肢の訳**　**1**　農場の動物を殺すのを止めるために狩られた。　**2**　オオカミが食べる動物が，農民によって全て殺された。　**3**　ドイツの農家が，ヒツジの代わりにウシを飼い始めた。　**4**　オオカミが住んでいる場所に人々が農場を作った。

**解説**　第1段落に関する問題。3文目にfarmers hunted wolves because they sometimes killed the farmers' sheep「オオカミは農民のヒツジを殺すこともあったため，農民たちはオオカミを狩った」とあることから，**1**のThey were hunted to stop them from killing farm animals.が正解。

## (35)　正解　4

**質問の訳**　1980年代と1990年代に，東ヨーロッパの多くの人々が農場を離れたのはなぜですか。

**選択肢の訳**　**1**　彼らの農場が，野生動物のための地区を作り出すために買い取られた。　**2**　オオカミやその他の動物の数が突然増加した。　**3**　ヨーロッパ諸国の新しい法律に，彼らが去らなければならないとあった。　**4**　他の国に行って働く機会があった。

**解説**　第2段落に関する問題。2文目にAt the same time, many people left their farms in eastern Europe to take jobs abroad.「同時に，多くの人々が海外で仕事をするために，東ヨーロッパの農場を離れた」とある。At the same timeは1文目のthe 1980s and 1990s「1980年代と1990年代」を指すことから，**4**のThey had chances to go and work in other countries.が正解。

## (36)　正解　2

**文の訳**　多くのオオカミは〜ため，陸軍訓練所で暮らすことを好む。

**選択肢の訳**　**1**　訓練所の兵士がキッチンから彼らに食べ物を与える。　**2**　彼らを狩る人々が怖がって訓練所内に行くことができない。　**3**　野生動物のための特別地区に多くの人が訪れる。　**4**　ドイツの他の地域よりも道路が少ない。

**解説**　第3段落に関する問題。3文目に専門家が考える理由として，these places are safe for the wolves「これらの場所がオオカミにとって安全である」ことを挙げており，さらに最終文に，禁じられているにもかかわらずオオカミを狩る人々について，these people are afraid of entering army training centers because they might get caught「こうした人々は捕まるかもしれないので，陸軍訓練所に立ち入ることを恐れている」とあることから，**2**のpeople who hunt them are too scared to go in the centers.が正解。

*(37)* **正解** **4**

**文の訳** ドイツ政府は,

**選択肢の訳** **1** 62の新しい陸軍訓練所を開くことを計画している。 **2** 一部の珍しい鳥を保護するために移動させた。 **3** 2015年にウマとバイソンを公園に連れてきた。 **4** 野生動物のためにより多くの土地を提供している。

**解説** 第4段落に関する問題。4文目のIn 2015, the German government created parks for wildlife from 62 old army training centers.「2015年，ドイツ政府は62の古い陸軍訓練所から野生生物のための公園を整備した」より，不要となった訓練所を野生動物のための公園に転用したとわかることから，**4**のhas provided more land for wild animals.が正解。

## 5 一次試験・筆記
(問題編p.142)

**QUESTIONの訳** あなたは，インターネットを使って料理の仕方を学ぶことは，人々にとって良い考えだと思いますか。

**解答例** I think it is a good idea for people to learn how to cook by using the Internet. First, there are many videos on the Internet about cooking. Learning to cook by watching them is easier than by reading cookbooks. Second, they can learn to cook for free. If people take cooking classes, they have to pay for them.

**解答例の訳** インターネットを使って料理の仕方を学ぶことは，人々にとって良い考えだと思います。第一に，インターネットには料理に関する動画がたくさんあります。それらを見て料理を学ぶ方が，料理本を読むよりも簡単です。第二に，彼らは無料で料理を学ぶことができます。料理教室に参加するなら，彼らはその費用を支払う必要があります。

**解説** 解答例ではI think (that) 〜.の形で，インターネットを使って料理の仕方を学ぶことは，人々にとって良い考えだと思っていることを明らかにし，その理由を2つの視点から述べている。まず，Firstとして，①動画を見て学ぶ方が料理本を読むよりも簡単であることを挙げ，さらにSecondと続けて，②無料で料理を学ぶことができることを挙げている。

## 第1部 一次試験・リスニング
(問題編p.143)

〔例題〕 *A:* Would you like to play tennis with me after school, Peter? *B:* I can't, Jane. I have to go straight home. *A:* How about tomorrow, then?
   **1** We can go today after school. **2** I don't have time today.
   **3** That will be fine. 〔正解 **3**〕

※2024年度第1回から，大問5にEメールへの返信を書く問題が加わります。

## No. 1　正解　3

放送文　**A:** Let's go on the roller coaster again!　**B:** We've already ridden that twice today.  Let's do something else.　**A:** OK.  But should we go get lunch first?　**1**　Well, I can't go to the amusement park today.　**2**　No. I don't like roller coasters.　**3**　Good idea. I'm really hungry.

訳　Ａ：もう１回ジェットコースターに乗ろうよ！　Ｂ：今日，もう２回も乗ったのよ。他のことをしましょう。　Ａ：わかったよ。でもまずは昼ごはんを食べに行きたくない？

選択肢の訳　**1**　ええと，私は今日，遊園地にいけないの。　**2**　いやよ。私はジェットコースターが嫌いなの。　**3**　いい考えね。とてもお腹がすいたわ。

解説　遊園地での会話。ジェットコースターにはもう乗りたくないと言うＢに対し，ＡがBut should we go get lunch first?「でもまずは昼ごはんを食べに行きたくない？」と提案していることから，同意する**3**を入れると会話が成り立つ。

## No. 2　正解　2

放送文　**A:** Thanks for choosing Speedy Taxi.  Where are you going to?　**B:** Could you take me to Hartford Airport?　**A:** Certainly, ma'am.  Are you traveling somewhere for vacation?　**1**　No. I'm afraid of flying.　**2**　No. I'm going on a business trip.　**3**　No. I don't have a guidebook.

訳　Ａ：スピーディ・タクシーをお選びいただきありがとうございます。どちらへ行かれますか？　Ｂ：ハートフォード空港へ行っていただけますか？　Ａ：かしこまりました。休暇でどちらかへご旅行ですか？

選択肢の訳　**1**　いいえ。飛行機旅行が怖いんです。　**2**　いいえ。出張に行くんです。　**3**　いいえ。ガイドブックは持っていません。

解説　タクシー内での会話。空港に行ってほしいと言うＢ（＝乗客）に対してＡ（＝運転手）が，Are you traveling somewhere for vacation?「休暇でどちらかへご旅行ですか？」とたずねていることから，旅行ではなく出張だと告げる**2**を入れると会話が成り立つ。

## No. 3　正解　3

放送文　**A:** Excuse me, sir.  How do I get to City Hall?　**B:** Well, you can take the No. 9 bus.  It stops over there.　**A:** Oh, really?  How long does the bus ride take?　**1**　Next to City Hall.　**2**　The bus is coming soon.　**3**　About half an hour.

訳　Ａ：すみません。市役所へはどうやって行きますか？　Ｂ：ええと，9番のバスに乗ってください。そこで止まります。　Ａ：ああ，本当ですか？　どのくらいバスに乗りますか？

選択肢の訳　**1**　市役所の隣です。　**2**　バスはすぐに来ます。　**3**　約30分です。

解説　道案内の会話。АがHow long does the bus ride take?「どのくらいバスに乗りますか？」とたずねているので，所要時間を答える**3**を入れると会話が成り立つ。

## No. 4　正解　1

**放送文**　*A:* Central Station. This is the lost-and-found office.　*B:* Hello. I think I left my textbook on a bench on Platform 5 this morning.　*A:* OK. I'll take a look. What's the title?

**1**　It's called *Basic French*.　**2**　I need it for my homework.　**3**　It was the eight o'clock train.

**訳**　A：セントラル駅です。こちらは遺失物取扱所です。　B：もしもし。今朝, 5番ホームのベンチに教科書を置いてきてしまったと思うのですが。　A：わかりました。見てみますね。タイトルは何でしょうか。

**選択肢の訳**　**1**　『基礎フランス語』です。　**2**　宿題にそれが必要です。　**3**　8時の電車でした。

**解説**　駅のthe lost-and-found office（遺失物取扱所）への電話での問い合わせ。教科書を置き忘れたと言うBに, A（＝係員）が教科書のタイトルをたずねているので, **1**を入れると会話が成り立つ。

## No. 5　正解　3

**放送文**　*A:* What movie do you want to watch?　*B:* Hmm. I'm not sure. There are so many. How about *Happy Puppy*?　*A:* But that movie is for children.

**1**　OK, but it's three hours long.　**2**　Yeah, thanks for asking.　**3**　I know, but I still want to see it.

**訳**　A：どの映画を見たい？　B：うーん。わからないわ。すごくたくさんあるんだもの。『ハッピー・パピー』はどう？　A：でもそれは子供向け映画だよ。

**選択肢の訳**　**1**　いいわ, でも3時間あるわ。　**2**　ええ, 聞いてくれてありがとう。　**3**　知ってるけど, それでも私は見たいの。

**解説**　見たい映画を答えたBに, AがBut that movie is for children.「でもそれは子供向け映画だよ」と言っている。選択肢の中で会話が成り立つ応答は, それでも見たいと言う**3**のみ。

## No. 6　正解　2

**放送文**　*A:* Eddie, I hear you're going to Spain next month.　*B:* Yeah. I'm really excited. I love Spanish food.　*A:* I have a guidebook you can borrow if you like.

**1**　We arrived in Spain yesterday.　**2**　That's very kind of you.　**3**　I didn't go with you.

**訳**　A：エディ, あなたが来月スペインへ行くと聞いたわ。　B：ああ。とてもワクワクしているよ。ぼくはスペイン料理が大好きなんだ。　A：ガイドブックを持っているので, よかったら借りてちょうだい。

**選択肢の訳**　**1**　ぼくたちは昨日, スペインに着いたよ。　**2**　それは親切に, ありがとう。　**3**　ぼくは君とは行かなかったよ。

**解説**　スペインに行くと言うB（＝Eddie）に, AがI have a guidebook you can borrow if you like.「ガイドブックを持っているので, よかったら借りてちょうだい」と言っていることから, 親切心に感謝する**2**を入れると会話が成り立つ。

## No. 7　正解　**1**

**放送文**　*A:* Hello?　*B:* Hi, Colin.　It's Hailey.　How was your vacation in Florida last week?　*A:* We had a great time at the beach.　Where are you going for your vacation?

**1**　I haven't decided yet.　**2**　I saw you in Florida.　**3**　I went there last year.

**訳**　Ａ：もしもし？　Ｂ：もしもし，コリン。ヘイリーよ。先週のフロリダでの休暇はどうだった？　Ａ：浜辺で素晴らしい時を過ごしたよ。君は休暇にどこへ行くつもり？

**選択肢の訳**　**1**　まだ決めていないわ。　**2**　あなたをフロリダで見たわ。　**3**　去年そこへ行ったわ。

**解説**　Ａ（＝Colin）はＢ（＝Hailey）にWhere are you going for your vacation?「君は休暇にどこへ行くつもり？」と予定をたずねている。選択肢の中で会話が成り立つ応答は，まだ決めていないと答える**1**のみ。

## No. 8　正解　**2**

**放送文**　*A:* You look really sleepy this morning, Joe.　*B:* I am, Cindy.　I stayed up late to watch the football game on TV.　It finished at 1 a.m.　*A:* Oh, really?　Was it a good game?

**1**　Well, it was canceled.　**2**　Yeah, it was exciting.　**3**　No, it was expensive.

**訳**　Ａ：今朝は本当に眠そうね，ジョー。　Ｂ：そうなんだ，シンディ。テレビでフットボールの試合を見るために，夜更かししたんだ。午前1時に終わったよ。　Ａ：まあ，本当に？　いい試合だった？

**選択肢の訳**　**1**　ええと，中止になったよ。　**2**　ああ，とてもワクワクしたよ。　**3**　いいや，高かったよ。

**解説**　フットボールの試合を夜遅くまで見ていたと言うＢ（＝Joe）に，Ａ（＝Cindy）がWas it a good game?「いい試合だった？」とたずねていることから，試合の感想を答える**2**を入れると会話が成り立つ。

## No. 9　正解　**1**

**放送文**　*A:* Dana, I heard that you are worried about today's game?　*B:* Yeah, Coach Jackson.　I'm afraid I'll make a mistake.　*A:* Don't be nervous.　Just do your best and have fun.

**1**　OK. I'll try to relax.　**2**　OK. I'll be late for practice.　**3**　OK. I'll bring my own ball.

**訳**　Ａ：ダナ，今日の試合を心配しているって聞いたけど。　Ｂ：はい，ジャクソンコーチ。失敗するんじゃないかと心配です。　Ａ：緊張しないで。ただベストを尽くして楽しみなさい。

**選択肢の訳**　**1**　わかりました。リラックスするようにします。　**2**　わかりました。練習に遅れます。　**3**　わかりました。自分のボールを持って行きます。

**解説**　試合を不安に思うＢ（＝Dana）にＡ（＝コーチ）が，Don't be nervous.　Just do your best and have fun.「緊張しないで。ただベストを尽くして楽しみなさい」とアドバイスしていることから，リラックスするように努めると応じる**1**を入れると会話が

成り立つ。

## No. 10　正解　**3**

**A:** Hi.　Do you need any help?　**B:** Well, I'm looking for some new sunglasses.　Are any of these on sale?　**A:** Yes.　These are now only $100.　Would you like them?

**1**　No, it's really hot outside today.　**2**　No, we're going on vacation soon.　**3**　No, that's still too expensive.

訳　A：こんにちは。お手伝いしましょうか？　B：ええと，新しいサングラスを探しています。この中でセール中のものはありますか？　A：はい。こちらは今たった100ドルです。いかがでしょうか？

選択肢の訳　**1**　だめです，今日は本当に外は暑いです。　**2**　だめです，私たちは間もなく休暇に行きます。　**3**　だめです。まだ高すぎます。

解説　店での会話。店内のサングラスについて，Are any of these on sale?「この中でセール中のものはありますか？」とたずねるB（＝客）に，A（＝店員）は100ドルのものを示している。選択肢の中で会話が成り立つ応答は，値段が高すぎると断る**3**のみ。

---

| 第**2**部 | 一次試験・リスニング<br>（問題編pp.143〜145） |  |
| --- | --- | --- |

## No. 11　正解　**3**

放送文　**A:** Larry, do you want to study for the history test this afternoon?　**B:** I can't.　I have to look after my little sister today.　**A:** OK.　How about tomorrow? **B:** No, I can't tomorrow, either.　I have soccer practice.　Maybe we should just study by ourselves.

*Question:* What does the boy suggest that the girl do?

訳　A：ラリー，今日の午後，歴史の試験勉強をしない？　B：できないよ。今日は妹の面倒をみないといけないんだ。　A：わかったわ。明日はどう？　B：いや，明日も無理なんだ。サッカーの練習がある。僕たちは恐らく自分だけで勉強すべきだね。

質問の訳　少年は少女が何をすることを提案していますか。

選択肢の訳　**1**　彼のために歴史のレポートを書く。　**2**　彼と一緒に妹を訪ねる。　**3** 1人でテスト勉強をする。　**4**　彼と一緒にサッカーの試合に行く。

解説　2人の予定が合わないので，2巡目でB（＝少年）がMaybe we should just study by ourselves.「僕たちは恐らく自分だけで勉強すべきだね」と言っていることから，**3**が正解。

## No. 12　正解　**2**

放送文　**A:** Welcome to the Seafood Grill.　Do you have a reservation?　**B:** No, I don't.　Is there a table open?　**A:** Not at the moment, actually.　But if you'd like to wait here in the waiting area, I'll call you when a table becomes available. **B:** Thank you.　I'll do that.

*Question:* What will the man do next?

**訳**　A：シーフード・グリルへようこそ。ご予約されていますか？　B：いいえ。空いている席はありますか？　A：実のところ，今はございません。でもこちらの待合所でお待ちいただければ，席が空きましたらお呼びします。　B：ありがとう。そうします。

**質問の訳**　男性は次に何をしますか。

**選択肢の訳**　**1**　予約をする。　**2**　待合所で待つ。　**3**　料理を注文する。　**4**　別のレストランに電話する。

**解説**　レストランでの会話。今は空いている席がないものの，2巡目でA（＝店員）が But if you'd like to wait here in the waiting area, I'll call you when a table becomes available.「でもこちらの待合所でお待ちいただければ，席が空きましたらお呼びします」と案内しており，B（＝男性）もそれに応じていることから，**2**が正解。

## No. 13　正解　**2**

**放送文**　*A:* Hello?　*B:* Adam, it's Carol.　Where are you?　*A:* At home.　I'm watching the hockey game on TV.　Why?　*B:* It's two o'clock!　We're supposed to meet at the library today to work on our report.　*A:* Oh no!　I forgot all about it.　I'm really sorry.　I'll get my books and come right away.

*Question:* What did Adam forget to do?

**訳**　A：もしもし？　B：アダム，キャロルよ。どこにいるの？　A：家だよ。テレビでホッケーの試合を見ているんだ。なぜ？　B：2時よ！　今日は図書館でレポートを書くために会うことになっているでしょ。　A：ああ，何てこった！　完全に忘れていたよ。本当にごめん。本を持ってすぐに行くよ。

**質問の訳**　アダムは何をすることを忘れていましたか。

**選択肢の訳**　**1**　図書館の本を返す。　**2**　キャロルとレポートを書く。　**3**　ホッケーの試合に行く。　**4**　テレビ番組を録画する。

**解説**　家でテレビを見ていると言うA（＝Adam）に，B（＝Carol）が2巡目で，We're supposed to meet at the library today to work on our report.「今日は図書館でレポートを書くために会うことになっているでしょ」と言っていることから，**2**が正解。

## No. 14　正解　**1**

**放送文**　*A:* Welcome home, honey.　Hey, what happened to your jacket?　It's so dirty.　*B:* Oh, I fell off my bicycle on my way home.　*A:* Oh no.　Were you hurt?　*B:* No, I'm fine.　I'll take my jacket to the dry cleaner's on the weekend.

*Question:* What happened to the man?

**訳**　A：おかえりなさい，あなた。ねえ，あなたのジャケット，どうしちゃったの？とても汚れているわ。　B：ああ，家に帰る途中で自転車から落ちてしまったんだ。　A：あら，まあ。ケガは？　B：いいや，ぼくは大丈夫だよ。週末にジャケットをドライクリーニングに出すよ。

**質問の訳**　男性に何が起こりましたか。

**選択肢の訳**　**1**　事故に遭った。　**2**　乗る自転車を間違えた。　**3**　ジャケットをなくした。　**4**　病気になった。

**解説**　汚れたジャケット姿で帰ってきたB（＝男性）は1巡目でI fell off my bicycle

on my way home.「家に帰る途中で自転車から落ちてしまったんだ」と言っていることから，**1**が正解。

## No. 15　正解　**1**

**放送文**　*A:* Welcome to the Showtime Theater.　*B:* Hi.　Are you still showing the movie *Bubbles the Dancing Bear*?　I didn't see the title on the sign.　My grandson and I would like to see it.　*A:* Sorry, sir.　We stopped showing that movie two weeks ago.　*B:* Oh, that's too bad.　I guess we'll have to wait for the DVD.

*Question:* Why is the man disappointed?

**訳**　A：ショータイム・シアターへようこそ。　B：こんにちは。『バブルズ・ザ・ダンシング・ベアー』という映画はまだやっていますか。案内にタイトルがなかったのですが。孫と私はそれを見たいと思っています。　A：申し訳ございません。その映画の上映は2週間前に終わりました。　B：ああ，それは残念。DVDを待つしかないようですね。

**質問の訳**　男性はなぜがっかりしていますか。

**選択肢の訳**　**1**　見たかった映画を見られない。　**2**　孫のためにDVDを借りることができなかった。　**3**　『バブルズ・ザ・ダンシング・ベアー』が退屈だった。　**4**　ショータイム・シアターが間もなく閉館してしまう。

**解説**　映画館での会話。『バブルズ・ザ・ダンシング・ベアー』という映画を見たいと言うB（＝男性）は，2巡目でA（＝スタッフ）に We stopped showing that movie two weeks ago. 「その映画の上映は2週間前に終わりました」と言われて残念がっていることから，**1**が正解。

## No. 16　正解　**4**

**放送文**　*A:* Do you have any copies of the magazine *Sporting Life*?　*B:* Well, usually we do, but I think we've sold all of this month's copies.　*A:* Oh.　Do you think you might have some at one of your other stores?　*B:* Well, I can check for you.　Give me a minute to make some calls.

*Question:* How will the woman try to help the man?

**訳**　A：『スポーティング・ライフ』という雑誌はありますか？　B：ええと，普段は置いてあるのですが，今月号は全て売れてしまったと思います。　A：ああ。そちらの他の店舗の1つに置いてあると思いますか？　B：そうですね，お客様のためにお調べすることはできます。電話をしますので，少しお時間をください。

**質問の訳**　女性はどのようにして男性の力になろうとしていますか。

**選択肢の訳**　**1**　彼に別の店への道順を教えることによって。　**2**　彼にどうやって割引を受けられるか教えることによって。　**3**　『スポーティング・ライフ』を注文することによって。　**4**　他の店に連絡をすることによって。

**解説**　書店での会話。『スポーティング・ライフ』の在庫がないことをA（＝男性客）に告げたB（＝女性店員）は，2巡目で他店舗に在庫があるかたずねられ，I can check for you.　Give me a minute to make some calls. 「お客様のためにお調べすることはできます。電話をしますので，少しお時間をください」と言っていることから，**4**が正解。

## *No. 17*　正解　**1**

**放送文**　*A:* Why are there so many people at this department store, Jenny?　*B:* Well, Hiroshi, it's Friday night for one thing.　It's the busiest time of the week. And it looks like there's a sale.　*A:* Oh, I see.　Maybe I can find the DVD I want for a low price.　*B:* Actually, the sale is only for clothes.

*Question:* What is one reason why the department store is crowded?

**訳**　A：このデパートにはなぜこんなに人が多いんだい，ジェニー？　B：そうね，ヒロシ，1つは金曜の夜だから。1週間でも一番混む時間よ。それから，セールをやっているみたいね。　A：ああ，なるほど。ほしいと思っているDVDが安値で見つかるかもしれないな。　B：実は，セールは洋服だけよ。

**質問の訳**　デパートが混雑している理由の1つは何ですか。

**選択肢の訳**　**1**　金曜の夜である。　**2**　DVDのセールをしている。　**3**　オープンしたばかりである。　**4**　有名な歌手がやって来る。

**解説**　1巡目でAに混雑の理由をたずねられ，B（＝Jenny）はit's Friday night「金曜の夜だから」，it looks like there's a sale「セールをやっているみたい」という2つの理由を挙げていることから，1つ目に当てはまる，**1**が正解。

## *No. 18*　正解　**3**

**放送文**　*A:* Are you OK, honey?　You don't look very good.　*B:* I've got a headache again.　I just took some medicine.　*A:* That's your third headache this week.　I think you should go and see a doctor.　*B:* I agree.　I've already made an appointment for this afternoon.

*Question:* What is the man's problem?

**訳**　A：大丈夫，あなた？　調子があまり良くなさそうよ。　B：また頭痛がするんだ。たった今薬を飲んだよ。　A：頭痛は今週で3回目よ。お医者さんに診てもらいに行った方がいいわ。　B：そうだね。今日の午後の予約をもう取ったよ。

**質問の訳**　男性の問題は何ですか。

**選択肢の訳**　**1**　薬がない。　**2**　予約を取れない。　**3**　頭痛がしている。　**4**　今日の午後にすることがたくさんある。

**解説**　1巡目でB（＝男性）がI've got a headache again.「また頭痛がするんだ」，2巡目でAがThat's your third headache this week.「頭痛は今週で3回目よ」と言っていることから，頭痛が繰り返し起こっているとわかる。よって**3**が正解。

## *No. 19*　正解　**1**

**放送文**　*A:* Dad, look at this pretty doll.　I want to get it as a gift for my friend. *B:* Jenny, it's still the beginning of the trip.　If you use all your money now, you won't be able to buy anything later.　*A:* I know, but I think my friend will really like it.　*B:* OK.

*Question:* What does the girl want to do?

**訳**　A：お父さん，このかわいい人形を見て。友達のプレゼントにこれを買いたいわ。B：ジェニー，まだ旅行は始まったばかりだよ。今お金を全部使ってしまったら，後で何

も買えなくなるよ。　A：わかっているけど，友達はとても気に入ると思うの。　B：わかったよ。

**質問の訳**　少女は何をしたがっていますか。

**選択肢の訳**　**1**　友達に人形を買う。　**2**　別のプレゼントを探す。　**3**　お金をいくらか借りる。　**4**　長い旅に出る。

**解説**　1巡目でA（＝少女）がI want to get it as a gift for my friend.「友達のプレゼントにこれ（＝かわいい人形）を買いたいわ」と言っている。父親にまだ買わないようにとなだめられるが，2巡目でさらに，I think my friend will really like it「友達はとても気に入ると思うの」と言って諦めようとしないことから，**1**が正解。

## No. 20　正解　**4**

**放送文**　*A:* Honey, what do you think of this green sofa? *B:* Well, it looks comfortable, but it's quite expensive. How about this red one? *A:* Hmm. I don't really like that style. Let's go look at some other sofas in that store beside the bank. *B:* OK. Good idea.

*Question:* What do the man and woman decide to do?

**訳**　A：あなた，この緑色のソファー，どう思う？　B：そうだね，快適そうだけど，とても高いね。この赤いのはどうだい？　A：うーん。スタイルがあまり好きじゃないわ。銀行のそばのお店に他のソファーを見に行きましょうよ。　B：いいよ。いい考えだね。

**質問の訳**　男性と女性は何をすることにしますか。

**選択肢の訳**　**1**　銀行でお金を下ろす。　**2**　緑色の毛布を探す。　**3**　赤いソファーを買う。　**4**　別の店に行く。

**解説**　2人ともが気に入ったソファーがないので，Aが2巡目でLet's go look at some other sofas in that store beside the bank.「銀行のそばのお店に他のソファーを見に行きましょうよ」と提案し，Bもそれに応じていることから，**4**が正解。

| 第**3**部 | 一次試験・リスニング |
| --- | --- |
| | （問題編pp.145〜147） |

CD 青-56 〜 CD 青-66

## No. 21　正解　**2**

**放送文**　Wendy dropped her smartphone at a bookstore yesterday, and its case broke. She was upset because she liked the case very much. Luckily, one of Wendy's friends was shopping with her, and he showed her some cool cases online. Wendy ordered one of them, and to thank her friend, she bought him a cup of coffee in a café.

*Question:* How did Wendy find a new case for her smartphone?

**訳**　ウェンディは昨日，本屋でスマートフォンを落とし，ケースが壊れてしまった。彼女はそのケースをとても気に入っていたので，うろたえた。幸運にも，ウェンディの友達の1人が彼女と買い物をしていて，オンラインで彼女に素敵なケースをいくつか見せてくれた。ウェンディはその1つを注文し，友達にお礼をするために，カフェで彼にコーヒーを1杯買ってあげた。

**質問の訳**　ウェンディはどのようにして新しいスマートフォンケースを見つけましたか。
**選択肢の訳**　**1**　お店の雑誌で見た。　**2**　友達がオンラインでいくつか見せてくれた。　**3**　近くの書店にあった。　**4**　カフェに安いものがあった。
**解説**　3文目でLuckily, one of Wendy's friends was shopping with her, and he showed her some cool cases online.「幸運にも，ウェンディの友達の1人が彼女と買い物をしていて，オンラインで彼女に素敵なケースをいくつか見せてくれた」と言っており，ウェンディはそのうちの1つを注文したことから，**2**が正解。

## *No. 22*　正解　**3**

**放送文**　In Alaska, there is a type of frog called a wood frog. Wood frogs live in areas with many tall trees. They eat other small animals on the ground and hide under leaves there. When it gets very cold, they can stop their hearts from beating. However, the frogs do not die. They go to sleep, and when it becomes warmer, they wake up and start to move again.
*Question:* What can wood frogs do when it is very cold?
**訳**　アラスカには，ウッドフロッグと呼ばれる種類のカエルがいる。ウッドフロッグは，高木が多い地域に生息する。彼らはそこで地面にいる他の小動物を食べ，葉の下に隠れる。とても寒くなると，彼らは心臓の鼓動を止めることができる。しかし，カエルは死なない。彼らは眠りにつき，暖かくなると，目覚めて再び動き始める。
**質問の訳**　ウッドフロッグはとても寒い時に何をすることができますか。
**選択肢の訳**　**1**　小動物の代わりに葉を食べる。　**2**　高木の中に隠れる。　**3**　心臓を止める。　**4**　より暖かい地域に移動する。
**解説**　4文目でWhen it gets very cold, they can stop their hearts from beating.「とても寒くなると，彼らは心臓の鼓動を止めることができる」と言っていることから，**3**が正解。stop 〜 from *doing*「〜が…するのを止める」。

## *No. 23*　正解　**1**

**放送文**　Nathan went to look for a motorcycle in a shop. He saw a red one that looked too small for him because its seat was low. However, he really liked the sound of its engine, so he wanted to buy it. The salesman took a picture of Nathan on the motorcycle and showed it to him. The motorcycle did not look too small after all, so Nathan decided to buy it.
*Question:* Why did Nathan want to buy the motorcycle?
**訳**　ネイサンは店にバイクを探しに行った。彼は，シートが低いために彼には小さすぎるように見える赤いバイクを目にした。しかし，彼はそのエンジンの音をとても気に入ったので，それを買いたいと思った。販売員はバイクに乗っているネイサンの写真を撮り，それを彼に見せた。結局，バイクは小さすぎるようには見えなかったので，ネイサンはそれを買うことにした。
**質問の訳**　ネイサンはなぜそのバイクをほしいと思いましたか。
**選択肢の訳**　**1**　エンジンの音を気に入った。　**2**　色が素晴らしいと思った。　**3**　フロントライトの高さが完璧に見えた。　**4**　販売員が値引きをしてくれた。
**解説**　3文目でhe really liked the sound of its engine, so he wanted to buy it「彼

はそのエンジンの音をとても気に入ったので，それを買いたいと思った」と言っているので，**1**が正解。

## No. 24　正解　**2**

放送文　Patricia had a math test on Friday. She was upset because her score was bad even though she had studied on the bus every morning for two weeks. After school, she spoke to her math teacher. He gave her some homework to help her. He said that he would check it on Monday and try to explain the difficult parts to her.

*Question:* Why was Patricia upset?

訳　パトリシアは金曜日に数学のテストを受けた。彼女は，2週間毎朝バスで勉強したにもかかわらず点数が悪かったので，動揺した。放課後，彼女は数学の先生と話をした。彼は彼女の力になろうと，彼女に宿題を出した。彼は，月曜日にそれをチェックして，難しい部分を彼女に説明するようにすると言った。

質問の訳　パトリシアはなぜ動揺しましたか。

選択肢の訳　**1**　バスがまた遅れた。　**2**　テストの点数が良くなかった。　**3**　宿題をすることができなかった。　**4**　間違ったテストのために勉強した。

解説　2文目でShe was upset because her score was bad「彼女は点数が悪かったので動揺した」と言っていることから，**2**が正解。

## No. 25　正解　**3**

放送文　Welcome to Saver's Palace Supermarket. We are now open until 10 p.m. every day. Today, we have special discounts on fresh fruit, which you can find near the entrance. Pineapples and mangoes are half-price, and you can buy three apples for the price of one. The staff would like to remind all shoppers to keep bags and wallets safe at all times.

*Question:* Why is this announcement being made?

訳　セイバーズ・パレス・スーパーマーケットへようこそ。現在，毎日午後10時まで営業しております。今日は，入り口近くにある新鮮な果物の特別割引があります。パイナップルとマンゴーが半額で，リンゴ1個分の値段で3個お買い求めいただけます。スタッフより全てのお客様に，バッグや財布を常にお守りいただくよう，お願い申し上げます。

質問の訳　このアナウンスはなぜ行われていますか。

選択肢の訳　**1**　入り口の近くでカバンが見つかった。　**2**　新しいスタッフを募集している。　**3**　果物が安く売られている。　**4**　店が間もなく閉店する。

解説　スーパーマーケットの店内放送。3文目でToday, we have special discounts on fresh fruit, which you can find near the entrance.「今日は，入り口近くにある新鮮な果物の特別割引があります」と言っていることから，**3**が正解。

## No. 26　正解　**4**

放送文　Yumi went to Australia for three months last year. She stayed with a family who had a big dog named Barney. At first, Yumi was scared of Barney because of his size, but later, she found out that he was very gentle. She even began to play with him. Yumi threw a ball, and Barney went running to pick it up.

*Question:* Why was Yumi scared at first?

**訳** ユミは昨年，オーストラリアに3か月間行った。彼女はバーニーという名の大きなイヌを飼っている家族の所に滞在した。ユミは最初，その大きさから，バーニーを怖がったが，あとで彼がとても穏やかだと知った。彼女は彼と遊びすらするようになった。ユミがボールを投げると，バーニーは拾いに走った。

**質問の訳** ユミはなぜ最初怖がりましたか。

**選択肢の訳** 1 イヌがとても若かった。 2 イヌが彼女の所に走ってきた。 3 イヌが彼女のボールを取った。 4 イヌが大きかった。

**解説** 3文目でAt first, Yumi was scared of Barney because of his size「ユミは最初，その大きさから，バーニーを怖がった」と言っていることから，**4**が正解。

## No. 27 正解 **4**

**放送文** Tony has been taking piano lessons for 10 years. He loves jazz and sometimes plays for his friends. Last week, his piano teacher invited him to perform in a small concert at a restaurant next Sunday. Tony accepted her invitation, but he is very nervous because he has never played in front of people he does not know.

*Question:* What is Tony going to do?

**訳** トニーは10年間，ピアノのレッスンを受けている。彼はジャズが大好きで，時々友達のために演奏する。先週，彼のピアノの先生は彼に，今度の日曜日，レストランでの小さなコンサートで演奏するよう勧めた。トニーは彼女の誘いに応じたが，知らない人の前で演奏したことがないため，とても緊張している。

**質問の訳** トニーは何をするつもりですか。

**選択肢の訳** 1 日曜日に友達に会う。 2 ジャズのレッスンを受け始める。 3 人々にピアノを教える。 4 レストランで演奏する。

**解説** 3文目でhis piano teacher invited him to perform in a small concert at a restaurant next Sunday「彼のピアノの先生は彼に，今度の日曜日，レストランでの小さなコンサートで演奏するよう勧めた」と言っており，トニーはその誘いに応じていることから，**4**が正解。

## No. 28 正解 **3**

**放送文** Long ago, in Central America, there were people called Aztecs. They used chicle, a type of natural chewing gum. Researchers have found that the Aztecs had rules about chicle. Children and single women could chew it in public. On the other hand, men and married women could only chew it secretly to clean their teeth and make their breath smell good.

*Question:* What did researchers find out about the Aztecs?

**訳** 昔，中央アメリカにアステカと呼ばれる人々がいた。彼らは，天然のチューイングガムの一種であるチクルを使用した。研究者は，アステカ人にはチクルに関するルールがあったことを発見した。子供や独身女性は，公共の場でそれを噛むことができた。一方，

男性や既婚女性は，歯をきれいにし，口臭を良くするために，それをこっそり噛むことしかできなかった。

**質問の訳** 研究者はアステカ人について何を発見しましたか。

**選択肢の訳** **1** アステカの子供はルールに従ってゲームをした。 **2** アステカの女性は男性よりもずっと多く食べた。 **3** アステカ人はチューインガムの一種を口にした。 **4** アステカ人は簡単な歯ブラシを作った。

**解説** アステカ人について，2文目でThey used chicle, a type of natural chewing gum.「彼らは，天然のチューインガムの一種であるチクルを使用した」と言っていることから，**3**が正解。

## No. 29  正解  **1**

**放送文** You're listening to *Radio Music FM*, and we have a competition coming up. Are you a fan of the band the Boaties? Call us now at 555-8877 and answer three simple questions about the band. You can win two tickets to the band's concert at Louisville Stadium next month. Hurry! The lines are now open!

*Question:* How can listeners win a prize?

**訳** お聞きになっているのはラジオ・ミュージックFM，プレゼントのお時間です。みなさんはボアティーズというバンドのファンですか？ 今すぐ555-8877に電話をして，バンドについての簡単な3つの質問に答えて下さい。来月ルイスヴィル・スタジアムで行われる同バンドのコンサートのチケット2枚が当たります。お急ぎください！ 回線はつながっていますよ！

**質問の訳** リスナーはどのようにして商品を得ることができますか。

**選択肢の訳** **1** 電話をして質問に答えることによって。 **2** スタジアムのチケット売場に急いで行くことによって。 **3** アナウンサーにメールを送ることによって。 **4** ボアティーズの歌を歌うことによって。

**解説** ラジオの放送内容。3文目でCall us now at 555-8877 and answer three simple questions about the band.「今すぐ555-8877に電話をして，バンドについての簡単な3つの質問に答えて下さい」，4文目でその商品として，You can win two tickets to the band's concert「同バンドのコンサートのチケット2枚が当たります」と言っていることから，**1**が正解。

## No. 30  正解  **3**

**放送文** Oliver's grandparents live far away. He only meets them once a year. This year, Oliver's grandfather sent him some money for his birthday, and his grandmother made him a nice birthday card. Oliver decided to make a video of himself and send it to his grandparents. In the video, he said that he was very happy to get their gift and card.

*Question:* What did Oliver decide to do?

**訳** オリバーの祖父母は遠くに住んでいる。彼は彼らに年に一度しか会わない。今年，オリバーの祖父は，彼の誕生日にいくらかのお金を送ってくれ，祖母は素敵なバースデーカードを作ってくれた。オリバーは自分のビデオを撮って祖父母に送ることにした。ビデ

オの中で，彼は彼らの贈り物とカードをもらってとてもうれしかったと言った。

**質問の訳** オリバーは何をすることにしましたか。

**選択肢の訳** **1** 祖父母にプレゼントを頼む。 **2** 新しいゲームを買う。 **3** ビデオメッセージを録画する。 **4** バースデーカードを作る。

**解説** 祖父母から誕生日プレゼントを受け取ったオリバーについて，4文目でOliver decided to make a video of himself and send it to his grandparents.「オリバーは自分のビデオを撮って祖父母に送ることにした」と言っていることから，**3**が正解。

---

## カードA 二次試験・面接
(問題編pp.148〜149)

**訳** 観光案内所

日本各地には多くの観光案内所がある。 これらの案内所には，地元の観光スポットに関する様々な情報がある。 現在，多くの観光案内所は，様々な言語のガイドブックを提供しており，このようにして，それらは外国からの訪問者が簡単に観光スポットを見つけられるよう手助けをしている。 これらの案内所は，将来さらに重要な役割を果たすだろう。

**質問の訳** No. 1 この文によると，多くの観光案内所はどのようにして，外国からの訪問者が簡単に観光スポットを見つけられるよう手助けをしていますか。

No. 2 さて，Aの絵に描かれている人々を見てください。彼らはいろいろなことをしています。彼らがしていることをできるだけたくさん説明してください。

No. 3 さて，Bの絵に描かれている女性を見てください。その状況を説明してください。では，〜さん（受験者の氏名），カードを裏返しにして置いてください。

No. 4 あなたは，電車で旅行をする方が車で旅行をするより良いと思いますか。

No. 5 今日，日本には，英語ともう1つ別の外国語を学ぶ学生がいます。あなたは別の外国語を学ぶことに興味がありますか。

### No. 1 解答例 By offering guidebooks in different languages.

**解答例の訳** 様々な言語のガイドブックを提供することによって。

**解説** 第3文後半に関する質問。in this wayは「このようにして」という意味で，同じ文の前半の動詞以下を指すので，このoffer guidebooks in different languages「様々な言語のガイドブックを提供する」を〈By + doing [動名詞]〉の形に直して答える。

### No. 2 解答例 A woman is fishing. / A boy is picking up a book. / A man is watering flowers. / Two girls are waving. / A man is taking a picture. （順不同）

**解答例の訳** 女性が釣りをしています。／少年が本を拾っています。／男性が花の水やりをしています。／2人の少女が手を振っています。／男性が写真を撮っています。

**解説** イラストの中の人物の動作はすべて**現在進行形**で表す。「釣りをする」はfish,「〜を拾う」はpick up 〜,「花の水やりをする」はwater flowersと表す。

### No. 3 解答例 She can't answer the smartphone because she's

carrying many things.

**解答例の訳** たくさんの物を運んでいるので，彼女はスマートフォンに出ることができません。

**解説** 女性は両手に荷物を持っており，カバンの中のスマートフォンが鳴っている。そして，吹き出しの中のイラストは，女性が電話に出ることができないことを表している。よって，解答例のように，「彼女はスマートフォンに出ることができない（can't answer the smartphone）」と，その理由にあたる「たくさんの物を運んでいる（carrying many things）」をbecauseで結ぶと良い。

*No.4* **解答例** （Yes.の場合） Yes. → Why? —— Traveling by train is safer than traveling by car. Also, it's easy to relax on a train.
（No.の場合） No. → Why not? —— People can go to places more freely by car. Also, they can travel with a lot of things.

**解答例の訳** はい。→それはなぜですか。—— 電車で旅行することは車で旅行するよりも安全です。また，電車はくつろぎやすいです。／いいえ。→それはなぜですか。—— 人々は車での方がより自由に場所に行くことができます。また，たくさんのものを持って旅行することができます。

**解説** Yesの場合は，電車での旅行のメリットを挙げると良い。解答例では，電車での旅行は「より安全（safer）」，「くつろぎやすい（easy to relax）」という2つの理由を挙げている。Noの場合は，電車での旅行のデメリット，または車での旅行のメリットを挙げると良い。解答例では，車の方が「より自由に（more freely）場所に行ける」，「たくさんのものを持って（with a lot of things）旅行ができる」という2つの理由を挙げている。

*No.5* **解答例** （Yes.の場合） Yes. → Please tell me more. —— I've been thinking of studying Korean these days. I like watching Korean dramas.
（No.の場合） No. → Why not? —— Learning another foreign language takes a lot of time. I want to focus on English first.

**解答例の訳** はい。→詳しく話してください。—— 私は最近，韓国語を学ぶことを考えています。私は韓国ドラマを見るのが好きです。／いいえ。→それはなぜですか。—— 別の外国語を学ぶにはたくさんの時間がかかります。私はまず，英語に集中したいです。

**解説** Yesの場合は，学びたいと思っている，または学んでいる言語を挙げて説明すると良い。解答例では，韓国語を挙げており，「韓国ドラマ（Korean dramas）を見るのが好き」という理由を補足している。Noの場合は，別の外国語を学ぶことのデメリットなどを具体的に説明すると良い。解答例では，「外国語を学ぶにはたくさんの時間がかかる（takes a lot of time）」と述べた上で，「まず英語に集中したい（want to focus on English first）」という自分の考えを挙げている。

## カードB　二次試験・面接
（問題編pp.150〜151）

**訳** 読解力

　読解は，物事を学ぶ上で非常に重要な技能である。しかし今日，学生たちは読解力についてもっと助けが必要であると言う教師がいる。　多くの学生はスマートフォンでショートメッセージだけをやりとりしているので，彼らは時々，長い文章を理解するのに苦労する。学生は物事をよりよく学ぶために，優れた読解力を身につける必要がある。

**質問の訳** No. 1　この文によると，なぜ多くの学生は時々，長い文章を理解するのに苦労しますか。

No. 2　さて，Aの絵に描かれている人々を見てください。彼らはいろいろなことをしています。彼らがしていることをできるだけたくさん説明してください。

No. 3　さて，Bの絵に描かれている少年を見てください。その状況を説明してください。では，〜さん（受験者の氏名），カードを裏返しにして置いてください。

No. 4　あなたは，人々は将来，ますます多くのお金をスマートフォンに使うだろうと思いますか。

No. 5　最近,多くの日本人は外国で仕事に就いています。あなたは外国で働きたいですか。

### *No. 1* 解答例　Because they exchange only short messages on their smartphones.

**解答例の訳** 彼らはスマートフォンでショートメッセージだけをやりとりしているからです。

**解説** 第3文後半に関する質問。ここでのsoは「だから」という意味で，同じ文の前半のMany students exchange only short messages on their smartphones「多くの学生はスマートフォンでショートメッセージだけをやりとりしている」はその原因を表すので，これを〈Because they 〜〉の形に直して答える。

### *No. 2* 解答例　A man is carrying a chair. / A boy is taking a book from[putting a book on] the shelf. / A girl is throwing away trash. / A woman is waiting for an elevator. / A woman is cutting paper.　**（順不同）**

**解答例の訳** 男性がいすを運んでいます。／少年が棚から本を出して［棚に本を入れて］います。／少女がゴミを捨てています。／女性がエレベーターを待っています。／女性が紙を切っています。

**解説** イラストの中の人物の動作はすべて**現在進行形**で表す。「運ぶ」は**carry**，「〜を棚から出す／棚に入れる」は**take 〜 from[put 〜 on] the shelf**，「ゴミを捨てる」は**throw away trash**，「〜を待つ」は**wait for 〜**，「切る」は**cut**で表す。

### *No. 3* 解答例　He can't get on the bus because it's crowded.

**解答例の訳** 混んでいるので，彼はバスに乗れません。

**解説** バスが混雑しており，少年ががっかりした表情を浮かべている。そして，吹き出しの中のイラストは，少年がバスに乗ることができないことを表している。よって解答例

のように、「彼はバスに乗れない（**He can't get on the bus**）」と、その理由にあたる「それ（＝バス）が混んでいる（**it's crowded**）」を**because**で結ぶと良い。

## *No.4*　解答例　（Yes. の場合）　Yes. → Why? —— Smartphones are becoming very important in people's lives.  Also, new models are sometimes very expensive.
（No. の場合）　No. → Why not? —— There are more and more discounts on smartphones.  Many people use these discounts to save money.

> **解答例の訳**　はい。→それはなぜですか。—— スマートフォンは人々の生活の中でとても重要になってきています。また，新モデルは値段がとても高いこともあります。／いいえ。→それはなぜですか。—— スマートフォンの割引がますます増えています。多くの人々はお金を節約するためにこの割引を使います。

> **解説**　**Yes**の場合は，人々が将来，ますます多くのお金をスマートフォンに使うだろうと考える理由を挙げる。解答例では，「人々の生活の中でとても重要になってきている（**becoming very important**）」，「新モデルは値段がとても高い（**very expensive**）こともある」という現状を挙げている。**No**の場合は，スマートフォンに多くのお金を使わなくて済む方法などを挙げると良い。解答例では，「スマートフォンの割引（**discounts on smartphones**）」が増えている点を挙げている。

## *No.5*　解答例　（Yes. の場合）　Yes. → Please tell me more. ——I think working in a different country is exciting.  I'd like to work in America in the future.
（No. の場合）　No. → Why not? —— I think it's easier to work in my own country.  Also, I want to live near my friends and family.

> **解答例の訳**　はい。→詳しく話してください。—— 私は，別の国で働くことはワクワクすると思います。私は将来，アメリカで働きたいです。／いいえ。→それはなぜですか。—— 私は，自分の国で働く方が簡単だと思います。また，私は友達や家族の近くに住みたいです。

> **解説**　**Yes**の場合は，外国で働くことのメリットや自分の行きたい国などを具体的に説明すると良い。解答例では，「別の国で働くことはワクワクする（**exciting**）」という考えを述べた後，さらに自分の行きたい国として，具体的にアメリカを挙げている。**No**の場合は，外国ではなく日本で働いた方がいいと思う理由などを具体的に挙げると良い。解答例では，「自分の国（**my own country**）で働く方が簡単」という理由を挙げ，「友達や家族の近くに住みたい」という自分の希望を述べている。

# 2021 年度 第 3 回

## 解 答 欄

| 問題番号 | 1 | 2 | 3 | 4 |
|---|---|---|---|---|
| (1) | ● | ② | ③ | ④ |
| (2) | ① | ② | ③ | ● |
| (3) | ① | ② | ③ | ● |
| (4) | ① | ② | ● | ④ |
| (5) | ● | ② | ③ | ④ |
| (6) | ① | ② | ③ | ● |
| (7) | ① | ● | ③ | ④ |
| (8) | ● | ② | ③ | ④ |
| (9) | ① | ② | ● | ④ |
| (10) | ① | ② | ③ | ● |
| (11) | ① | ● | ③ | ④ |
| (12) | ① | ② | ● | ④ |
| (13) | ① | ② | ● | ④ |
| (14) | ① | ② | ③ | ● |
| (15) | ① | ② | ● | ④ |
| (16) | ① | ② | ● | ④ |
| (17) | ① | ② | ③ | ● |
| (18) | ● | ② | ③ | ④ |
| (19) | ① | ② | ● | ④ |
| (20) | ① | ② | ③ | ● |

（問題番号1）

## 解 答 欄

| 問題番号 | 1 | 2 | 3 | 4 |
|---|---|---|---|---|
| (21) | ① | ② | ③ | ● |
| (22) | ● | ② | ③ | ④ |
| (23) | ① | ② | ● | ④ |
| (24) | ① | ● | ③ | ④ |
| (25) | ① | ② | ● | ④ |
| (26) | ● | ② | ③ | ④ |
| (27) | ① | ● | ③ | ④ |
| (28) | ① | ● | ③ | ④ |
| (29) | ① | ② | ③ | ● |
| (30) | ① | ② | ③ | ● |
| (31) | ① | ② | ● | ④ |
| (32) | ① | ● | ③ | ④ |
| (33) | ① | ● | ③ | ④ |
| (34) | ① | ● | ③ | ④ |
| (35) | ① | ② | ● | ④ |
| (36) | ① | ② | ③ | ● |
| (37) | ① | ● | ③ | ④ |

（問題番号2・3・4）

5 の解答例は
p.154をご覧
ください。

## リスニング解答欄

| 問題番号 | 1 | 2 | 3 | 4 |
|---|---|---|---|---|
| 例題 | ① | ② | ● | |
| No. 1 | ① | ● | ③ | |
| No. 2 | ① | ② | ● | |
| No. 3 | ① | ② | ● | |
| No. 4 | ● | ② | ③ | |
| No. 5 | ① | ② | ● | |
| No. 6 | ● | ② | ③ | |
| No. 7 | ① | ② | ● | |
| No. 8 | ① | ● | ③ | |
| No. 9 | ● | ② | ③ | |
| No. 10 | ① | ● | ③ | |
| No. 11 | ① | ● | ③ | ④ |
| No. 12 | ① | ② | ● | ④ |
| No. 13 | ① | ● | ③ | ④ |
| No. 14 | ① | ② | ③ | ● |
| No. 15 | ● | ② | ③ | ④ |
| No. 16 | ① | ② | ③ | ● |
| No. 17 | ① | ② | ● | ④ |
| No. 18 | ① | ② | ● | ④ |
| No. 19 | ● | ② | ③ | ④ |
| No. 20 | ① | ② | ③ | ● |
| No. 21 | ① | ② | ③ | ● |
| No. 22 | ① | ② | ● | ④ |
| No. 23 | ① | ② | ● | ④ |
| No. 24 | ● | ② | ③ | ④ |
| No. 25 | ● | ② | ③ | ④ |
| No. 26 | ① | ● | ③ | ④ |
| No. 27 | ① | ② | ③ | ● |
| No. 28 | ① | ② | ● | ④ |
| No. 29 | ● | ② | ③ | ④ |
| No. 30 | ① | ② | ③ | ● |

第1部：No. 1〜No. 10
第2部：No. 11〜No. 20
第3部：No. 21〜No. 30

## (1) 正解 **1**

**訳** A：部屋を掃除し終えたよ，お母さん。見てみて。
B：十分じゃないわ，ケビン。机を片付けて，本もしまわないと。

**解説** B（＝母親）の2つ目の発言より，部屋の掃除が十分でないと推測できる。よって**1**のenough「十分に」を入れ，not good enough「十分でない」とすると会話が成り立つ。almost「ほとんど」，ahead「前方に」，even「〜さえ」。

## (2) 正解 **4**

**訳** A：そちらのウェブサイトで，清掃サービスについてより詳細を知るにはどうすればよいですか？
B：当社のホームページの一番上にあるインフォメーションのボタンをクリックしていただくだけで，全てをご覧になることができます。

**解説** Bがinformation button「インフォメーションのボタン」をクリックするように言っていることから，Aは清掃サービスについてより多くの情報を得たいと思っていると推測できる。空所に入れて意味が通るのは，**4**のdetails＜detail「詳細」のみ。round「期間」，season「季節」，wheel「車輪」。

## (3) 正解 **4**

**訳** アメリカ合衆国は50の州から成る。その国で最も小さい州はロードアイランド州で，最も大きいのはアラスカ州である。

**解説** アメリカの州について述べた文。空所の直後にofがあることから，**4**のconsists＜consistを入れると文意が通る。consist of 〜で「〜から成る，〜で構成される」という意味。warn「警告する」，dream「夢を見る」，pray「祈る」。

## (4) 正解 **3**

**訳** 近年，その国の西部では景気が大変良いので，多くの人々が職を求めてそこへ向かっている。

**解説** 空所直前のthereは前半のthe western part of the country「その国の西部」を指す。多くの人々が好景気の地域へto（ ）jobs「仕事を（ ）ために」向かっているとあるので，**3**のseek「探し求める」を入れると文意が通る。send「送る」，explain「説明する」，mention「述べる」。

## (5) 正解 **1**

**訳** ミッシェル，サラ，ロジャーは音楽を演奏することが大好きなので，彼らはバンドを結成することにした。彼らは自分たちの新しいバンドをザ・セロリ・スティックスと呼ぶつもりである。

**解説** 音楽が大好きな3人について，have decided to（ ）a band「バンドを（ ）ことにした」とあり，2文目ではバンド名についてもふれている。選択肢の中で空所に入

※2024年度第1回から，試験形式の変更に伴い大問1の問題数は15問になります。

れて意味が通るのは, **1**の form「結成する」のみ。lift「持ち上げる」, sew「縫い付ける」, major「専攻する」。

## (6)　正解　**4**

**訳**　リンダは自分のメールアドレスや銀行の暗証番号などの機密情報を小さなノートに書き留めている。彼女は他のだれもそのノートを見ないように気を付けている。

**解説**　e-mail and bank passwords「メールアドレスや銀行の暗証番号」は個人の機密情報（secret information）の例なので, **4**の secret「秘密の, 機密の」を入れると文意が通る。impossible「不可能な」, liquid「液体の」, tiring「骨の折れる」。

## (7)　正解　**2**

**訳**　リチャードは先月, スノーボードに行った時に足を骨折した。彼はケガのため, 学校を数日間欠席した。

**解説**　1文目に Richard broke his leg「リチャードは足を骨折した」, 2文目に He was absent from school「彼は学校を欠席した」とある。選択肢の中で, その理由として because of his (　　)「(　　) のために」の空所に入れて意味が通るのは, **2**の injury「ケガ」のみ。climate「天候」, option「選択肢」, praise「賞賛」。

## (8)　正解　**1**

**訳**　バートは何か月もの間, 祖母の訪問を心待ちにしている。彼女は明日来る予定で, 彼は彼女の到着にワクワクしている。

**解説**　1文目より, バートは祖母の訪問を楽しみにしており, 2文目より, 祖母は明日やって来ると分かる。選択肢の中で he is excited about her (　　)「彼は彼女の (　　) にワクワクしている」の空所に入れて意味が通るのは, **1**の arrival「到着」のみ。direction「方角」, material「材料」, connection「つながり」。

## (9)　正解　**3**

**訳**　A：今日はなぜ仕事に遅れたの, ボブ？
B：交通量がひどかったんだ。4キロ運転するのに1時間もかかったよ。

**解説**　遅刻の理由をたずねるAに対し, B（＝Bob）は空所を含む発言のあと, It took me an hour to drive 4 kilometers「4キロ運転するのに1時間もかかった」と言っていることから, 道路が渋滞していたと考えられる。よって**3**の traffic「交通 (量)」を入れると会話が成り立つ。entrance「入り口」, image「画像」, fossil「化石」。

## (10)　正解　**4**

**訳**　スコットはお気に入りのテレビ番組を見られるように, 急いで宿題をした。そのため, 彼はたくさんのミスをし, たくさん正解することはなかった。

**解説**　1文目の後半に so that he could watch his favorite TV show「お気に入りのテレビ番組を見られるように」とあり, また2文目より宿題の出来が良くなかったとわかるので, **4**の hurried＜hurry「急いでする」を入れると文意が通る。repeat「繰り返す」, tap「軽くたたく」, print「印刷する」。

## (11)　正解　**2**

**訳**　グリーン先生は，文化祭のミュージカルで，それぞれの生徒に役を与えることにした。このようにして，生徒全員が上演に参加することができた。

**解説**　1文目に decided to give a role to each student「それぞれの生徒に役を与えることにした」とあることから，**2**の play a part in「〜に参加する」を入れると文意が通る。play a joke on「〜をからかう」，keep track of「〜の経過を追う」，keep pace with「〜に遅れずに付いていく」。

## (12)　正解　**3**

**訳**　Ａ：このウェブサイトによると，レオナルド・ダ・ビンチは1451年生まれだそうだよ。
Ｂ：私の教科書にはそうは書いてないわ。1452年生まれだとあるわ。

**解説**　website「ウェブサイト」の情報について紹介しているので，**3**の According to「〜によると」を入れると会話が成り立つ。hope for「〜を期待する」，add up「〜を合計する」，hide from「〜から隠れる」。

## (13)　正解　**3**

**訳**　Ａ：最近フレッドから連絡はあった？
Ｂ：あったよ。この間彼からメッセージを受け取ったよ。大学を楽しんでいるって。

**解説**　Ａの問いかけに対し，Ｂはフレッドから届いたメッセージの内容を伝えているので，**3**の heard from＜hear from「〜から連絡をもらう」を入れると会話が成り立つ。pay for「〜の代金を支払う」，pass by「〜のそばを通る」，talk over「〜について議論する」。

## (14)　正解　**4**

**訳**　Ａ：この単語の意味は何，お父さん？
Ｂ：分からないな。辞書で調べた方がいいね。

**解説**　Ａに単語の意味を聞かれたＢ（＝父親）は，I'm not sure.「分からない」と答え，You'll have to (　　) in the dictionary.「辞書で (　　) 方がいいね」と言っている。選択肢の中で空所に入れて意味が通るのは，**4**の look it up「それを調べる」のみ。throw away「捨てる」，take away「取り除く」，save up「貯める」。

## (15)　正解　**3**

**訳**　Ａ：ロンドンでどこかいい観光地を知っている？
Ｂ：もちろん！　出張で年がら年中そこへ行っているから，町をとてもよく知っているよ。

**解説**　Ａにロンドンの観光地を聞かれたＢが，I know the city really well「町をとてもよく知っている」と答えているので，**3**の all the time「年がら年中，四六時中」を入れ，I go there all the time「年がら年中そこ（＝ロンドン）へ行く」とすると会話が成り立つ。at last「ついに」，in the end「結局」，for once「今回に限り」。

## (16) 正解 **3**

**訳** ニックはもうすぐ3歳である。彼は毎日新しいものを見つけてはいつも触りたがる。今までに見たことのないものは何でも知りたいのだ。

**解説** 空所直前のcuriousは「好奇心の強い」の意味。選択肢の中であとに続く前置詞として正しいのは，**3**のaboutのみ。curious about ～で「～について知りたがる」。

## (17) 正解 **4**

**訳** A：今朝みんなのためにこのクッキーを作ったの。どうぞご自由に取って食べてね。
B：ありがとう。おいしそうだね。

**解説** Aはクッキーを作ったと言っているので，**4**のhelpを入れ，人に食べ物や飲み物を勧める時の決まり文句Please help yourself.「どうぞご自由に取って食べて［飲んで］ください」にすると会話が成り立つ。set「配置する」，take「取る」，dress「服を着せる」。

## (18) 正解 **1**

**訳** A：お父さん，この箱は重すぎて2階まで運べないわ。
B：わかった。お前のために2階に持って行ってあげるよ。

**解説** 選択肢に並ぶのはcarryの様々な形。〈too ... for＋人＋to do〉で「（人）が～するには…すぎる，…すぎて（人が）～できない」の意味なので，**1**のto carryが適切。

## (19) 正解 **3**

**訳** A：今週末はしなければいけない宿題がとてもたくさんあるの。
B：ぼくもだよ。月曜のために，理科のレポート，歴史の課題，それから英語の論文を書かないといけない。

**解説** So am I.やSo do I.は，「私もです」と相手に同調するときの表現。ここでは，I have so much homework to doという一般動詞の肯定文に対して「私もです」と言っているので，**3**のdo Iが適切。Aの発言の一般動詞haveを受けるので，amではなくdoを用いる。

## (20) 正解 **4**

**訳** ヘクターはイヌを飼いたいが，彼の家族は小さなアパートに住んでいるので，ペットを飼う場所がない。彼はもっと大きな所に住めたらいいのに，と思っている。

**解説** 「（今は大きな家に住んでいないが）もっと大きな所に住めたらいいのに」と願いを表す仮定法過去の文。wishのあとは〈主語＋動詞の過去形〉なので，**4**のlivedが適切。

<table>
<tr><td>**2**</td><td>**一次試験・筆記**<br>(問題編pp.157〜158)</td></tr>
</table>

## (21) 正解 **4**

**訳** A：やあ，メアリー。明日，ぼくたちと一緒に映画に行くかい？
B：行かないと思うわ。まずやらないといけない大切な宿題があるの。

A：今晩終わらせるようにしたらどうだい？

B：そうしたいけど，まだ赤ん坊の弟の面倒を見るように，母に頼まれているの。

**選択肢の訳** **1** そのためのもっと簡単なトピックを選ぶ **2** そのことについて先生に話す **3** それを映画館に持って行く **4** それを今晩終わらせるようにする

**解説** 1巡目のB（＝Mary）の発言より，Bは明日宿題をしなければならない。さらに，Why don't you (  )?「～したらどう？」というAの提案に対し，弟の世話を頼まれているためできないと答えていることから，**4**のtry to finish it this eveningを入れると会話が成り立つ。

## (22) 正解 **1**

**訳** A：すみません。そちらのバスにスカーフを置き忘れたようなのですが。

B：どのような物か説明していただけますか。

A：実は，私の電話にそれの写真が入っています。

B：ああ，なるほど。だれかがそのようなスカーフを持ち込んだと思います。確認させてください。

**選択肢の訳** **1** 私の電話にそれの写真が入っている **2** シェルビーから10時15分のバスに乗った **3** 誕生日プレゼントにそれをもらった **4** 後ろの席に座った

**解説** 1巡目でBがCan you describe what it looks like?「どのような物か説明していただけますか。」とたずねているので，スカーフの見た目を示そうとしているものとして**1**のhave a photo of it on my phoneを入れると会話が成り立つ。

## (23) 正解 **3**

**訳** A：お母さん，友達と遊びに公園へ行ってもいい？

B：もちろん。帽子を必ずかぶりなさいね。

A：でも今日はとても風が強いよ。飛ばされちゃうかもしれない。

B：わかっているけど，外はとても暑いわ。これを持って行きなさい。頭から落ちないようにストラップがついているわ。

**選択肢の訳** **1** 水のボトルを持って行ってください **2** タコを持って行くべきです **3** 帽子を必ずかぶりなさい **4** 傘を忘れないように

**解説** B（＝母親）の発言に対し，2巡目でA（＝息子）がBut it's so windy today. It might blow away.「でも今日はとても風が強いよ。飛ばされちゃうかもしれない」と言っていること，また2巡目でBがIt has a strap to keep it on your head.「頭から落ちないようにストラップがついている」と言って何かを渡していることから，帽子をかぶるように言う**3**のMake sure you wear a hatを入れると会話が成り立つ。

## (24) 正解 **2**

**選択肢の訳** **1** とても元気だった **2** エサを食べている **3** カゴから逃げ出した **4** オモチャで遊んだ

**解説** 空所を含む発言で，Bはイヌのブラウニーの症状を説明している。これに対してA（＝動物病院のスタッフ）は，Is it the same kind that you usually give her?「それは普段彼女にあげているものと同じ種類のものですか？」とたずねている。itはエサを指すと考え，**2**のbeen eating her foodを入れると会話が成り立つ。

## (25) 正解 **3**

**選択肢の訳** **1** 何が問題かを私に教える **2** 彼女のために薬を手に入れる **3** 今日，医師が彼女を診る **4** それは歯痛である

**解説** 空所を含む発言の直後で，A が Sure. He has time at 11:30 or after 4:00.「はい。11時半か4時のあとでしたら大丈夫です」と言っていることから，医師の診察を依頼する **3** の the doctor see her today を入れると会話が成り立つ。

(24)(25) **訳**

A：ブリンプトン動物病院にお電話いただきありがとうございます。どうされましたか？
B：私はジョーン・テイラーです。うちのイヌのブラウニーのことでお電話しました。
A：ブラウニーがどうしましたか？
B：ここ2日間，エサを食べないのです。
A：そうですか。それは普段彼女にあげているものと同じ種類のものですか？
B：ええ。いつもは大好きなものです。今日，先生に彼女を診てもらえますか？
A：はい。11時半か4時のあとでしたら大丈夫です。
B：今日の午後は仕事なので，11時半にブラウニーを連れて行きます。

## 3[A] 一次試験・筆記
(問題編p.159)

**Key to Reading** 退職後のケイコがどのような毎日を送っているか，スペイン語を学んでいるケイコがどのような壁にぶつかっているかを読み取りながら，空所に入る語句を特定しよう。

**訳** 言葉に詰まる

ケイコは65歳である。彼女は数か月前に仕事を退職した。働いていたころ，彼女はいつもとても忙しかった。彼女には趣味の時間がなかった。しかし，彼女には今，自由な時間がたくさんある。彼女はガーデニング，読書，田舎で散歩をすることを楽しんでいる。彼女はスペイン語の授業も受けている。彼女は外国語を学び，それを使ってクラスメートやロペス先生と話すことをとても楽しんでいる。

ある日，ロペス先生は授業中，ケイコに家族について話すように言った。言いたいことはたくさんあったが，彼女には言えなかった。必要な言葉をあまりわからず，彼女はがっかりした。ロペス先生は彼女を元気づけようとした。彼は，彼女がとても優秀だと言った。一生懸命勉強と練習を続ければ，彼女はすぐに何でも話せるようになるだろう。

## (26) 正解 **1**

**選択肢の訳** **1** スペイン語の授業を受ける **2** 病院のボランティアである **3** 絵を描くことを好む **4** ヨガ教室に参加した

**解説** 第1段落は，ケイコの退職後の生活について書かれている。空所を含む文の直後に She really enjoys learning a foreign language and using it to speak with her classmates and her teacher, Mr. Lopez.「彼女は外国語を学び，それを使ってクラスメートやロペス先生と話すことをとても楽しんでいる」とあることから，**1** の takes

Spanish lessons が適切。

## *(27)* 正解 **2**

**選択肢の訳** **1** 彼女の教科書を見つける **2** 彼女を元気づける **3** 彼女のカバンを修理する **4** 彼女を案内する

**解説** 第2段落は、ケイコのスペイン語の授業の様子について書かれている。前半より、ケイコが言いたいことをうまく表現できず落ち込んでいることがわかる。また、空所を含む文の直後に He said that she is doing really well.「彼（＝ロペス先生）は、彼女がとても優秀だと言った」とあることから、ロペス先生がしようとしたことは、**2**の cheer her up であるとわかる。

# 3[B] 一次試験・筆記
(問題編pp.160〜161)

**Key to Reading** 第1段落：導入（農家の害虫被害）→第2段落：本論①（ヴェルゲノエグド・ロー・ワイン農場の害虫駆除法）→第3段落：本論②（害虫を駆除するアヒルの特徴）の3段落構成の説明文。

**訳** 害虫防除
昆虫や他の動物はしばしば農家を悩ませる。このような生き物は害虫として知られ、大きな問題になり得る。それらは、食品として販売されるべき果物や野菜を食べてしまう。また、農家で栽培されている植物に病気を運んでくる。その被害は、農家に多額の出費を強いている。多くの農家は害虫を遠ざけるために化学物質を用いる。しかし、これらの化学物質は環境に良くない可能性がある。それらは他の生き物を殺してしまうこともある。また、人々が食べる果物や野菜に入ることもある。
南アフリカのヴェルゲノエグド・ロー・ワイン農場のオーナーは、異なる方法を用いている。彼らは、害虫がブドウを食べるのを止めたい。同時に、ワインに化学薬品が混入することを望んでいない。彼らの解決策は、他の動物を用いて害虫を駆除することである。毎日、1000羽を超えるアヒルの一群が、ブドウが栽培されている畑に連れて行かれる。アヒルは一日中植物の周りを歩き回り、害虫を食べる。
アヒルは何百年もの間、アジアの田んぼで害虫を駆除するために用いられてきたが、他の場所でアヒルを用いることはそれほど一般的ではない。ヴェルゲノエグド・ロー・ワイン農場で用いられるアヒルは特別な種類である。それらは他の種類のアヒルよりもずっと短い翼を持つ。その結果、飛び去ることができない。アヒルを害虫駆除に用いることには、別の利点もある。それらの排泄物が、ブドウの木の成長を助けるのである。

## *(28)* 正解 **2**

**選択肢の訳** **1** 気候 **2** 被害 **3** 土地の購入 **4** 果実摘み

**解説** 農家の害虫被害について説明している段落。空所を含む文の前の数文で、農家を悩ませる害虫被害について述べている。これらが農家に多額の出費を強いているので、**2**の The damage が適切。

※2024年度第1回から、試験形式の変更に伴い大問3の[B](28)〜(30)が削除されます。

## (29) 正解 **4**

**選択肢の訳** **1** 地元の子供たちに〜させる **2** 植物を移動させる **3** 高いフェンスを設置する **4** 他の動物を用いる

**解説** ヴェルゲノエグド・ロー・ワイン農場の害虫駆除法について説明している段落。空所を含む文の直後に Every day, a team of over 1,000 ducks is taken to the fields where the grapes are grown.「毎日，1000 羽を超えるアヒルの一群が，ブドウが栽培されている畑に連れて行かれる」とあり，これらのアヒルが害虫を食べて駆除するので，**4** の use other animals が適切。

## (30) 正解 **4**

**選択肢の訳** **1** 毎年より多くの子 **2** よりカラフルな体 **3** ずっと大きな声 **4** ずっと短い翼

**解説** ワイン農場で用いられるアヒルの特徴について説明している段落。空所を含む文の直後に As a result, they cannot fly away.「その結果，飛び去ることができない」とあるので，翼の特徴について述べた **4** の much shorter wings が適切。

# 4[A] 一次試験・筆記
(問題編pp.162〜163)

**Key to Reading** ジョーが弟［兄］のピートに送ったメール。①オンタリオ旅行の航空券（→第1段落），②日帰り釣りツアー（→第2段落），③入漁許可証の購入（→第3段落）が読み取りのポイント。

**訳** 差出人：ジョー・ヘス<joe-hess@kmail.com>
宛先：ピート・ヘス<p-hess22@yeehaw.com>
日付：1月23日
件名：オンタリオ旅行
やあ，ピート
ぼくらの来月のオンタリオへの旅行にワクワクしているかい？ 昨日，オンタリオ行きのチケットと帰りのチケットを買った。ぼくの飛行機は2月8日の午前11時にシカゴを発つよ。飛行時間はわずか1時間半だ。チケットはもう購入したかい？ ニューヨーク市を何時に出発する予定だい？
とにかく,先週電話で話したことを覚えているかい？ 君は旅行中に釣りに行きたいと言ったね。ぼくの隣人は，毎年秋にオンタリオに釣り旅行に行く。彼女がヒューロン湖の日帰り釣りツアーを提供している会社について教えてくれたんだ。その会社の名前はグレート・フィッシュで，料金は2人で300ドル。ツアーは午前8時に始まって，午後4時に終わり，料金には昼食が含まれている。
今夜会社に電話して，2月10日の予約をするつもりだよ。隣人は，オンタリオで釣りをするには特別な許可証が必要だとも言っていた。オンラインで手に入れるか，オンタリオのスポーツ店で買うことができるよ。行く前にインターネットで買っておいた方がいいと思うな。一日入漁許可証の料金は約20ドルだよ。行くのが待ち切れないよ！

君の兄[弟],
ジョー

## (31)　正解　**2**

**質問の訳**　ジョーは2月に何をするつもりですか。
**選択肢の訳**　**1**　シカゴ行きの航空券を買う。　**2**　ピートと休暇に出かける。　**3**　ニューヨーク市を訪れる。　**4**　オンタリオの新居に引っ越す。
**解説**　メール文第1段落に関する問題。1文目に Are you excited about our trip to Ontario next month?「ぼくらの来月のオンタリオへの旅行にワクワクしているかい？」,3文目に My plane leaves Chicago at 11 a.m. on February 8.「ぼくの飛行機は2月8日の午前11時にシカゴを発つよ」とあることから,**2**の Go on vacation with Pete. が正解。

## (32)　正解　**3**

**文の訳**　ジョーの隣人は
**選択肢の訳**　**1**　ジョーにヒューロン湖を案内した。　**2**　ジョーに彼女の釣り船を使ってもいいと言った。　**3**　ジョーに釣りツアーの会社について教えてくれた。　**4**　ジョーにあるレストランを勧めた。
**解説**　メール文第2段落に関する問題。ジョーの隣人について,4文目に She told me about a company that offers one-day fishing tours of Lake Huron.「彼女がヒューロン湖の日帰り釣りツアーを提供している会社について教えてくれたんだ」とあることから,**3**の told Joe about a fishing tour company. が正解。

## (33)　正解　**2**

**質問の訳**　ジョーは彼とピートがどのようにして許可証を入手することを提案していますか。
**選択肢の訳**　**1**　スポーツ店に行って購入することで。　**2**　ウェブサイトで購入することで。　**3**　電話で注文することで。　**4**　会社に予約するよう頼むことで。
**解説**　メール文第3段落に関する問題。入漁許可証について,4文目で I think we should buy them on the Internet before we go.「行く前にインターネットで買っておいた方がいいと思うな」とあることから,**2**の By buying them from a website. が正解。

# 4[B]　一次試験・筆記
（問題編pp.164〜165）

**Key to Reading**　第1段落：導入（クラノグと呼ばれる人工島）→第2段落：本論①（クラノグで見つかった鉢）→第3段落：本論②（鉢が使用された目的）→第4段落：結論（クラノグの謎）の4段落構成の説明文。
**訳**　クラノグの謎
スコットランドとアイルランドの一部の湖には,小さな人工島がある。これらはクラノグ

と呼ばれ，湖に運ばれた大きな岩を使って大昔に造られた。中には重さ250キロの岩も
あるため，クラノグを造るのは恐らく大変な作業であった。さらに，クラノグは幅10～
30メートルで，岩でできた橋で陸地につながっている。その数は1000を超えるが，な
ぜこれらが造られたのかはだれにもわからないのだ。

これまで専門家は，クラノグは約3000年前に造られたと考えていた。しかし，最近の発
見によると，一部のクラノグはさらに古いものであるという。あるダイバーが，ルイス島
の湖のクラノグ周辺の水中で，いくつかの壊れた鉢を発見した。科学者たちは，鉢が
5000年以上前のものであると突き止めた。これにより，さらなる調査が行われ，クラノ
グのある他の湖でも同様の物が発見された。

鉢は良好な状態で，研究者たちには，これらが湖に落とされる前にあまり使用されていな
かったことは明確であった。研究者たちは，この鉢は恐らくクラノグでの特別な儀式に使
用されたと考えている。ただし，儀式が行われた当時の記録が残っていないため，儀式の
目的が何なのかは明らかではない。

最古のクラノグが建造されてから2000年後，人々はその上に住み始めた。これは，クラ
ノグで発見された彼らの家の古い木片が示している。これらの人々が家を建てた時，恐ら
くクラノグを損傷した。これにより，なぜクラノグが造られたのかを突き止めることが難
しくなった。研究者たちはクラノグの謎を解明するための物を探し続けているが，それに
は何年もかかるかもしれない。

## *(34)*　正解　**2**

**文の訳**　クラノグは

**選択肢の訳**　**1**　スコットランドとアイルランドにある人造湖である。　**2**　大昔に人々
によって造られた島である。　**3**　巨大な岩で造られた壁である。　**4**　湖にかけられた
橋である。

**解説**　第1段落に関する問題。1文目のsmall man-made islands「小さな人工島」につ
いて，次の文にThese are called crannogs, and they were built long ago「これらは
クラノグと呼ばれ，大昔に造られた」とあることから，**2**のislands made by people
a long time ago.が正解。

## *(35)*　正解　**3**

**文の訳**　壊れた鉢の発見により

**選択肢の訳**　**1**　人々はクラノグがどのように造られたかを知ることができた。　**2**　科
学者が考えていたよりも多くのクラノグがあることが証明された。　**3**　一部のクラノグ
の古さについて，専門家の考えが変わった。　**4**　これらの湖に飛び込むのは危険すぎる
かもしれないと示された。

**解説**　第2段落に関する問題。1文目より，これまでは，クラノグは約3000年前に造ら
れたと考えられていた。しかしクラノグの周りで壊れた鉢が発見され，これについて4文
目にScientists discovered that the pots were over 5,000 years old.「科学者たちは，
鉢が5000年以上前のものであると突き止めた」とある。約3000年前という説が正しく
ない可能性が出てきたことから，**3**のchanged experts' ideas about how old
some crannogs are.が正解。

## (36) 正解 **2**

**質問の訳** 研究者達は，発見した鉢が何のために使われたと考えましたか。

**選択肢の訳** **1** 人々の家を飾るため。 **2** 大切な行事のため。 **3** 文書を保存するため。 **4** 湖で魚を獲るため。

**解説** 第3段落に関する問題。2文目に The researchers believe that the pots were probably used for special ceremonies on the crannogs.「研究者たちは，この鉢は恐らくクラノグでの特別な儀式に使用されたと考えている」とあることから，**2**の For important events. が正解。

## (37) 正解 **2**

**質問の訳** クラノグが造られた理由を知るのが困難なのはなぜですか。

**選択肢の訳** **1** 研究者は，彼らがそこで見つけたものの一部がなくなったと考えている。**2** 人々が家を建てた時にそれらを損傷したかもしれない。 **3** 古い木片がそこから取り除かれたかもしれない。 **4** それらを造った人々が，恐らくずっと昔に去ってしまった。

**解説** 第4段落に関する問題。3〜4文目に When these people built their houses, they probably damaged the crannogs. This made it difficult to find out why the crannogs were built.「これらの人々が家を建てた時，恐らくクラノグを損傷した。これにより，なぜクラノグが造られたのかを突き止めることが難しくなった」とあることから，**2**の People may have damaged them when they built their homes. が正解。

---

# 5 一次試験・筆記
(問題編p.166)

**QUESTIONの訳** あなたは，テレビでもっとスポーツ番組を放送した方が良いと思いますか。

**解答例** Yes, I think so. I have two reasons. First, if there are more sports programs, more people may try doing sports. This will help them stay healthy. Second, people can have more chances to learn about sports that are not well known. There are many kinds of sports that are not popular yet.

**解答例の訳** はい，そう思います。2つの理由があります。第一に，スポーツ番組が増えれば，スポーツに挑戦する人が増えるかもしれません。これは彼らが健康を維持するのに役立ちます。第二に，あまり知られていないスポーツについて人々が知る機会がもっと増えます。まだ普及していないスポーツがたくさんあります。

**解説** 解答例では Yes, I think so. と述べて最初に自分が賛成の立場であることを明らかにし，その理由を2つの視点から述べている。まず，First として，①スポーツをする人が増えるかもしれないことを挙げ，さらに Second と続けて，②あまり知られていないスポーツについて知る機会が増えることを挙げている。

---

※2024年度第1回から，大問5にEメールへの返信を書く問題が加わります。

## 第1部　一次試験・リスニング
（問題編p.167）

〔例題〕　**A:** Would you like to play tennis with me after school, Peter?　**B:** I can't, Jane. I have to go straight home.　**A:** How about tomorrow, then?
**1**　We can go today after school.　**2**　I don't have time today.
**3**　That will be fine.　　　　　　　　　　　　　　　　　〔正解　**3**〕

### *No.1*　正解　**2**

**放送文**　**A:** Welcome to Carl's Cakes.　**B:** Hello.　I saw the cakes in your window. They look delicious. What kind are they?　**A:** They're lemon cakes. If you buy one, you get another one free.
**1** Well, I don't like cake.　**2** Great. I'll try some.　**3** Hmm. I've never made cake.

**訳**　A：カールズ・ケーキへようこそ。　B：どうも。ショーウィンドウのケーキを見たのですが。とてもおいしそうです。何ケーキですか？　A：レモンケーキです。1つお求めいただくと、もう1つ無料になります。

**選択肢の訳**　**1**　ええと、私はケーキが好きではありません。　**2**　いいですね。いくつかいただきます。　**3**　うーん。私はケーキを作ったことがありません。

**解説**　ケーキ屋での会話。レモンケーキについて、A（＝店員）がIf you buy one, you get another one free.「1つお求めいただくと、もう1つ無料になります」と伝えていることから、**2**を入れると会話が成り立つ。

### *No.2*　正解　**2**

**放送文**　**A:** Excuse me, flight attendant.　What movies are you showing on today's flight?　**B:** We'll be showing two movies: *Crazy City* and *Mystery Adventure*.　**A:** When does *Crazy City* start?
**1** *Mystery Adventure* is very exciting.　**2** About an hour after we take off.　**3** We'll serve snacks during the movie.

**訳**　A：すみません、客室乗務員さん。今日のフライトではどんな映画を上映しますか？　B：『クレイジー・シティ』と『ミステリー・アドベンチャー』の2本を上映します。　A：『クレイジー・シティ』はいつ始まりますか？

**選択肢の訳**　**1**　『ミステリー・アドベンチャー』はとてもワクワクします。　**2**　離陸から約1時間後です。　**3**　上映中に軽食をお出しします。

**解説**　飛行機内での会話。機内で上映される映画のタイトルを聞いたA（＝乗客）が、When does *Crazy City* start?「『クレイジー・シティ』はいつ始まりますか？」とたずねていることから、上映される時を答える**2**を入れると会話が成り立つ。

### *No.3*　正解　**3**

**放送文**　**A:** Our math homework was really hard, wasn't it, Adam?　**B:** Actually,

155

I didn't do it, Janet.　*A:* You didn't?　Why not?

**1**　I like math a lot.　**2**　I finished it yesterday.　**3**　I got home late last night.

　**訳**　A：数学の宿題，とても難しかったわよね，アダム？　B：実は，ぼくは宿題をしなかったんだ，ジャネット。　A：しなかったの？　なぜ？

　**選択肢の訳**　**1**　ぼくは数学が大好きだよ。　**2**　昨日終えたよ。　**3**　昨夜は家に帰るのが遅かったんだ。

　**解説**　A（＝Janet）は数学の宿題をしなかったと言うB（＝Adam）に，その理由をたずねていることから，帰宅が遅かったからと説明する**3**を入れると会話が成り立つ。

## *No.4*　正解　**1**

　**放送文**　*A:* George, you're going to Hank's birthday party, right?　Let's buy him a present together.　*B:* OK.　Why don't we get him a watch?　*A:* Doesn't he already have one?

**1**　His old one broke.　**2**　The party started early.　**3**　I bought it last year.

　**訳**　A：ジョージ，ハンクの誕生日パーティーに行くわよね？　一緒にプレゼントを買いましょう。　B：いいよ。時計をあげるのはどう？　A：もう持っているんじゃないかしら？

　**選択肢の訳**　**1**　彼の古いのが壊れたんだ。　**2**　パーティーは早く始まったよ。　**3**　去年それを買ったんだ。

　**解説**　ハンクの誕生日に時計をあげることを提案するB（＝George）に，AはDoesn't he already have one?「もう（時計を）持っているんじゃないかしら？」と言っている。古いものが壊れたからと答える**1**を入れると会話が成り立つ。

## *No.5*　正解　**3**

　**放送文**　*A:* Hi, Cathy.　I'm on my way to your house, but I think I'm lost.　*B:* Where are you?　*A:* I'm in front of Good Foods Supermarket.

**1**　Great.　Thanks for the map.　**2**　No. I don't need anything.　**3**　Wait there. I'll come and get you.

　**訳**　A：やあ，キャシー。君の家に行く途中なんだけど，迷ったみたいだ。　B：どこにいるの？　A：グッド・フーズ・スーパーマーケットの前だよ。

　**選択肢の訳**　**1**　よかった。地図をありがとう。　**2**　いいえ。何もいらないわ。　**3**　そこで待って。迎えに行くわ。

　**解説**　道に迷って現在地を伝えるAに対する応答なので，迎えに行くことを伝える**3**を入れると会話が成り立つ。

## *No.6*　正解　**1**

　**放送文**　*A:* Can I borrow the car tonight, Dad?　*B:* No, Kelly.　I think you need some more practice before you start driving at night.　*A:* But I'll be really careful!

**1**　Sorry, not this time.　**2**　Sorry, I can't find it.　**3**　Sorry, I got gas already.

　**訳**　A：今夜車を借りてもいい，お父さん？　B：だめだよ，ケリー。夜の運転を始める前に，もっと練習する必要があるよ。　A：でも本当に気を付けるから！

**選択肢の訳**　**1**　悪いけど，今回はだめだね。　**2**　悪いけど，見つからないよ。　**3**　悪いけど，もうガソリンを入れたよ。

**解説**　車を借りたいと言うA（＝娘）に，B（＝父親）はやめるように言うが，AがBut I'll be really careful! 「でも本当に気を付けるから！」と諦めないことから，再度断る**1**を入れると会話が成り立つ。

## *No.7*　正解　**1**

**放送文**　*A:* Alan, can you take the dog for a walk, please?　*B:* Not now, Mom. I'm playing a video game.　*A:* But he hasn't been outside at all today.
**1**　OK. I'll go in a minute.　**2**　OK. Show me the game.　**3**　OK. The dog can eat now.

**訳**　A：アラン，イヌを散歩に連れて行ってくれる？　B：今は無理だよ，お母さん。テレビゲームをしているんだ。　A：でもあの子は今日，全く外に出ていないの。

**選択肢の訳**　**1**　わかった。すぐに行くよ。　**2**　わかった。ゲームを見せて。　**3**　わかった。イヌはもう，食事ができるよ。

**解説**　イヌの散歩に行ってほしいと頼むA（＝母親）に，B（＝息子）は行けないと断るが，But he hasn't been outside at all today. 「でもあの子は今日，全く外に出ていないの」と言われ，すぐに行くと伝える**1**を入れると会話が成り立つ。

## *No.8*　正解　**2**

**放送文**　*A:* Front desk.　*B:* We'd like to have dinner in our room.　Does this hotel have room service?　*A:* Yes.　There's a menu in your room, on the table by your bed.　Do you see it?
**1**　That's a great idea.　**2**　Oh, yes. Here it is.　**3**　Yes, I'd like to check in.

**訳**　A：フロントデスクです。　B：部屋で夕食を食べたいのですが。このホテルにはルームサービスはありますか？　A：はい。お部屋のベッドのそばのテーブルの上にメニューがございます。ご覧になれますか？

**選択肢の訳**　**1**　それは素晴らしいアイデアです。　**2**　ああ，はい。あります。　**3**　ええ，チェックインしたいのですが。

**解説**　ホテルでの電話の会話。A（＝フロント）がルームサービスのメニューが置いてある場所を伝え，Do you see it? 「ご覧になれますか？」とたずねていることから，見つけた旨を伝える**2**が適切。

## *No.9*　正解　**1**

**放送文**　*A:* Excuse me, sir. Do you have the time?　*B:* Yes, it's 12:25.　*A:* Thank you.　Do you know when the next bus to Central Park arrives?
**1**　It should be here in a few minutes.　**2**　I forgot my watch today.　**3**　You need to get there early.

**訳**　A：すみません。今何時でしょうか？　B：はい，12時25分です。　A：ありがとうございます。セントラルパーク行きの次のバスがいつ着くかご存じですか？

**選択肢の訳**　**1**　数分で来るはずです。　**2**　今日は時計を忘れました。　**3**　あなたはそこへ早く行く必要があります。

**解説** AがDo you know when the next bus to Central Park arrives?「セントラル パーク行きの次のバスがいつ着くかご存じですか？」とたずねていることから，すぐに来 ると伝える**1**を入れると会話が成り立つ。Do you have the time?は時刻をたずねる表現。

## No.10 正解 **3**

**放送文** *A:* Bill, let's go out to eat tonight.  *B:* I'd love to, honey, but eating out is so expensive.  *A:* I've got a coupon for 50 percent off at Spaghetti Hut.
**1** OK. I saved five dollars.  **2** OK. I'll make dinner.  **3** OK. Let's go there.

**訳** Ａ：ビル，今夜は外で食べましょう。  Ｂ：そうしたいけど，外食はとても高くつ くよ。  Ａ：スパゲッティ・ハットの50パーセント割引クーポンを手に入れたの。

**選択肢の訳 1** いいよ。ぼくは5ドル節約したよ。  **2** いいよ。ぼくが夕食を作るよ。
**3** いいよ。そこへ行こう。

**解説** 外食は高くつくからと乗り気でないＢ（＝Bill）に，AがI've got a coupon for 50 percent off at Spaghetti Hut.「スパゲッティ・ハットの50パーセント割引クーポ ンを手に入れたの」と言っていることから，そのレストランへ行こうと同意する**3**を入れ ると会話が成り立つ。

| 第**2**部 | 一次試験・リスニング |
|---|---|
| | （問題編pp.167〜169） |

## No.11 正解 **2**

**放送文** *A:* Hello.  I'd like to order two large garlic pizzas for delivery, please.
*B:* Garlic?  I'm sorry.  We don't have a garlic pizza on our menu.  *A:* This is Albert's Pizza Shop, right?  *B:* No. This is Gino's Pizzas.  Actually, other people sometimes make that mistake, too, because our phone numbers are very similar.
*Question:* Why can't the man get garlic pizzas?

**訳** Ａ：もしもし。ガーリックピザのラージを2枚, デリバリーで注文したいのですが。
Ｂ：ガーリックですか？  申し訳ございません。当店のメニューにはガーリックピザはご ざいません。  Ａ：そちらはアルバーツ・ピザ・ショップですよね？  Ｂ：いいえ。ジー ノズ・ピザでございます。実は，電話番号がとても似ているので，他のお客様も時々同じ 間違いをされます。

**質問の訳** 男性はなぜガーリックピザを買えないのですか。

**選択肢の訳 1** 全部売り切れである。  **2** 違うレストランに電話をかけた。  **3** メ ニューに間違いがある。  **4** デリバリーするには彼の家が遠すぎる。

**解説** 2巡目でA（＝客）のThis is Albert's Pizza Shop, right?「そちらはアルバーツ・ ピザ・ショップですよね？」という問いかけに，B（＝店員）がNo. This is Gino's Pizzas.「いいえ。ジーノズ・ピザでございます」と答えていることから，**2**が正解。

## No.12 正解 **3**

**放送文** *A:* Hello?  *B:* Dad, it's Lisa.  Can I go to my friend's band's concert tonight? **A:** I thought you were going to study at the library for your test next week. **B:** I promise I'll study really hard this weekend. Please? My friend gave me a free ticket, and everyone is going. **A:** Well, OK.

**Question:** What will Lisa do tonight?

**訳** Ａ：もしもし？　Ｂ：お父さん，リサよ。今夜友達のバンドのコンサートに行ってもいい？　Ａ：来週のテストのために図書館で勉強するつもりなんだと思っていたよ。　Ｂ：今週末は本当に一生懸命に勉強するから。だめ？　友達が無料のチケットをくれて，みんな行くの。　Ａ：わかった，いいよ。

**質問の訳**　リサは今夜何をしますか。

**選択肢の訳**　**1**　本を何冊か借りる。　**2**　友達の家で勉強する。　**3**　コンサートへ行く。　**4**　チケットを何枚か買う。

**解説**　１巡目のＢ（＝リサ）のCan I go to my friend's band's concert tonight?「今夜友達のバンドのコンサートに行ってもいい？」という問いかけに，Ａ（＝父親）は最終的にOK.と言っていることから，**3**が正解。

## No.13　正解　**2**

**放送文**　**A:** Here's your chocolate cake, ma'am. **B:** But I asked for coffee and apple pie. **A:** Oh, I'm terribly sorry. This must be for another customer. I'll bring your order right away. **B:** OK. Thank you.

**Question:** What is the woman's problem?

**訳**　Ａ：チョコレートケーキでございます，お客様。　Ｂ：でも私はコーヒーとアップルパイをお願いしたのですが。　Ａ：ああ，誠に申し訳ございません。こちらは別のお客様のものでした。ご注文のものをすぐにお持ちします。　Ｂ：はい。ありがとう。

**質問の訳**　女性の問題は何ですか。

**選択肢の訳**　**1**　ウェイターが忙しすぎて彼女の対応をできない。　**2**　ウェイターが間違った食べ物を持ってきた。　**3**　彼女はデザートを注文しなかった。　**4**　彼女はアップルパイが好きではない。

**解説**　チョコレートケーキを持ってきたＡ（＝ウェイター）に，Ｂ（＝客）は１巡目でBut I asked for coffee and apple pie.「でも私はコーヒーとアップルパイをお願いしたのですが」と言っていることから，**2**が正解。

## No.14　正解　**4**

**放送文**　**A:** Maria, do you think the post office can deliver this package to Mr. Allan by tomorrow? **B:** Yeah, but it costs a lot of money for overnight delivery. **A:** Oh, what about the Speedy Express delivery service? **B:** I don't recommend it. They lost one of my packages. I always send packages by bicycle delivery. It's cheap, and your package will be delivered right away.

**Question:** How does the woman usually send packages?

**訳**　Ａ：マリア，郵便局で明日までにこの小包をアランさんに送れるだろうか？　Ｂ：ええ，でも翌日配達はとても高くつくわよ。　Ａ：ああ，スピーディ・エクスプレスの配達サービスはどうだろうか？　Ｂ：お勧めしないわ。私は荷物を１つ失くされたもの。私はいつも自転車便で小包を送るわ。安いし，すぐに届けてくれるわよ。

**質問の訳** 女性はふだんどうやって小包を送りますか。

**選択肢の訳** **1** 自分で届けることで。 **2** 普通郵便で。 **3** 翌日配達便で。 **4** 自転車便で。

**解説** 2巡目でB（＝Maria）がI always send packages by bicycle delivery.「私はいつも自転車便で小包を送るわ」と言っていることから，**4**が正解。

## No. 15 正解 1

**放送文** *A:* Herman's Department Store. *B:* Hi. I need to buy a gift for a friend's child. Do you have a children's section in your store? *A:* Yes, we do, ma'am. It has a large choice of clothes and other items for children aged zero to twelve. *B:* That's wonderful. I'll come in this afternoon.

*Question:* What does the woman want to do?

**訳** A：ハーマンズ・デパートメント・ストアでございます。 B：もしもし。友人の子供にプレゼントを買いたいのですが。店内に子供用品売場はありますか？ A：はい，ございます。0歳から12歳までのお子様の衣料品やその他の商品が豊富にそろっております。 B：それは素晴らしい。今日の午後に伺いますね。

**質問の訳** 女性は何をしたいと思っていますか。

**選択肢の訳** **1** 子供にプレゼントを買う。 **2** 家族のために服を作る。 **3** 自分の赤ん坊の写真を撮る。 **4** 友人の子供と遊ぶ。

**解説** 1巡目でB（＝女性）がI need to buy a gift for a friend's child.「友人の子供にプレゼントを買いたいのですが」と言っていることから，**1**が正解。

## No. 16 正解 4

**放送文** *A:* Hi. I'm Cathy Horowitz; I'm here to pick up my dry cleaning. *B:* Oh, hi, Ms. Horowitz. Here you are. I'd like to apologize. During cleaning I think we accidentally broke one of the buttons on your coat. *A:* Actually, that button was broken already. I should have told you when I dropped off the coat. *B:* I see. Well, that's good to hear. We thought it was our mistake.

*Question:* What does the woman tell the man?

**訳** A：こんにちは。私はキャシー・ホロウィッツです。ドライクリーニングを取りに来ました。 B：ああ，こんにちは，ホロウィッツさん。はい，どうぞ。おわびがあります。クリーニング中に，誤ってあなたのコートのボタンの1つを破損してしまったようです。A：実は，そのボタンはすでに壊れていました。コートを預けた時に言うべきでした。 B：そうでしたか。まあ，それは聞いてよかったです。こちらのミスだと思っていました。

**質問の訳** 女性は男性に何と言っていますか。

**選択肢の訳** **1** 彼女は彼にコートを修理してほしい。 **2** 彼女は彼に新しいボタンを買ってほしい。 **3** 彼は彼女に返金しなかった。 **4** 彼は彼女のコートのボタンを破損していなかった。

**解説** コートのボタンを破損してしまったと言うB（＝男性店員）にA（＝女性）が，that button was broken already「そのボタンはすでに壊れていました」と言っていることから，**4**が正解。

160

## *No. 17*　正解　**3**

**放送文**　*A:* Are you ready to order, sir?　*B:* Actually, I can't decide what to get. What do you recommend?　*A:* Both the garden salad and the mushroom pizza are excellent.　They are the most popular dishes here.　*B:* I'll try both, then. Thanks for your help.

*Question:* What does the man decide to do?

**訳**　A：ご注文はよろしいですか，お客様？　B：実は，何を注文するか決めかねています。お勧めは何ですか？　A：ガーデンサラダもマッシュルームピザも絶品です。当店で最も人気のある料理です。　B：では，両方試してみます。ありがとう。

**質問の訳**　男性は何をすることにしますか。

**選択肢の訳**　**1**　女性のためにサラダを作る。　**2**　両方の種類のピザを食べる。　**3**　サラダとピザを注文する。　**4**　注文をサラダからピザに変更する。

**解説**　2巡目でA（＝店員）にサラダとピザを勧められたB（＝男性）が，I'll try both「両方試してみます」と言っていることから，**3**が正解。

## *No. 18*　正解　**3**

**放送文**　*A:* Mom, I can't find my baseball glove.　I have a game this afternoon. *B:* I saw it yesterday on your desk.　Did you look there?　*A:* Yeah, but it's not there anymore.　*B:* OK.　Just give me a minute—I have to finish writing this e-mail first.　I'll help you look after that.

*Question:* What is the boy's mother going to do first?

**訳**　A：お母さん，野球のグローブが見つからないんだ。今日の午後に試合があるのに。B：昨日，あなたの机の上で見たわよ。そこを見た？　A：うん，でももうないんだ。　B：わかったわ。ちょっと待っていて。まず，このEメールを書き終えないといけないの。そのあとで探すのを手伝うわ。

**質問の訳**　少年の母親はまず何をしますか。

**選択肢の訳**　**1**　息子を野球の試合に連れて行く。　**2**　息子の野球のグローブを探す。　**3**　Eメールを書き終える。　**4**　机を動かすのを手伝う。

**解説**　野球のグローブが見つからないと言うA（＝少年）に，2巡目でB（＝母親）が少し待つように伝え，I have to finish writing this e-mail first「まず，このEメールを書き終えないといけないの」と言っていることから，**3**が正解。

## *No. 19*　正解　**1**

**放送文**　*A:* Honey, look.　It has started raining hard—just when we're about to leave for the party.　*B:* Oh no.　I hope my hair doesn't get wet.　I just finished drying it.　*A:* Yeah.　Anyway, we should go to the bus stop soon.　*B:* We still have a few minutes.　Let's wait and see if the rain stops.

*Question:* Why is the woman worried?

**訳**　A：なあ，見ろよ。ちょうどぼくらがパーティーに出かけようという時に，雨が激しく降り始めたよ。　B：あら，いやだ。髪が濡れないといいのだけど。乾かしたばかりなのよ。　A：そうだね。とにかく，すぐにバス停に行かなければ。　B：まだ数分あるわ。

雨が止むか，様子を見ましょう。

**質問の訳** 女性はなぜ心配しているのですか。

**選択肢の訳** **1** 髪が濡れてしまうかもしれない。 **2** 夫が病気である。 **3** パーティーが中止になるかもしれない。 **4** バスが遅れている。

**解説** 1巡目でB（＝女性）がI hope my hair doesn't get wet.「髪が濡れないといいのだけど」と言っていることから，**1**が正解。

## No. 20 正解 **4**

**放送文** *A:* Oh no! We just missed the last train. How are we going to get to the hotel? *B:* Well, I don't have enough cash for a taxi. *A:* Neither do I. I wonder if taxis here accept credit cards. *B:* Hmm. Let's ask that driver over there.

*Question:* What will the man and the woman do next?

**訳** A：あらあら！ 私たちは終電に乗り遅れてしまったわ。どうやってホテルまで行くの？ B：ええと，ぼくにはタクシーに乗るための現金があまりないよ。 A：私もよ。ここのタクシーはクレジットカードで払えるのかしら。 B：うーん。そこの運転手に聞いてみよう。

**質問の訳** 男性と女性は次に何をしますか。

**選択肢の訳** **1** ホテルに電話をかける。 **2** 次の電車を待つ。 **3** ATMで現金を下ろす。 **4** タクシー運転手と話す。

**解説** クレジットカードが使えるかどうか，2巡目でBがLet's ask that driver over there.「そこの運転手に聞いてみよう」と言っていることから，**4**が正解。

第**3**部 **一次試験・リスニング**
（問題編pp.169～171）

## No. 21 正解 **4**

**放送文** Daniel will visit his grandparents' house this weekend. He has promised to help his grandmother plant flowers in her garden. First, they will buy some seeds from the garden store, and then they will plant them. After they finish working in the garden, they will eat a cake that Daniel's grandfather has made.

*Question:* What is one thing Daniel will do this weekend?

**訳** ダニエルは今週末，祖父母の家を訪れる予定である。彼は祖母が庭に花を植えるのを手伝うと約束している。まず，彼らは園芸店で種を買って，それを植える。庭仕事が終わったら，ダニエルの祖父が作ってくれたケーキを食べるつもりである。

**質問の訳** ダニエルが今週末することの1つは何ですか。

**選択肢の訳** **1** 祖父のためにケーキを買う。 **2** 祖母に花をあげる。 **3** 祖父母の店で働く。 **4** 庭で祖母を手伝う。

**解説** 2文目でHe has promised to help his grandmother plant flowers in her garden.「彼は祖母が庭に花を植えるのを手伝うと約束している」と言っていることから，

**4**が正解。

## No. 22　正解　**3**

放送文　Card games like poker or blackjack are very popular these days. However, when playing cards first arrived in Europe in the 1300s, each card was hand-painted, so they were luxury items. Later, when printing was invented and became cheaper, playing cards started using the four symbols that we know today.

*Question:* What is one thing we learn about playing cards in the 1300s?

訳　近年，ポーカーやブラックジャックなどのカードゲームが大変人気である。しかし，1300年代にトランプが初めてヨーロッパに伝わったとき，カード1枚1枚が手描きであったため，高級品だった。その後，印刷が発明されて安価になると，トランプは今日私たちが知っている4つのマークを使うようになった。

質問の訳　1300年代のトランプについて私たちがわかることの1つは何ですか。

選択肢の訳　**1**　人気の黒い紙を使用した。　**2**　現代のカードと同じマークを使用した。　**3**　高級品であると考えられていた。　**4**　歴史を学ぶために作られた。

解説　1300年代のトランプについて，2文目でeach card was hand-painted, so they were luxury items「カード1枚1枚が手描きであったため，高級品だった」と言っていることから，**3**が正解。

## No. 23　正解　**3**

放送文　Mia is a junior high school student. Last week, the band club at her school performed a concert for the students. Mia was surprised by how well the band members could play. Now, she is thinking of learning to play a musical instrument, too.

*Question:* Why was Mia surprised?

訳　ミアは中学生である。先週，彼女の学校のブラスバンド部が生徒たちのためにコンサートを開いた。ミアは，部員たちの演奏のうまさに驚いた。今，彼女も楽器を習うことを考えている。

質問の訳　なぜミアは驚いたのですか。

選択肢の訳　**1**　彼女の学校にはブラスバンド部がない。　**2**　楽器を習うのは難しい。　**3**　部員たちがとても上手に演奏した。　**4**　コンサートがあまり長くなかった。

解説　3文目でMia was surprised by how well the band members could play.「ミアは，部員たちの演奏のうまさに驚いた」と言っているので，**3**が正解。

## No. 24　正解　**1**

放送文　Attention, all passengers. Thank you for riding the Doverton City Line. All our trains are running smoothly. We would like to remind you that there will be a hockey game at Sky Stadium tonight. We expect many passengers to be taking the train to Sky Stadium Station. Please prepare for delays at that time. Thank you and have a wonderful day.

*Question:* What is one thing that the announcement says?

訳　ご乗車の皆様に，お知らせいたします。ドーバートン・シティ・ラインをご利用いただき，ありがとうございます。すべての電車は順調に運行しております。今夜，スカイスタジアムでホッケーの試合があることをお知らせします。多くのお客様がスカイスタジアム駅行きの電車をご利用されることが予想されます。その際は遅延にお備えください。ありがとうございます，そして素晴らしい1日を。

質問の訳　アナウンスが言っていることの1つは何ですか。

選択肢の訳　**1**　その日の遅くに遅れが出るかもしれない。　**2**　ホッケーの試合が中止された。　**3**　現在電車が運休している。　**4**　乗客は次の駅で降りなければならない。

解説　今夜，ホッケーの試合があり，乗車客が増えると予想されるため，Please prepare for delays at that time.「その際は遅延にお備えください」と言っていることから，**1**が正解。

## *No. 25*　正解　**1**

放送文　Kimberly needs to buy a birthday present for her son.  He has asked for a new video game, but Kimberly thinks he has too many games already.  She is thinking of getting him a new bicycle, so she will go to the store tomorrow to look at the prices.  Kimberly hopes that her son will get some exercise with it.

*Question:* What will Kimberly do tomorrow?

訳　キンバリーは息子の誕生日プレゼントを買わなければならない。彼は新しいテレビゲームがほしいと言ったが，すでに持っているゲームが多すぎると，キンバリーは考えている。彼女は彼に新しい自転車を買ってあげようと考えているので，明日その店に行って値段を見てくるつもりである。キンバリーは，息子がそれで運動することを願っている。

質問の訳　キンバリーは明日何をしますか。

選択肢の訳　**1**　自転車屋に行く。　**2**　テレビゲームをする。　**3**　誕生日パーティに行く。　**4**　自分の自転車に乗る。

解説　息子の誕生日プレゼントについて，3文目でShe is thinking of getting him a new bicycle, so she will go to the store tomorrow「彼女は彼に新しい自転車を買ってあげようと考えているので，明日その店に行く」と言っていることから，**1**が正解。

## *No. 26*　正解　**2**

放送文　Today, Nathan is going to travel to Hawaii.  He needs to go to the airport in two hours.  However, he is very worried because he has lost his passport.  He has already looked in his bag and his coat pocket, but it was not in either of them.

*Question:* Why is Nathan worried?

訳　今日，ネイサンはハワイ旅行に行く予定である。彼は2時間以内に空港へ行かなければならない。しかし，彼はパスポートをなくしてしまったため，とても当惑している。彼はすでにバッグとコートのポケットを調べたが，どちらにもなかった。

質問の訳　ネイサンはなぜ当惑していますか。

選択肢の訳　**1**　ハワイに行ったことがない。　**2**　自分のパスポートを見つけることができない。　**3**　2時間以内に到着する。　**4**　バッグとコートをなくした。

解説　3文目でhe is very worried because he has lost his passport「彼はパスポー

トをなくしてしまったため，とても当惑している」と言っていることから，**2**が正解。

## *No. 27* 正解 **4**

放送文 Many people enjoy spicy food. However, "spiciness" is not a flavor at all. Spicy peppers might have a flavor on their own, but the feeling of spiciness on people's tongues is actually a feeling of pain. When people eat chili peppers, they sweat, and their tongues feel the heat. That is why people describe these spicy foods as "hot."

*Question:* What is one thing we learn about spicy peppers?

訳 多くの人が辛い食べ物を楽しんでいる。しかし，「辛さ」は決して味ではない。唐辛子はそれ自体に風味があるかもしれないが，人の舌に感じる辛さは，実は痛覚である。人は唐辛子を食べると汗をかき，舌が熱くなる。人々がこれらの辛い食べ物を「hot」と表現するのはそのためである。

質問の訳 唐辛子について私たちがわかることの1つは何ですか。

選択肢の訳 **1** 人々の舌に汗をかかせる。 **2** とても暑い日には味が違う。 **3** 食べ物を保温するために使われる。 **4** 痛みを感じさせる。

解説 3文目でthe feeling of spiciness on people's tongues is actually a feeling of pain「人の舌に感じる辛さは，実は痛覚である」と言っていることから，**4**が正解。

## *No. 28* 正解 **3**

放送文 Richard loves playing chess. His uncle taught him to play when he was eight years old. Last weekend, Richard entered a chess competition. He did not win all his games, but he was happy because he won a few. He is looking forward to practicing more and entering the next chess competition.

*Question:* What did Richard do last weekend?

訳 リチャードはチェスをするのが大好きだ。彼のおじは，彼が8歳のときに彼に遊び方を教えた。先週末，リチャードはチェスの大会に出場した。彼は全てのゲームに勝ったわけではなかったが，いくつか勝てたので満足していた。彼はもっと練習して，次のチェス大会に出場することを楽しみにしている。

質問の訳 リチャードは先週末何をしましたか。

選択肢の訳 **1** 新しいチェスのセットを手に入れた。 **2** チェスの仕方を習った。 **3** チェス大会でプレーした。 **4** チェス部に参加した。

解説 3文目でLast weekend, Richard entered a chess competition.「先週末，リチャードはチェスの大会に出場した」と言っていることから，**3**が正解。

## *No. 29* 正解 **1**

放送文 Hello, viewers! Thank you for watching *Go Go Science*, a fun show about science. I hope you are ready for fun facts about sharks because our guest today is an expert on marine animals. In fact, she has written three books about animals in the ocean, and two of them are about sharks. Please welcome Professor Patricia Knight.

*Question:* What will probably happen on today's show?

別冊 解答・解説

21年度第3回 リスニング

No. 25 〜 No. 29

165

**訳** こんにちは、視聴者の皆さん！ 楽しい科学番組『ゴーゴーサイエンス』をご覧いただきありがとうございます。今日のゲストは海洋動物の専門家ですので、サメについての面白ネタをご期待いただいていることかと思います。実は、彼女は海洋動物について3冊の本を書いており、そのうちの2冊はサメに関するものです。パトリシア・ナイト教授を盛大にお迎えください。

**質問の訳** 今日の番組では恐らく何が起こりますか。

**選択肢の訳** **1** 専門家がサメについて話す。 **2** 芸術家が海の絵を描く。 **3** アナウンサーがサメの格好をする。 **4** 視聴者が海泳ぎについて話し合う。

**解説** テレビ番組の司会者の発言。3文目でI hope you are ready for fun facts about sharks because our guest today is an expert on marine animals.「今日のゲストは海洋動物の専門家ですので、サメについての面白ネタをご期待いただいていることかと思います」と言っていることから、**1**が正解。

## *No. 30* 正解 **4**

**放送文** Sam is a college student. During winter vacations, he usually stays at home and watches a lot of TV with his family. This year, however, he is going on a trip with his friends. They will go skiing and visit some hot springs.
*Question:* How will Sam spend his winter vacation this year?

**訳** サムは大学生である。冬休み中、彼はたいてい家にいて、家族と一緒にテレビをたくさん見る。しかし、今年は友達と旅行に行く予定だ。彼らはスキーに行ったり、温泉に行ったりするつもりである。

**質問の訳** サムは今年、どのように冬休みを過ごすつもりですか。

**選択肢の訳** **1** 家にいる。 **2** 家族を訪ねる。 **3** 大学で勉強する。 **4** 旅行に行く。

**解説** 今年の冬休みの予定について、3文目でhe is going on a trip with his friends「友達と旅行に行く予定だ」と言っていることから、**4**が正解。

---

## カードA 二次試験・面接
(問題編pp.172〜173)

**訳** パスワード

インターネットを使用する際、パスワードが必要になることがある。しかし、同じパスワードを長期間使用することは危険になりうる。現在、多くのウェブサイトが、人々にパスワードをより頻繁に変更するよう求めており、そうすることによって、個人情報の保護に役立っている。見知らぬ人に自分の個人情報を見せないようにすることは重要である。

**質問の訳** No.1 この文によると、多くのウェブサイトはどのようにして、人々が個人情報を保護するのに役立っていますか。
No.2 さて、Aの絵に描かれている人々を見てください。彼らはいろいろなことをしています。彼らがしていることをできるだけたくさん説明してください。
No.3 さて、Bの絵に描かれている女性を見てください。その状況を説明してください。では、〜さん（受験者の氏名）、カードを裏返しにして置いてください。

No.4　あなたは，子供たちがインターネットを使うことは良いと思いますか。

No.5　多くの人々が冬にアウトドア活動をして楽しみます。あなたは冬に何かアウトドア活動をしますか。

## *No.1*　解答例　By asking people to change passwords more often.

**解答例の訳**　人々にパスワードをより頻繁に変更するよう求めることによって。

**解説**　第3文後半に関する質問。by doing so の doing so は同じ文の前半の動詞以下を指すので，この ask people to change passwords more often「人々にパスワードをより頻繁に変更するよう求める」を〈By ＋ *do*ing［動名詞］〉の形に直して答える。

## *No.2*　解答例　A man is closing[opening] a window. / A woman is wrapping a box. / Two men are shaking hands. / A woman is talking on the phone. / A woman is pouring tea.　**(順不同)**

**解答例の訳**　男性が窓を閉めて［開けて］います。／女性が箱を包んでいます。／2人の男性が握手をしています。／女性が電話で話をしています。／女性が紅茶をついでいます。

**解説**　イラストの中の人物の動作はすべて現在進行形で表す。「開ける／閉じる」は open / close，「包む」は wrap，「握手をする」は shake hands，「電話で話す」は talk on the phone，「(飲み物を) つぐ」は pour と表す。

## *No.3*　解答例　She can't put the suitcase in the locker because it's heavy.

**解答例の訳**　スーツケースが重いので，彼女はそれをロッカーに入れることができません。

**解説**　女性が必死な様子でスーツケースを持ち上げようとしている。そして，吹き出しの中のイラストは，女性がスーツケースをロッカーに入れることができないことを表している。よって，解答例のように，「彼女はスーツケースをロッカーに入れることができない (can't put the suitcase in the locker)」と，その理由にあたる「(それが) 重い (it's heavy)」を because で結ぶと良い。

## *No.4*　解答例　（Yes. の場合）　Yes. → Why? ── Children can learn many things from the Internet.　For example, they can read about animals in other countries.
（No. の場合）　No. → Why not? ── Some websites aren't good for children to see.　Children shouldn't look at the Internet alone.

**解答例の訳**　はい。→それはなぜですか。── 子供たちはインターネットから多くのことを学ぶことができます。例えば，彼らは他の国の動物について読むことができます。／いいえ。→それはなぜですか。── ウェブサイトの中には子供が見るには良くないものがあります。子供たちは1人でインターネットを見るべきではありません。

**解説**　Yes の場合は，解答例では，子供たちがインターネットを使うことによって「多くのことを学ぶ (learn many things) ことができる」と主張し，その例として，「他の国の動物について読む (read about animals in other countries) ことができる」という点を挙げている。No の場合は，解答例では，ウェブサイトの中には「子供が見る

には良くないものがある」という現状を挙げ，さらに，子供たちは「1人で（alone）インターネットを見るべきではない」と補足している。

***No.5*** **解答例** （Yes.の場合） Yes. → Please tell me more. ―― I sometimes go skiing with my family. There is a famous place for skiing near my town.
（No.の場合） No. → Why not? ―― I don't like going outside in cold weather. I usually play video games with my friends in my room.

**解答例の訳** はい。→詳しく話してください。―― 私は時々家族とスキーに行きます。私の町の近くにはスキーで有名な場所があります。／いいえ。→それはなぜですか。―― 私は寒い時期に外へ行くことが好きではありません。私は普通，部屋で友達とテレビゲームをします。

**解説** Yesの場合は，どのようなアウトドア活動をするかを具体的に説明すると良い。解答例では，「時々家族とスキーに行く（I sometimes go skiing with my family.)」と実際にしていることを挙げ，自分の町の近くにあるスキー場について説明している。Noの場合は，なぜ冬にアウトドア活動をしないのか，理由を具体的に説明すると良い。解答例では，最初に，「寒い時期に（in cold weather）外へ行くことが好きではない」と理由を挙げ，冬に普段することとして，室内でのテレビゲームを具体的に挙げている。

## カードB 二次試験・面接
（問題編pp.174～175）

**訳** 日本の祭り
　日本には様々な種類の祭りがある。大都市，小さな町，そして村には通常，独自の祭りがある。これらの祭りの多くは夏か秋に開かれる。日本の祭りは訪れる人々に伝統文化を見せることが多いので，外国人観光客に人気である。祭りはますます注目を集めている。

**質問の訳** No.1　この文によると，日本の祭りはなぜ外国人観光客に人気があるのですか。
No.2　さて，Aの絵に描かれている人々を見てください。彼らはいろいろなことをしています。彼らがしていることをできるだけたくさん説明してください。
No.3　さて，Bの絵に描かれている男性と女性を見てください。その状況を説明してください。
では，～さん（受験者の氏名），カードを裏返しにして置いてください。
No.4　あなたは，日本の町や都市にはもっと図書館があるべきだと思いますか。
No.5　今日，多くの人々が自分の健康に気を付けています。あなたは自分の健康のために何かしていますか。

***No.1*** **解答例** Because they often show traditional culture to visitors.

**解答例の訳** 訪れる人々に伝統文化を見せることが多いので。

**解説** 第4文後半に関する質問。ここでのsoは「だから」という意味で，同じ文の前半のJapanese festivals often show traditional culture to visitors「日本の祭りは訪れる人々に伝統文化を見せることが多い」はその原因を表すので，これを〈Because they 〜〉の形に直して答える。

***No.2*** **解答例**　A woman is fixing a bench. / A man is getting into a boat. / A man is playing the guitar. / A girl is drinking juice. / A man is pushing a cart.　**(順不同)**

> **解答例の訳**　女性がベンチを修理しています。／男性がボートに乗り込んでいます。／男性がギターを演奏しています。／少女がジュースを飲んでいます。／男性がカートを押しています。

> **解説**　イラストの中の人物の動作はすべて**現在進行形**で表す。「修理する」は**fix**，「(乗り物など) に乗り込む」は**get into**，「カートを押す」は**push a cart**で表す。

***No.3*** **解答例**　He wants to check her ticket, but she can't find it.

> **解答例の訳**　彼は切符を確認したがっていますが，彼女はそれを見つけることができません。

> **解説**　場面は電車の中。吹き出し内のイラストより，車掌が切符を確認しにきたとわかる。また，乗客の女性が焦った様子でカバンの中を探っていることから，切符が見つからないと推測できる。よって解答例のように，「彼は切符を確認したがっている (**He wants to check her ticket**)」と「彼女はそれ (＝切符) を見つけることができない (**she can't find it**)」を**but**で結ぶと良い。

***No.4*** **解答例**　(Yes. の場合)　Yes. → Why? —— Libraries are good places for people to study.　Also, people would have more chances to borrow books they like.
(No. の場合)　No. → Why not? —— Building libraries costs a lot of money.　Towns and cities should use that money for other services.

> **解答例の訳**　はい。→それはなぜですか。—— 図書館は人々が勉強するのに良い場所です。また，人々は好きな本を借りるより多くの機会を得ます。／いいえ。→それはなぜですか。—— 図書館を建てるには多くのお金がかかります。町や都市はそのお金を他のサービスに使うべきです。

> **解説**　Yesの場合は，図書館を利用することのメリットなどを挙げると良い。解答例では，「人々が勉強するのに良い場所である (**good places for people to study**)」，「本を借りるより多くの機会を得る (**have more chances to borrow books**)」の2点を挙げている。Noの場合は，図書館を建てることのデメリットなどを挙げると良い。解答例では，「図書館を建てるには多くのお金がかかる (**costs a lot of money**)」という点を挙げ，さらに「町や都市はそのお金を他のサービスに使う (**use that money for other services**) べきである」という意見を述べている。

***No.5*** **解答例**　(Yes. の場合)　Yes. → Please tell me more. —— I usually walk to the station every morning.　Also, I try not to eat a lot of fast food.
(No. の場合)　No. → Why not? —— I have many things to do every day.　I usually don't have time to exercise.

> **解答例の訳**　はい。→詳しく話してください。—— 私は普段，毎朝駅まで歩いています。

また，私はファストフードをたくさん食べないようにしています。／いいえ。→それはなぜですか。── 私には毎日することがたくさんあります。私には普段運動する時間がありません。

**解説**　Yesの場合は，健康のためにしていることを具体的に挙げると良い。解答例では，「毎朝駅まで歩く（**walk to the station every morning**）」，「ファストフードをたくさん食べないようにしている（**try not to eat a lot of fast food**）」の2点を挙げている。Noの場合は，自分が健康のために何もしていない，またはできない理由を具体的に挙げると良い。解答例では，「毎日することがたくさんある（**have many things to do**）」と述べ，さらに「運動する時間（**time to exercise**）がない」と補足している。

# ● 準2級　解答用紙 ●

## 解答用紙の記入についての注意

筆記試験，リスニングテストともに，別紙の解答用紙にマークシート方式で解答します。解答にあたっては，次の点に留意してください。

**1** 　解答用紙には，はじめに氏名，生年月日などを記入します。生年月日はマーク欄をぬりつぶす指示もありますので，忘れずにマークしてください。

　不正確な記入は答案が無効になることもあるので注意してください。

**2** 　マークはHBの黒鉛筆またはシャープペンシルを使って「マーク例」に示された以上の濃さで正確にぬりつぶします。

　解答の訂正は，プラスチックの消しゴムで完全に消してから行ってください。

**3** 　解答用紙を汚したり折り曲げたりすることは厳禁です。また，所定の欄以外は絶対に記入しないでください。

# 英検® 準2級　解答用紙

## 【注意事項】

①解答にはHBの黒鉛筆（シャープペンシルも可）を使用し、解答を訂正する場合には消しゴムで完全に消してください。

②解答用紙は絶対に汚したり折り曲げたり、所定以外のところへの記入はしないでください。

マーク例

| | 良い例 | 悪い例 |
|---|---|---|
| | ● | ◐ ✕ ◓ |

 これ以下の濃さのマークは読めません。

### 解答欄

| 問題番号 | 1 | 2 | 3 | 4 |
|---|---|---|---|---|
| (1) | ① | ② | ③ | ④ |
| (2) | ① | ② | ③ | ④ |
| (3) | ① | ② | ③ | ④ |
| (4) | ① | ② | ③ | ④ |
| (5) | ① | ② | ③ | ④ |
| (6) | ① | ② | ③ | ④ |
| (7) | ① | ② | ③ | ④ |
| (8) | ① | ② | ③ | ④ |
| (9) | ① | ② | ③ | ④ |
| (10) | ① | ② | ③ | ④ |
| (11) | ① | ② | ③ | ④ |
| (12) | ① | ② | ③ | ④ |
| (13) | ① | ② | ③ | ④ |
| (14) | ① | ② | ③ | ④ |
| (15) | ① | ② | ③ | ④ |
| (16) | ① | ② | ③ | ④ |
| (17) | ① | ② | ③ | ④ |
| (18) | ① | ② | ③ | ④ |
| (19) | ① | ② | ③ | ④ |
| (20) | ① | ② | ③ | ④ |

問題番号 1 は (1)～(20)

### 解答欄

| 問題番号 | 1 | 2 | 3 | 4 |
|---|---|---|---|---|
| (21) | ① | ② | ③ | ④ |
| (22) | ① | ② | ③ | ④ |
| 2 (23) | ① | ② | ③ | ④ |
| (24) | ① | ② | ③ | ④ |
| (25) | ① | ② | ③ | ④ |
| (26) | ① | ② | ③ | ④ |
| (27) | ① | ② | ③ | ④ |
| 3 (28) | ① | ② | ③ | ④ |
| (29) | ① | ② | ③ | ④ |
| (30) | ① | ② | ③ | ④ |
| (31) | ① | ② | ③ | ④ |
| (32) | ① | ② | ③ | ④ |
| (33) | ① | ② | ③ | ④ |
| 4 (34) | ① | ② | ③ | ④ |
| (35) | ① | ② | ③ | ④ |
| (36) | ① | ② | ③ | ④ |
| (37) | ① | ② | ③ | ④ |

5 の解答欄は
裏面にあります。

### リスニング解答欄

| 問題番号 | 1 | 2 | 3 | 4 |
|---|---|---|---|---|
| 例題 | ① | ② | ● | |
| 第1部 No. 1 | ① | ② | ③ | |
| No. 2 | ① | ② | ③ | |
| No. 3 | ① | ② | ③ | |
| No. 4 | ① | ② | ③ | |
| No. 5 | ① | ② | ③ | |
| No. 6 | ① | ② | ③ | |
| No. 7 | ① | ② | ③ | |
| No. 8 | ① | ② | ③ | |
| No. 9 | ① | ② | ③ | |
| No. 10 | ① | ② | ③ | |
| 第2部 No. 11 | ① | ② | ③ | ④ |
| No. 12 | ① | ② | ③ | ④ |
| No. 13 | ① | ② | ③ | ④ |
| No. 14 | ① | ② | ③ | ④ |
| No. 15 | ① | ② | ③ | ④ |
| No. 16 | ① | ② | ③ | ④ |
| No. 17 | ① | ② | ③ | ④ |
| No. 18 | ① | ② | ③ | ④ |
| No. 19 | ① | ② | ③ | ④ |
| No. 20 | ① | ② | ③ | ④ |
| 第3部 No. 21 | ① | ② | ③ | ④ |
| No. 22 | ① | ② | ③ | ④ |
| No. 23 | ① | ② | ③ | ④ |
| No. 24 | ① | ② | ③ | ④ |
| No. 25 | ① | ② | ③ | ④ |
| No. 26 | ① | ② | ③ | ④ |
| No. 27 | ① | ② | ③ | ④ |
| No. 28 | ① | ② | ③ | ④ |
| No. 29 | ① | ② | ③ | ④ |
| No. 30 | ① | ② | ③ | ④ |

キリトリ

くり返し解く場合は、コピーをとってご利用ください。

## 5    ライティング解答欄

・指示事項を守り、文字は、はっきりと分かりやすく書いてください。
・太枠に囲まれた部分のみが採点の対象です。

5

10

15

キリトリ

くり返し解く場合は、コピーをとってご利用ください。

## 英検®準2級　解答用紙

マーク例

| | 良い例 | 悪い例 |
|---|---|---|
| | ● | ◔ ✕ ◖ |

 これ以下の濃さのマークは読めません。

### 解　答　欄

| 問題番号 | 1 | 2 | 3 | 4 |
|---|---|---|---|---|
| (1) | ① | ② | ③ | ④ |
| (2) | ① | ② | ③ | ④ |
| (3) | ① | ② | ③ | ④ |
| (4) | ① | ② | ③ | ④ |
| (5) | ① | ② | ③ | ④ |
| (6) | ① | ② | ③ | ④ |
| (7) | ① | ② | ③ | ④ |
| (8) | ① | ② | ③ | ④ |
| (9) | ① | ② | ③ | ④ |
| (10) | ① | ② | ③ | ④ |
| (11) | ① | ② | ③ | ④ |
| (12) | ① | ② | ③ | ④ |
| (13) | ① | ② | ③ | ④ |
| (14) | ① | ② | ③ | ④ |
| (15) | ① | ② | ③ | ④ |
| (16) | ① | ② | ③ | ④ |
| (17) | ① | ② | ③ | ④ |
| (18) | ① | ② | ③ | ④ |
| (19) | ① | ② | ③ | ④ |
| (20) | ① | ② | ③ | ④ |

問題番号 (1)～(20) は大問 1

### 解　答　欄

| 問題番号 | 1 | 2 | 3 | 4 |
|---|---|---|---|---|
| (21) | ① | ② | ③ | ④ |
| (22) | ① | ② | ③ | ④ |
| (23) | ① | ② | ③ | ④ |
| (24) | ① | ② | ③ | ④ |
| (25) | ① | ② | ③ | ④ |
| (26) | ① | ② | ③ | ④ |
| (27) | ① | ② | ③ | ④ |
| (28) | ① | ② | ③ | ④ |
| (29) | ① | ② | ③ | ④ |
| (30) | ① | ② | ③ | ④ |
| (31) | ① | ② | ③ | ④ |
| (32) | ① | ② | ③ | ④ |
| (33) | ① | ② | ③ | ④ |
| (34) | ① | ② | ③ | ④ |
| (35) | ① | ② | ③ | ④ |
| (36) | ① | ② | ③ | ④ |
| (37) | ① | ② | ③ | ④ |

問題番号 (21)～(25) は大問 2、(26)～(30) は大問 3、(31)～(37) は大問 4

5 の解答欄は裏面にあります。

### リスニング解答欄

| 問題番号 | 1 | 2 | 3 | 4 |
|---|---|---|---|---|
| 例題 | ① | ② | ● | |
| No. 1 | ① | ② | ③ | |
| No. 2 | ① | ② | ③ | |
| No. 3 | ① | ② | ③ | |
| No. 4 | ① | ② | ③ | |
| No. 5 | ① | ② | ③ | |
| No. 6 | ① | ② | ③ | |
| No. 7 | ① | ② | ③ | |
| No. 8 | ① | ② | ③ | |
| No. 9 | ① | ② | ③ | |
| No. 10 | ① | ② | ③ | |
| No. 11 | ① | ② | ③ | ④ |
| No. 12 | ① | ② | ③ | ④ |
| No. 13 | ① | ② | ③ | ④ |
| No. 14 | ① | ② | ③ | ④ |
| No. 15 | ① | ② | ③ | ④ |
| No. 16 | ① | ② | ③ | ④ |
| No. 17 | ① | ② | ③ | ④ |
| No. 18 | ① | ② | ③ | ④ |
| No. 19 | ① | ② | ③ | ④ |
| No. 20 | ① | ② | ③ | ④ |
| No. 21 | ① | ② | ③ | ④ |
| No. 22 | ① | ② | ③ | ④ |
| No. 23 | ① | ② | ③ | ④ |
| No. 24 | ① | ② | ③ | ④ |
| No. 25 | ① | ② | ③ | ④ |
| No. 26 | ① | ② | ③ | ④ |
| No. 27 | ① | ② | ③ | ④ |
| No. 28 | ① | ② | ③ | ④ |
| No. 29 | ① | ② | ③ | ④ |
| No. 30 | ① | ② | ③ | ④ |

No. 1～No. 10 は第1部、No. 11～No. 20 は第2部、No. 21～No. 30 は第3部

キリトリ

## 5 　ライティング解答欄

・指示事項を守り、文字は、はっきりと分かりやすく書いてください。
・太枠に囲まれた部分のみが採点の対象です。

**【注意事項】**

①解答にはHBの黒鉛筆（シャープペンシルも可）を使用し、解答を訂正する場合には消しゴムで完全に消してください。

②解答用紙は絶対に汚したり折り曲げたり、所定以外のところへの記入はしないでください。

| マーク例 | 良い例 | 悪い例 |
|---|---|---|
| | ● | ◔ ✕ ◓ |

 これ以下の濃さのマークは読めません。

| 解　答　欄 | | | | |
|---|---|---|---|---|
| 問題番号 | 1 | 2 | 3 | 4 |
| 1 (1) | ① | ② | ③ | ④ |
| (2) | ① | ② | ③ | ④ |
| (3) | ① | ② | ③ | ④ |
| (4) | ① | ② | ③ | ④ |
| (5) | ① | ② | ③ | ④ |
| (6) | ① | ② | ③ | ④ |
| (7) | ① | ② | ③ | ④ |
| (8) | ① | ② | ③ | ④ |
| (9) | ① | ② | ③ | ④ |
| (10) | ① | ② | ③ | ④ |
| (11) | ① | ② | ③ | ④ |
| (12) | ① | ② | ③ | ④ |
| (13) | ① | ② | ③ | ④ |
| (14) | ① | ② | ③ | ④ |
| (15) | ① | ② | ③ | ④ |
| (16) | ① | ② | ③ | ④ |
| (17) | ① | ② | ③ | ④ |
| (18) | ① | ② | ③ | ④ |
| (19) | ① | ② | ③ | ④ |
| (20) | ① | ② | ③ | ④ |

| 解　答　欄 | | | | |
|---|---|---|---|---|
| 問題番号 | 1 | 2 | 3 | 4 |
| 2 (21) | ① | ② | ③ | ④ |
| (22) | ① | ② | ③ | ④ |
| (23) | ① | ② | ③ | ④ |
| (24) | ① | ② | ③ | ④ |
| (25) | ① | ② | ③ | ④ |
| 3 (26) | ① | ② | ③ | ④ |
| (27) | ① | ② | ③ | ④ |
| (28) | ① | ② | ③ | ④ |
| (29) | ① | ② | ③ | ④ |
| (30) | ① | ② | ③ | ④ |
| 4 (31) | ① | ② | ③ | ④ |
| (32) | ① | ② | ③ | ④ |
| (33) | ① | ② | ③ | ④ |
| (34) | ① | ② | ③ | ④ |
| (35) | ① | ② | ③ | ④ |
| (36) | ① | ② | ③ | ④ |
| (37) | ① | ② | ③ | ④ |

**5 の解答欄は裏面にあります。**

| リスニング解答欄 | | | | |
|---|---|---|---|---|
| 問題番号 | 1 | 2 | 3 | 4 |
| 例題 | ① | ② | ● | |
| 第1部 No. 1 | ① | ② | ③ | |
| No. 2 | ① | ② | ③ | |
| No. 3 | ① | ② | ③ | |
| No. 4 | ① | ② | ③ | |
| No. 5 | ① | ② | ③ | |
| No. 6 | ① | ② | ③ | |
| No. 7 | ① | ② | ③ | |
| No. 8 | ① | ② | ③ | |
| No. 9 | ① | ② | ③ | |
| No. 10 | ① | ② | ③ | |
| 第2部 No. 11 | ① | ② | ③ | ④ |
| No. 12 | ① | ② | ③ | ④ |
| No. 13 | ① | ② | ③ | ④ |
| No. 14 | ① | ② | ③ | ④ |
| No. 15 | ① | ② | ③ | ④ |
| No. 16 | ① | ② | ③ | ④ |
| No. 17 | ① | ② | ③ | ④ |
| No. 18 | ① | ② | ③ | ④ |
| No. 19 | ① | ② | ③ | ④ |
| No. 20 | ① | ② | ③ | ④ |
| 第3部 No. 21 | ① | ② | ③ | ④ |
| No. 22 | ① | ② | ③ | ④ |
| No. 23 | ① | ② | ③ | ④ |
| No. 24 | ① | ② | ③ | ④ |
| No. 25 | ① | ② | ③ | ④ |
| No. 26 | ① | ② | ③ | ④ |
| No. 27 | ① | ② | ③ | ④ |
| No. 28 | ① | ② | ③ | ④ |
| No. 29 | ① | ② | ③ | ④ |
| No. 30 | ① | ② | ③ | ④ |

キリトリ

くり返し解く場合は、コピーをとってご利用ください。

## 5　ライティング解答欄

・指示事項を守り、文字は、はっきりと分かりやすく書いてください。
・太枠に囲まれた部分のみが採点の対象です。

5

10

15

# 英検® 準2級　解答用紙

## 【注意事項】

①解答にはHBの黒鉛筆（シャープペンシルも可）を使用し、解答を訂正する場合には消しゴムで完全に消してください。

②解答用紙は絶対に汚したり折り曲げたり、所定以外のところへの記入はしないでください。

マーク例

| 良い例 | 悪い例 |
|---|---|
| ● | ◐ ✕ ◓ |

 これ以下の濃さのマークは読めません。

| 解　答　欄 | | | | |
|---|---|---|---|---|
| 問題番号 | 1 | 2 | 3 | 4 |
| (1) | ① | ② | ③ | ④ |
| (2) | ① | ② | ③ | ④ |
| (3) | ① | ② | ③ | ④ |
| (4) | ① | ② | ③ | ④ |
| (5) | ① | ② | ③ | ④ |
| (6) | ① | ② | ③ | ④ |
| (7) | ① | ② | ③ | ④ |
| (8) | ① | ② | ③ | ④ |
| (9) | ① | ② | ③ | ④ |
| (10) | ① | ② | ③ | ④ |
| (11) | ① | ② | ③ | ④ |
| (12) | ① | ② | ③ | ④ |
| (13) | ① | ② | ③ | ④ |
| (14) | ① | ② | ③ | ④ |
| (15) | ① | ② | ③ | ④ |
| (16) | ① | ② | ③ | ④ |
| (17) | ① | ② | ③ | ④ |
| (18) | ① | ② | ③ | ④ |
| (19) | ① | ② | ③ | ④ |
| (20) | ① | ② | ③ | ④ |

(問題番号 1)

| 解　答　欄 | | | | |
|---|---|---|---|---|
| 問題番号 | 1 | 2 | 3 | 4 |
| (21) | ① | ② | ③ | ④ |
| (22) | ① | ② | ③ | ④ |
| (23) | ① | ② | ③ | ④ |
| (24) | ① | ② | ③ | ④ |
| (25) | ① | ② | ③ | ④ |
| (26) | ① | ② | ③ | ④ |
| (27) | ① | ② | ③ | ④ |
| (28) | ① | ② | ③ | ④ |
| (29) | ① | ② | ③ | ④ |
| (30) | ① | ② | ③ | ④ |
| (31) | ① | ② | ③ | ④ |
| (32) | ① | ② | ③ | ④ |
| (33) | ① | ② | ③ | ④ |
| (34) | ① | ② | ③ | ④ |
| (35) | ① | ② | ③ | ④ |
| (36) | ① | ② | ③ | ④ |
| (37) | ① | ② | ③ | ④ |

(問題番号 2, 3, 4)

5 の解答欄は裏面にあります。

| リスニング解答欄 | | | | |
|---|---|---|---|---|
| 問題番号 | 1 | 2 | 3 | 4 |
| 例題 | ① | ② | ● | |
| No. 1 | ① | ② | ③ | |
| No. 2 | ① | ② | ③ | |
| No. 3 | ① | ② | ③ | |
| No. 4 | ① | ② | ③ | |
| No. 5 | ① | ② | ③ | |
| No. 6 | ① | ② | ③ | |
| No. 7 | ① | ② | ③ | |
| No. 8 | ① | ② | ③ | |
| No. 9 | ① | ② | ③ | |
| No. 10 | ① | ② | ③ | |
| No. 11 | ① | ② | ③ | ④ |
| No. 12 | ① | ② | ③ | ④ |
| No. 13 | ① | ② | ③ | ④ |
| No. 14 | ① | ② | ③ | ④ |
| No. 15 | ① | ② | ③ | ④ |
| No. 16 | ① | ② | ③ | ④ |
| No. 17 | ① | ② | ③ | ④ |
| No. 18 | ① | ② | ③ | ④ |
| No. 19 | ① | ② | ③ | ④ |
| No. 20 | ① | ② | ③ | ④ |
| No. 21 | ① | ② | ③ | ④ |
| No. 22 | ① | ② | ③ | ④ |
| No. 23 | ① | ② | ③ | ④ |
| No. 24 | ① | ② | ③ | ④ |
| No. 25 | ① | ② | ③ | ④ |
| No. 26 | ① | ② | ③ | ④ |
| No. 27 | ① | ② | ③ | ④ |
| No. 28 | ① | ② | ③ | ④ |
| No. 29 | ① | ② | ③ | ④ |
| No. 30 | ① | ② | ③ | ④ |

(第1部: No.1〜No.10、第2部: No.11〜No.20、第3部: No.21〜No.30)

キリトリ

くり返し解く場合は、コピーをとってご利用ください。

## 5 ライティング解答欄

・指示事項を守り、文字は、はっきりと分かりやすく書いてください。
・太枠に囲まれた部分のみが採点の対象です。

くり返し解く場合は、コピーをとってご利用ください。

# 英検®準2級　解答用紙

## 【注意事項】

①解答にはHBの黒鉛筆（シャープペンシルも可）を使用し、解答を訂正する場合には消しゴムで完全に消してください。

②解答用紙は絶対に汚したり折り曲げたり、所定以外のところへの記入はしないでください。

マーク例

| | 良い例 | 悪い例 |
|---|---|---|
| | ● | ◐ ✕ ◖ |

 これ以下の濃さのマークは読めません。

### 解　答　欄

| 問題番号 | 1 | 2 | 3 | 4 |
|---|---|---|---|---|
| | (1) | ① | ② | ③ | ④ |
| | (2) | ① | ② | ③ | ④ |
| | (3) | ① | ② | ③ | ④ |
| | (4) | ① | ② | ③ | ④ |
| | (5) | ① | ② | ③ | ④ |
| | (6) | ① | ② | ③ | ④ |
| | (7) | ① | ② | ③ | ④ |
| | (8) | ① | ② | ③ | ④ |
| | (9) | ① | ② | ③ | ④ |
| 1 | (10) | ① | ② | ③ | ④ |
| | (11) | ① | ② | ③ | ④ |
| | (12) | ① | ② | ③ | ④ |
| | (13) | ① | ② | ③ | ④ |
| | (14) | ① | ② | ③ | ④ |
| | (15) | ① | ② | ③ | ④ |
| | (16) | ① | ② | ③ | ④ |
| | (17) | ① | ② | ③ | ④ |
| | (18) | ① | ② | ③ | ④ |
| | (19) | ① | ② | ③ | ④ |
| | (20) | ① | ② | ③ | ④ |

### 解　答　欄

| 問題番号 | 1 | 2 | 3 | 4 |
|---|---|---|---|---|
| | (21) | ① | ② | ③ | ④ |
| | (22) | ① | ② | ③ | ④ |
| 2 | (23) | ① | ② | ③ | ④ |
| | (24) | ① | ② | ③ | ④ |
| | (25) | ① | ② | ③ | ④ |
| | (26) | ① | ② | ③ | ④ |
| | (27) | ① | ② | ③ | ④ |
| 3 | (28) | ① | ② | ③ | ④ |
| | (29) | ① | ② | ③ | ④ |
| | (30) | ① | ② | ③ | ④ |
| | (31) | ① | ② | ③ | ④ |
| | (32) | ① | ② | ③ | ④ |
| | (33) | ① | ② | ③ | ④ |
| 4 | (34) | ① | ② | ③ | ④ |
| | (35) | ① | ② | ③ | ④ |
| | (36) | ① | ② | ③ | ④ |
| | (37) | ① | ② | ③ | ④ |

⑤ の解答欄は裏面にあります。

### リスニング解答欄

| | 問題番号 | 1 | 2 | 3 | 4 |
|---|---|---|---|---|---|
| | 例題 | ① | ② | ● | |
| | No. 1 | ① | ② | ③ | |
| | No. 2 | ① | ② | ③ | |
| | No. 3 | ① | ② | ③ | |
| 第 | No. 4 | ① | ② | ③ | |
| 1 | No. 5 | ① | ② | ③ | |
| 部 | No. 6 | ① | ② | ③ | |
| | No. 7 | ① | ② | ③ | |
| | No. 8 | ① | ② | ③ | |
| | No. 9 | ① | ② | ③ | |
| | No. 10 | ① | ② | ③ | |
| | No. 11 | ① | ② | ③ | ④ |
| | No. 12 | ① | ② | ③ | ④ |
| | No. 13 | ① | ② | ③ | ④ |
| 第 | No. 14 | ① | ② | ③ | ④ |
| 2 | No. 15 | ① | ② | ③ | ④ |
| 部 | No. 16 | ① | ② | ③ | ④ |
| | No. 17 | ① | ② | ③ | ④ |
| | No. 18 | ① | ② | ③ | ④ |
| | No. 19 | ① | ② | ③ | ④ |
| | No. 20 | ① | ② | ③ | ④ |
| | No. 21 | ① | ② | ③ | ④ |
| | No. 22 | ① | ② | ③ | ④ |
| | No. 23 | ① | ② | ③ | ④ |
| 第 | No. 24 | ① | ② | ③ | ④ |
| 3 | No. 25 | ① | ② | ③ | ④ |
| 部 | No. 26 | ① | ② | ③ | ④ |
| | No. 27 | ① | ② | ③ | ④ |
| | No. 28 | ① | ② | ③ | ④ |
| | No. 29 | ① | ② | ③ | ④ |
| | No. 30 | ① | ② | ③ | ④ |

キ
リ
ト
リ

くり返し解く場合は、コピーをとってご利用ください。

| 5 | ライティング解答欄 |

・指示事項を守り、文字は、はっきりと分かりやすく書いてください。
・太枠に囲まれた部分のみが採点の対象です。

5

10

15

くり返し解く場合は、コピーをとってご利用ください。

# 英検® 準2級　解答用紙

## 【注意事項】

①解答にはHBの黒鉛筆（シャープペンシルも可）を使用し、解答を訂正する場合には消しゴムで完全に消してください。

②解答用紙は絶対に汚したり折り曲げたり、所定以外のところへの記入はしないでください。

| マーク例 | 良い例 | 悪い例 |
|---|---|---|

 これ以下の濃さのマークは読めません。

### 解　答　欄

| 問題番号 | 1 | 2 | 3 | 4 |
|---|---|---|---|---|
| (1) | ① | ② | ③ | ④ |
| (2) | ① | ② | ③ | ④ |
| (3) | ① | ② | ③ | ④ |
| (4) | ① | ② | ③ | ④ |
| (5) | ① | ② | ③ | ④ |
| (6) | ① | ② | ③ | ④ |
| (7) | ① | ② | ③ | ④ |
| (8) | ① | ② | ③ | ④ |
| (9) | ① | ② | ③ | ④ |
| (10) | ① | ② | ③ | ④ |
| (11) | ① | ② | ③ | ④ |
| (12) | ① | ② | ③ | ④ |
| (13) | ① | ② | ③ | ④ |
| (14) | ① | ② | ③ | ④ |
| (15) | ① | ② | ③ | ④ |
| (16) | ① | ② | ③ | ④ |
| (17) | ① | ② | ③ | ④ |
| (18) | ① | ② | ③ | ④ |
| (19) | ① | ② | ③ | ④ |
| (20) | ① | ② | ③ | ④ |

（問題番号 1）

### 解　答　欄

| 問題番号 | 1 | 2 | 3 | 4 |
|---|---|---|---|---|
| (21) | ① | ② | ③ | ④ |
| (22) | ① | ② | ③ | ④ |
| (23) | ① | ② | ③ | ④ |
| (24) | ① | ② | ③ | ④ |
| (25) | ① | ② | ③ | ④ |
| (26) | ① | ② | ③ | ④ |
| (27) | ① | ② | ③ | ④ |
| (28) | ① | ② | ③ | ④ |
| (29) | ① | ② | ③ | ④ |
| (30) | ① | ② | ③ | ④ |
| (31) | ① | ② | ③ | ④ |
| (32) | ① | ② | ③ | ④ |
| (33) | ① | ② | ③ | ④ |
| (34) | ① | ② | ③ | ④ |
| (35) | ① | ② | ③ | ④ |
| (36) | ① | ② | ③ | ④ |
| (37) | ① | ② | ③ | ④ |

（問題番号 2・3・4）

5 の解答欄は裏面にあります。

### リスニング解答欄

| 問題番号 | 1 | 2 | 3 | 4 |
|---|---|---|---|---|
| 例題 | ① | ② | ● | |
| No. 1 | ① | ② | ③ | |
| No. 2 | ① | ② | ③ | |
| No. 3 | ① | ② | ③ | |
| No. 4 | ① | ② | ③ | |
| No. 5 | ① | ② | ③ | |
| No. 6 | ① | ② | ③ | |
| No. 7 | ① | ② | ③ | |
| No. 8 | ① | ② | ③ | |
| No. 9 | ① | ② | ③ | |
| No. 10 | ① | ② | ③ | |
| No. 11 | ① | ② | ③ | ④ |
| No. 12 | ① | ② | ③ | ④ |
| No. 13 | ① | ② | ③ | ④ |
| No. 14 | ① | ② | ③ | ④ |
| No. 15 | ① | ② | ③ | ④ |
| No. 16 | ① | ② | ③ | ④ |
| No. 17 | ① | ② | ③ | ④ |
| No. 18 | ① | ② | ③ | ④ |
| No. 19 | ① | ② | ③ | ④ |
| No. 20 | ① | ② | ③ | ④ |
| No. 21 | ① | ② | ③ | ④ |
| No. 22 | ① | ② | ③ | ④ |
| No. 23 | ① | ② | ③ | ④ |
| No. 24 | ① | ② | ③ | ④ |
| No. 25 | ① | ② | ③ | ④ |
| No. 26 | ① | ② | ③ | ④ |
| No. 27 | ① | ② | ③ | ④ |
| No. 28 | ① | ② | ③ | ④ |
| No. 29 | ① | ② | ③ | ④ |
| No. 30 | ① | ② | ③ | ④ |

（第1部：No.1〜No.10、第2部：No.11〜No.20、第3部：No.21〜No.30）

キリトリ

くり返し解く場合は、コピーをとってご利用ください。

## 5 ライティング解答欄

・指示事項を守り、文字は、はっきりと分かりやすく書いてください。
・太枠に囲まれた部分のみが採点の対象です。

5

10

15

**別冊** 解答・解説

矢印の方向に引くと切り離せます。